JOANNA CISMARU

ONE POT
FÜR EILIGE

JOANNA CISMARU

ONE POT FÜR EILIGE

SCHNELLE GERICHTE AUS EINEM TOPF IN MAXIMAL 30 MINUTEN

riva

Bibliografische Information der Deutschen Nationalbibliothek
Die Deutsche Nationalbibliothek verzeichnet diese Publikation in der Deutschen Nationalbibliografie. Detaillierte bibliografische Daten sind im Internet über http://dnb.d-nb.de abrufbar.

Für Fragen und Anregungen:
info@rivaverlag.de

1. Auflage 2017

© 2017 by riva Verlag, ein Imprint der Münchner Verlagsgruppe GmbH
Nymphenburger Straße 86
D-80636 München
Tel.: 089 651285-0
Fax: 089 652096

Die englische Originalausgabe erschien 2016 bei Page Street Publishing Co. unter dem Titel *30-Minute One-Pot Meals*.
30-Minute One-Pot Meals. Text Copyright © 2016 by Joanna Cismaru. Photographs Copyright © 2016 by Joanna Cismaru. Published by arrangement with Page Street Publishing Co. All rights reserved.
Dieses Werk wurde im Auftrag von Page Street Publishing Co. durch die Literarische Agentur Thomas Schlück GmbH, 30827 Garbsen, vermittelt.

Alle Rechte, insbesondere das Recht der Vervielfältigung und Verbreitung sowie der Übersetzung, vorbehalten. Kein Teil des Werkes darf in irgendeiner Form (durch Fotokopie, Mikrofilm oder ein anderes Verfahren) ohne schriftliche Genehmigung des Verlages reproduziert oder unter Verwendung elektronischer Systeme gespeichert, verarbeitet, vervielfältigt oder verbreitet werden.

Übersetzung: Birgit Irgang
Redaktion: Dr. Kirsten Reimers
Umschlaggestaltung: Marc-Torben Fischer
Umschlagabbildungen und Abbildungen im Innenteil: Joanna Cismaru
Satz: Daniel Förster, Belgern
Druck: Firmengruppe APPL, aprinta Druck, Wemding
Printed in Germany

ISBN Print 978-3-7423-0188-8
ISBN E-Book (PDF) 978-3-95971-654-3
ISBN E-Book (EPUB, Mobi) 978-3-95971-653-6

Weitere Informationen zum Verlag finden Sie unter

www.rivaverlag.de

Beachten Sie auch unsere weiteren Verlage unter www.m-vg.de

INHALT

EINLEITUNG / 6

EINE BACKFORM / 9
EIN TOPF / 29
EINE PFANNE / 55
EINE KASSEROLLE / 83
EINE SCHÜSSEL / 105
EIN SCHMORTOPF / 127
EIN WOK / 159

DANKSAGUNG / 182
ÜBER DIE AUTORIN / 183
REZEPTVERZEICHNIS / 184
REGISTER / 186

EINLEITUNG

Meine schönsten Erinnerungen hängen mit der Küche zusammen. Schon als kleines Mädchen half ich meiner Mutter beim Kochen, Backen und Vorbereiten des Abendessens für die Familie und genoss gutes Essen im Kreise meiner Lieben. Als ich noch zu Hause bei meinen Eltern lebte, hatte ich nicht oft Gelegenheit zum Kochen, sondern war die Assistentin meiner Mutter, hackte Gemüse, rührte um und hatte einfach eine gute Zeit.

Als ich die Universität abschloss und in eine eigene Wohnung zog, stellte ich fest, dass ich zwar wusste, wie man Gemüse hackt, aber nicht, wie man es eigentlich kocht. Darüber hinaus musste es in der Küche schnell gehen. Meine Arbeit als IT-Profi ließ mir kaum Zeit, in der ich hätte kochen lernen können. Ich kannte die Grundlagen, da ich ja in all jenen Jahren ständig mit meiner Mutter zusammen in der Küche gewesen war, konnte also ein Hähnchen braten oder Eier zum Frühstück zubereiten, doch wesentlich mehr nicht. Zum Glück war meine Mutter immer nur einen Telefonanruf entfernt, und so begann ich, in meiner eigenen Küche zu experimentieren, und machte dabei haufenweise Fehler, bis ich schließlich beschloss, dass es in meiner Küche kein richtig oder falsch gibt. Solange man Spaß hat an dem, was man tut, und es mit Liebe gemacht wird, ist alles in Ordnung.

Als ich heiratete, begann ich, deutlich mehr zu kochen, und es gab eine weitere Mutter, von der ich Rezepte bekommen konnte, worüber ich mich sehr freute. Leider sind die Rezepte meiner Mutter oder meiner Schwiegermutter keine Rezepte im eigentlichen Sinn: Sie geben immer nur an, dass man ein bisschen hiervon und ein bisschen davon braucht oder ein wenig von etwas anderem hinzufügen soll, sodass es sich genau richtig anfühlt. Sie wissen, wovon ich spreche. Also beschloss ich, diese Rezepte zu überarbeiten und ordentlich festzuhalten, damit ich beim nächsten Mal, wenn ich meine Lieblingskohlrouladen oder mein wunderbares Walnussbrot machen wollte, nicht wieder zu kämpfen hatte, diesen oder jenen anrufen und raten musste, welche Zutaten nun eigentlich gebraucht würden. Da ermunterte mich mein Mann, einen Blog ins Leben zu rufen und meine Erfahrungen in der Küche zu dokumentieren – und was ist besser als ein Blog geeignet, um Rezepte zu verwalten?

Da ich in der IT-Branche arbeitete, wusste ich, wie man Internetseiten gestaltet und pflegt, doch ich kannte mich in der Welt der Blogger und allem, was damit zusammenhängt, überhaupt nicht aus – zum Beispiel das Fotografieren oder der Umgang mit sozialen Netzwerken, um nur einige Punkte zu nennen. Ich hatte mich also in eine ganz neue Welt vorgewagt, die mich schon bald faszinierte. Ich fand es spannend und toll, dass vollkommen fremde Menschen meine Rezepte ausprobierten und mir erzählten, wie sehr sie ihnen gefielen. Es machte Spaß und unterschied sich völlig von allem, was ich sonst gewöhnt war. Durch den Bereich, in dem ich tätig war, und aufgrund der ausschließlichen Nutzung meiner linken Gehirnhälfte kannte ich mich nur mit Logik und Analysen aus. Ich scherzte immer, dass mir Kreativität oder Fantasie fehlten. Aus diesem Grund machte mir das Bloggen solch einen Spaß, denn es bot mir, was mir in all jenen Jahren gefehlt hatte. Ich konnte kreativ sein und meine Fantasie nutzen, indem ich diese Rezepte schuf. Und ich konnte diesen Blog ganz nach meinen eigenen Ideen und Wünschen gestalten.

Selbstverständlich hätte ich mir in meinen wildesten Träumen niemals vorstellen können, dass mein Blog mein Leben verändern und mir ermöglichen würde, meine Leidenschaft für das Kochen weiterzuentwickeln, um da anzukommen, wo ich heute bin. Doch es war nicht immer einfach. Ich habe schon immer einen sehr stressigen Job und lange Arbeitszeiten gehabt. Um ehrlich zu sein: Das Letzte, wonach mir der Sinn stand, wenn ich von der Arbeit nach Hause kam, war die Zubereitung des Abendessens. Also suchte ich immer nach einfachen, aber köstlichen Rezepten, die ich im Handumdrehen zubereiten konnte, mit so wenig schmutzigem Geschirr und so geringer Mühe wie irgend möglich.

Das bringt mich in die Gegenwart und zu diesem Buch. Ich habe seit längerer Zeit darüber nachgedacht, ein Buch zu schreiben, eine ganze Weile ging mir diese Idee durch den Hinterkopf. Doch es war nicht mehr als ein Traum, bis es eines Tages so weit war, diesen Traum Wirklichkeit werden zu lassen. Seien wir mal ehrlich: Wir alle essen gern. Lebensmittel geben uns ein gutes Gefühl und nähren uns. Doch für gute Speisen müssen Sie sich nicht zwangsläufig stundenlang in Ihrer Küche plagen, um ein Abendessen auf den Tisch bringen zu können. Deshalb habe ich diese Rezepte entworfen, die für jedermann leicht und einfach nachzukochen sind – in höchstens 30 Minuten und in einem einzigen Gefäß, aber mit einem tollen Geschmack.

Ich wollte dieses Buch schreiben, da ich mich an all die langen Tage erinnere … Ich weiß, wie es ist, erschöpft nach Hause zu kommen, keine Energie mehr zu haben, sich aber um das Essen für die Familie kümmern zu müssen. Zehn Jahre lang bin ich zu meiner Arbeitsstätte gependelt: Ich lebte in Windsor (Ontario, Kanada) und arbeitete in Troy (Michigan, USA), musste jeden Tag zur Arbeit und nach Hause fahren und dabei die Grenze passieren. Meine Arbeitstage waren immer zehn bis zwölf Stunden lang. Häufig hielt ich auf dem Heimweg unterwegs an und kaufte bei einem Schnellimbiss etwas zu essen, weil ich zu müde zum Kochen war. Ein Buch wie dieses hätte ich mir damals gewünscht. Sie müssen kein Fast Food kaufen, Sie können zu Hause in einer halben Stunde oder weniger leckere Speisen zubereiten. Mit ein wenig Vorbereitung und einem guten Topf können Sie ein großartiges Mahl zaubern. Ich habe diese Rezepte für das wirkliche Leben entwickelt, für Menschen mit Familien und einem betriebsamen Alltag, die frische Zutaten und einfache Lösungen bevorzugen.

EINE BACKFORM

Backformen oder Backbleche sind für One-Pot-Gerichte hervorragend geeignet, insbesondere für die Zubereitung von Pizza oder zum Rösten von Gemüse, Fleisch und Fisch. Wer der Ansicht ist, Backbleche sind ausschließlich zum Plätzchenbacken da, hat sich gründlich getäuscht. Es ist ziemlich beeindruckend, wie vielseitig verwendbar ein Backblech ist – Sie können darauf beispielsweise ein ganzes Abendessen für Ihre Familie oder Gäste zubereiten.

Wenn Sie eine vollständige Mahlzeit auf einem einzigen Backblech rösten, ist der Abwasch im Nu erledigt, schneller denn je. Und auch bei der Vorbereitung sind solche Speisen nicht zu überbieten.

Heizen Sie also Ihren Ofen vor und legen Sie los!

PIZZA MIT GEBRATENEN ZWIEBELN, SCHINKEN UND ZIEGENKÄSE

Als mein Mann und ich nach Calgary gezogen waren, gelang es uns nicht, ein gutes Pizzarestaurant zu finden. Wir probierten alle Gaststätten, die Pizza auf der Speisekarte hatten und uns von unseren Freunden vorgeschlagen oder empfohlen worden waren, doch keine davon entsprach unseren Pizzastandards. Da beschlossen wir, von nun an unsere eigene Pizza zu backen – und dabei sind wir geblieben. Ich stelle meinen Pizzateig immer selbst her, doch Sie können für diese Pizza sowie für alle anderen Pizzarezepte in diesem Buch auch fertig gekauften Pizzateig verwenden. Zu meinen Lieblingszutaten für Pizza zählten schon immer geschmorte Zwiebeln, die in Kombination mit Ziegenkäse und luftgetrocknetem Schinken aus dieser Pizza etwas ganz Besonderes machen. Perfekt für ein schnelles Abendessen.

VORBEREITUNGSZEIT: 17 BIS 20 MINUTEN / GARZEIT: 7 BIS 10 MINUTEN / PORTIONEN: 4

---

2 EL (30 g) ungesalzene Butter

2 große Zwiebeln, in Scheiben geschnitten

Allzweckmehl zum Bestäuben (optional)

200 g Pizzateig (siehe Hinweis)

60 g luftgetrockneter Schinken, jede Scheibe in Viertel geschnitten

40 g zerkrümelter Ziegenkäse

Salz und frisch gemahlener schwarzer Pfeffer

frisches Basilikum zum Garnieren

Den Backofen auf 290 °C bzw. auf die höchstmögliche Temperatur vorheizen.

Auf dem Herd in einer ofenfesten Pfanne (32 cm Durchmesser) die Butter schmelzen. Darin die Zwiebeln 10 Minuten auf mittlerer Stufe anbraten, bis sie goldbraun werden. Nicht anbrennen lassen! Die Zwiebeln aus der Pfanne holen und beiseitestellen. Die Pfanne nicht ausspülen.

Die Arbeitsfläche gegebenenfalls leicht mit Mehl bestäuben. Mit einem Nudelholz den Pizzateig zu einem Kreis ausrollen (30 bis 33 cm Durchmesser).

Die Pfanne muss nicht erneut gefettet werden, da sie noch ein wenig Butter vom Anbraten der Zwiebeln enthält. Den Pizzateig in die Pfanne legen und darauf achten, dass er den gesamten Pfannenboden bedeckt. Den Pizzateig gleichmäßig mit den gebratenen Zwiebeln belegen, die Schinkenstücke darauf verteilen. Den Ziegenkäse darüberkrümeln und gegebenenfalls mit Salz und Pfeffer würzen.

7 bis 10 Minuten backen, bis der Teig goldbraun ist. Vor dem Servieren mit Basilikum garnieren.

HINWEIS: Wenn Sie Ihren eigenen Pizzateig zubereiten, sollten Sie diesen vorab herstellen und dann ein paar Minuten aufgehen lassen.

Bei der Verwendung von gekauftem, gekühltem Pizzateig nehmen Sie diesen aus dem Kühlschrank, sobald Sie mit dem Braten der Zwiebeln beginnen, sodass er sich ein bisschen aufwärmen kann.

ERDBEER-HÄHNCHEN-PIZZA MIT CREMA DI BALSAMICO

Erdbeeren auf einer Pizza sind klasse. Erdbeeren in Kombination mit Crema di Balsamico sind noch besser. Als ich dieses Rezept das erste Mal zubereitet habe, servierte ich es einigen Männern, die in meinem Hinterhof einige Arbeiten verrichteten. Zunächst waren sie skeptisch, doch dann konnten sie nicht genug davon bekommen, sodass die riesige Pizza innerhalb von Minuten komplett vertilgt war.

VORBEREITUNGSZEIT: 15 MINUTEN / GARZEIT: 10 BIS 12 MINUTEN / PORTIONEN: 6

---

700 g Pizzateig (siehe Hinweis)
240 ml Pizzasoße
250 g klein geschnittener Mozzarella
150 g klein geschnittene gebratene Hähnchenbrust
25 g in Scheiben geschnittene schwarze Oliven
150 g in Scheiben geschnittene Erdbeeren
2 EL (30 ml) Crema di Balsamico
¼ TL frisch gemahlener schwarzer Pfeffer
2 EL (3 g) gehacktes, frisches Basilikum

Den Backofen auf 290 °C bzw. auf die höchstmögliche Temperatur vorheizen. Ein großes Backblech mit Backpapier auslegen.

Den Pizzateig in zwei gleich große Stücke teilen. Jedes Stück ausrollen, sodass es etwa 30 cm Durchmesser hat. Dieses Maß muss nicht exakt sein: Der Teig kann nach Wunsch dicker oder dünner ausgerollt werden. Die beiden Pizzaböden nebeneinander auf das vorbereitete Backblech legen.

Die Pizzasoße gleichmäßig auf dem Pizzateig verteilen und am Rand etwa 2,5 cm frei lassen. Die Mozzarellastückchen gleichmäßig auf die Soße streuen, etwa 125 g pro Pizza. Die gebratene Hähnchenbrust und die schwarzen Oliven gleichmäßig auf den Pizzen verteilen. Mit Pfeffer würzen.

Das Backblech in den Ofen schieben. 5 Minuten backen, dann das Blech aus dem Backofen holen und die in Scheiben geschnittenen Erdbeeren auf den Pizzen verteilen. Das Backblech wieder in den Ofen schieben und weitere 5 bis 7 Minuten backen, bis der Boden goldbraun ist und der Käse beginnt, sich golden zu verfärben. Aus dem Ofen holen und die Pizzen mit Crema di Balsamico beträufeln, mit zusätzlichem Pfeffer würzen und mit frischem Basilikum bestreuen.

HINWEIS: Hinweis: Wenn Sie Ihren eigenen Pizzateig zubereiten, sollten Sie diesen vorab herstellen und dann ein paar Minuten aufgehen lassen.

Bei der Verwendung von gekauftem, gekühltem Pizzateig nehmen Sie diesen aus dem Kühlschrank, sodass er sich ein bisschen aufwärmen kann.

HONIG-SENF-LACHS MIT BROKKOLI AUS DEM OFEN

Lachs ist mein Lieblingsfisch. Er ist wirklich leicht zuzubereiten und gut für Sie. Wenn Sie nach einem schnellen, aber gesunden Abendessen suchen, werden Sie hier fündig. Dieser Honig-Senf-Lachs mit Brokkoli aus dem Ofen ist unglaublich lecker und perfekt als leichte Mahlzeit am Abend geeignet. Honig und Senf passen unglaublich gut zusammen und lassen sich wunderbar mit Lachs kombinieren.

VORBEREITUNGSZEIT: 3 MINUTEN / GARZEIT: 15 MINUTEN / PORTIONEN: 4

---

7 EL (45 ml) Honig
2 EL (20 g) körniger Senf
60 ml + 1 EL (15 ml) Olivenöl
1 Prise Chiliflocken
Salz und frisch gemahlener schwarzer Pfeffer
4 Lachsfilets
1 großer Brokkoli, in Röschen geschnitten

Den Backofen auf 220 °C vorheizen.

In einer kleinen Schale Honig, Senf, 60 Milliliter des Olivenöls, Chiliflocken, Salz und Pfeffer nach Geschmack verquirlen.

Die Lachsfilets in eine Auflaufform (22 × 30 cm) legen.

Die Honig-Senf-Soße über den Lachs gießen. Den Brokkoli mit in die Form geben und mit dem restlichen Esslöffel Olivenöl beträufeln.

15 Minuten backen, bis der Lachs sich mit einer Gabel leicht zerteilen lässt.

KREOLISCHE 15-MINUTEN-GARNELEN AUS DEM OFEN

Dies ist möglicherweise das einfachste Garnelenrezept, das Sie jemals zubereiten werden. Es ist perfekt geeignet für eine Party, doch Sie sollten es sich gut überlegen, ob Sie dieses Gericht mit jemandem teilen wollen. Mit der Menge des verwendeten Cayennepfeffers können Sie nach Belieben spielen. Wenn ich dieses Gericht für meinen Mann und mich zubereite, entferne ich in der Regel die Schwänze der Garnelen, aber für eine Party sind die Garnelen mit Schwanz deutlich hübscher anzusehen – und außerdem sind sie dann leichter zu greifen. Aufgrund des Paprikas und Cayennepfeffers erhalten die Garnelen eine prächtige Orangetönung. Und mit ein wenig Petersilie bestreut, werden sie zu einer köstlichen, farbenfrohen Vorspeise.

VORBEREITUNGSZEIT: 5 MINUTEN / GARZEIT: 15 MINUTEN / PORTIONEN: 4

---

80 g ungesalzene Butter, geschmolzen
1 TL (2,5 g) Paprikapulver
½ TL getrockneter Oregano
½ TL Knoblauchpulver
¼ TL Cayennepfeffer
¼ TL Salz
¼ TL frisch gemahlener schwarzer Pfeffer
1 TL (2 g) getrocknetes Basilikum
450 g große Garnelen, geputzt, entdarmt und mit Schwanz
gehackte Petersilie zum Garnieren

Den Backofen auf 220 °C vorheizen.

In einer kleinen Schale Butter, Paprika, Oregano, Knoblauchpulver, Cayennepfeffer, Salz, schwarzen Pfeffer und Basilikum verquirlen.

Die Garnelen in eine Backform (22 × 30 cm) legen. Die Buttermischung über die Garnelen gießen und die Form schwenken, damit alle Garnelen von der Mischung benetzt werden. 15 Minuten backen.

Vor dem Servieren mit gehackter Petersilie bestreuen.

GEBACKENER ROSENKOHL MIT CRANBERRYS UND LUFTGETROCKNETEM SCHINKEN

Das ist eine supereinfache, wirklich köstliche Beilage, die lediglich 10 Minuten Vorbereitungszeit erfordert sowie weitere 15 Minuten im Backofen. Sie passt hervorragend zu Pute oder Brathähnchen. Ich liebe diesen Rosenkohl als kleinen Imbiss, da er so herrlich knackig ist und der salzige, luftgetrocknete Schinken mit der Süße der Cranberrys und dem Balsamico-Essig wunderbar harmoniert.

VORBEREITUNGSZEIT: 10 MINUTEN / GARZEIT: 15 MINUTEN / PORTIONEN: 2

450 g Rosenkohl, geputzt und gewaschen

30 g getrocknete Cranberrys

6 Scheiben luftgetrockneter Schinken, grob gehackt

2 EL (30 ml) Olivenöl

2 EL (30 ml) Balsamico-Essig

½ TL Knoblauchpulver

Salz und frisch gemahlener schwarzer Pfeffer

Den Backofen auf 200 °C vorheizen.

Rosenkohl, getrocknete Cranberrys und luftgetrockneten Schinken in eine Backform (22 × 30 cm) oder auf ein Backblech legen.

Rosenkohl mit Olivenöl und Balsamico-Essig beträufeln. Mit Knoblauchpulver, Salz und Pfeffer würzen. Form oder Blech schwenken, damit alles mit Olivenöl und Balsamico-Essig benetzt ist. 15 Minuten backen.

MEDITERRANE HÄHNCHEN-PESTO-PIZZA

Nichts liebe ich mehr als einen knusprigen Pizzaboden mit meinen Lieblingsbelägen. Diese Pizza ist etwas anders und gehört zu meinen absoluten Favoriten. Sie ist nicht mit Käse überladen wie die normalen Pizzen, bei denen man sich nach dem Essen vollgestopft fühlt; und doch hat sie sehr viel Geschmack, sodass Sie nicht das Gefühl haben werden, auf etwas zu verzichten.

VORBEREITUNGSZEIT: 10 MINUTEN / GARZEIT: 8 BIS 10 MINUTEN / PORTIONEN: 6 (ERGIBT 2 KLEINE ODER 1 GROSSE PIZZA)

- 700 g Pizzateig (siehe Hinweis)
- 260 g Basilikum-Pesto
- 150 g klein geschnittene oder gewürfelte gegarte Hähnchenbrust
- 300 g Feta
- 100 g Kalamata-Oliven
- 150 g halbierte Kirschtomaten
- 1 TL (2 g) frisch gemahlener schwarzer Pfeffer
- 1 TL (1 g) getrockneter Oregano
- 2 TL 3 g) getrocknetes Basilikum

Den Backofen auf 290 °C bzw. auf die höchstmögliche Temperatur vorheizen. Ein großes Backblech mit Backpapier auslegen.

Den Teig in zwei gleich große Stücke aufteilen. Jede Hälfte ausrollen, sodass der Teig 6 mm dick ist; der Teig kann aber nach Belieben auch dicker oder dünner ausgerollt werden. Die Pizzaböden auf das Backblech legen. Wenn sie klein genug sind, passen beide nebeneinander auf ein Backblech, andernfalls werden zwei Backbleche benötigt.

Alle Zutaten gleichmäßig auf den beiden Pizzaböden verteilen, und zwar in folgender Reihenfolge: Basilikum-Pesto, Hähnchen, Feta, Oliven, Tomaten, Pfeffer, Oregano und Basilikum.

Das Backblech bzw. die Backbleche in den Ofen schieben. 8 bis 10 Minuten backen, bis der Pizzaboden goldbraun wird.

HINWEIS: Wenn Sie Ihren eigenen Pizzateig zubereiten, sollten Sie diesen vorab herstellen und dann ein paar Minuten aufgehen lassen.

Bei der Verwendung von gekauftem, gekühltem Pizzateig nehmen Sie diesen aus dem Kühlschrank, sodass er sich ein bisschen aufwärmen kann.

PIZZA »THE BIG EASY«

Ich habe diese Pizza »The Big Easy« genannt, da ihr Geschmack so sehr an New Orleans erinnert. Die Garnelen werden großzügig mit Cajun-Gewürz gewürzt, und die Basis dieser Pizza ist ein leckeres Basilikum-Pesto. Eine Pizza eignet sich perfekt zum Abendessen, weil sie superschnell vorbereitet werden kann und nur wenige Minuten gebacken werden muss. Ich mag alles an dieser Pizza: die beiden verschiedenen Käsesorten, die geräucherte Wurst, das Basilikum-Pesto und natürlich die wunderbaren Garnelen mit Cajun-Gewürz.

VORBEREITUNGSZEIT: 10 MINUTEN / GARZEIT: 10 BIS 12 MINUTEN / PORTIONEN: 6

---

700 g Pizzateig (siehe Hinweis)
200 g Basilikum-Pesto
300 g klein geschnittener Mozzarella
220 g Asiago-Käse, gerieben
200 g vorgegarte Garnelen
2 TL (4 g) Cajun-Gewürz
70 g in Scheiben geschnittene Andouille (geräucherte Wurst)
120 g Kirschtomaten
¼ TL frisch gemahlener schwarzer Pfeffer
6 bis 8 frische Basilikumblätter

Den Backofen auf 290 °C bzw. auf die höchstmögliche Temperatur vorheizen. Ein großes Backblech mit Backpapier auslegen.

Den Pizzateig zu einem Kreis (40 cm Durchmesser) ausrollen bzw. bis er die gewünschte Dicke hat. Den Pizzaboden auf das vorbereitete Backblech legen.

Das Basilikum-Pesto gleichmäßig auf den Pizzaboden streichen, dabei einen 2,5 cm breiten Rand lassen. Mozzarella und Asiago gleichmäßig über das Pesto streuen.

Die Garnelen mit dem Cajun-Gewürz würzen und gleichmäßig auf dem Pizzaboden verteilen. Anschließend Andouille und Kirschtomaten gleichmäßig auf dem Pizzaboden verteilen, mit Pfeffer würzen.

Das Backblech in den Ofen schieben. 10 bis 12 Minuten backen, bis der Teig goldbraun wird, der Käse geschmolzen ist und beginnt, golden zu werden. Die Pizza aus dem Ofen holen und einige Minuten abkühlen lassen. Dann mit den frischen Basilikumblättern garnieren.

HINWEIS: Wenn Sie Ihren eigenen Pizzateig zubereiten, sollten Sie diesen vorab herstellen und dann ein paar Minuten aufgehen lassen.

Bei der Verwendung von gekauftem, gekühltem Pizzateig nehmen Sie diesen aus dem Kühlschrank, sodass er sich ein bisschen aufwärmen kann.

LACHS MIT PISTAZIENKRUSTE UND OFENGEMÜSE

Ich liebe einfache Gerichte zum Abendessen – insbesondere solche, bei denen ich alles auf ein Backblech werfen kann, ab in den Ofen damit, und dann ist 20 Minuten später das Essen fertig. So ist es auch bei diesem Rezept. Einfach, schnell, gesund und mit jeder Menge Aroma. Als Inspiration für dieses Rezept diente der beliebte Lachs mit Ahornsirup-Senf-Glasur aus meinem Blog. Allerdings schmeckt dieser Lachs ein wenig anders, und das liegt in erster Linie an der wunderbaren Pistazienkruste.

VORBEREITUNGSZEIT: 10 MINUTEN / GARZEIT: 15 BIS 20 MINUTEN / PORTIONEN: 4

---

1 grüne Paprikaschote, entkernt und in Streifen geschnitten

1 rote oder gelbe Paprikaschote, entkernt und in Streifen geschnitten

220 g Kirschtomaten

1 Zwiebel, in Scheiben geschnitten

2 EL (30 ml) Olivenöl

Salz und frisch gemahlener schwarzer Pfeffer

1 EL (15 ml) Honig

1 EL (10 g) körniger Senf

4 Lachsfilets

50 g gemahlene Pistazien

Den Backofen auf 220 °C vorheizen.

Das Gemüse auf das Backblech legen. Mit 1 Esslöffel (15 ml) Olivenöl beträufeln, mit Salz und schwarzem Pfeffer nach Geschmack würzen. Das Gemüse schwenken, sodass alles gut mit Öl und Gewürzen benetzt ist, dann gleichmäßig auf dem Backblech verteilen.

In einer kleinen Schale Honig, Senf und den restlichen Esslöffel (15 ml) Olivenöl verquirlen. Den Lachs auf das Backblech zwischen das Gemüse legen und mit der Senfsoße bestreichen. Die gemahlenen Pistazien gleichmäßig auf den Lachsfilets verteilen.

15 bis 20 Minuten backen, bis der Lachs sich mit einer Gabel leicht zerteilen lässt.

PARMESAN-BUTTERNUT-KÜRBIS UND PAPRIKASCHOTEN AUS DEM OFEN

Dieses Gericht könnte einfacher nicht sein, ist in 30 Minuten fertig und eignet sich perfekt als Beilage. Im Rezept habe ich den Butternut-Kürbis in kleine Stücke geschnitten, leicht mit Salz und Pfeffer gewürzt, mit etwas Olivenöl beträufelt und mit ein wenig frischem Rosmarin bestreut, sodass er ein feines Aroma erhält. Nach dem Backen wird der Kürbis großzügig in geriebenem Parmesan gewälzt.

VORBEREITUNGSZEIT: 10 MINUTEN / GARZEIT: 20 MINUTEN / PORTIONEN: 4

---

1 Butternut-Kürbis, geschält, entkernt und in Würfel mit 1,5 cm Seitenlänge geschnitten

1 rote oder gelbe Paprikaschote, entkernt und in Stücke geschnitten

1 grüne Paprikaschote, entkernt und in Stücke geschnitten

2 EL (30 ml) Olivenöl

1 EL (2 g) frischer Rosmarin, gehackt

Salz und frisch gemahlener schwarzer Pfeffer

50 g Parmesan

Den Backofen auf 230 °C vorheizen. Butternut-Kürbis und Paprikastücke auf das Backblech legen. Das Olivenöl über das Gemüse träufeln, dann mit Rosmarin, Salz und schwarzem Pfeffer würzen. Das Gemüse schwenken, sodass alles gut mit Öl und Gewürzen benetzt ist, dann gleichmäßig auf dem Backblech verteilen.

Das Gemüse etwa 17 Minuten backen, bis es weich ist. Dann die Grillfunktion des Backofens einschalten und den Butternut-Kürbis 3 Minuten grillen, sodass er goldbraun wird.

Das Backblech aus dem Ofen holen, sofort den Parmesan über das Gemüse streuen und das Blech schwenken.

EIN TOPF

Töpfe eignen sich hervorragend für schnelle One-Pot-Gerichte. Es gibt sie in unterschiedlichen Größen, mit oder ohne Deckel. Häufig haben die Deckel ein Belüftungsloch, damit Dampf entweichen kann, was beispielsweise zum Dämpfen von frischem Gemüse perfekt ist. Größere Töpfe, die zwischen 4 und 8 Liter fassen, sind insbesondere für das Kochen von Nudeln und Getreide, aber auch zum Kochen und Dämpfen von Gemüse bestens geeignet.

Kleinere Töpfe mit einem Fassungsvermögen von 1,5 bis 3 Liter und einem langen Griff ähneln oft Pfannen, sind aber tiefer und haben einen Deckel. Sie eignen sich ideal zum Erhitzen von Soßen, können aber auch genutzt werden, um Eintöpfe, Reisgerichte, Nudelsoßen oder Suppen zuzubereiten.

Töpfe sind in der Küche unerlässlich: Sie sind Ihr Arbeitspferd in der Küche, Ihre Zuflucht beim Kochen leckerer Beilagen oder Soßen und beim kurzen Anbraten Ihrer Lieblingsfleischsorten.

SPAGHETTI ALLA CARBONARA MIT EINFACHEM BASILIKUM-RUCOLA-PESTO

Diese Version von Spaghetti alla carbonara entspricht nicht dem üblichen Allerweltsgericht. Sie wird mit köstlichem Basilikum-Rucola-Pesto und natürlich mit jeder Menge Speck zubereitet. Als Inspiration für dieses Rezept diente eines der beliebten Rezepte aus meinem Blog für ein ähnliches Nudelgericht mit Avocado-Spinat-Pesto. Die Zubereitung von Pesto ist wirklich einfach, denn Sie müssen lediglich alle Zutaten in eine Küchenmaschine füllen und zusammen pürieren. Dann kombinieren Sie das Pesto mit Ihren Lieblingsnudeln und genießen es.

Dieses schnelle Gericht ist in lediglich 20 Minuten fertig, und Sie brauchen nur einen einzigen Topf dafür.

VORBEREITUNGSZEIT: 5 MINUTEN / GARZEIT: 10 BIS 13 MINUTEN / PORTIONEN: 4

FÜR DAS PESTO
- 8 frische Basilikumblätter
- 30 g Rucola
- 2 Knoblauchzehen
- 25 g Walnüsse
- 60 ml Olivenöl
- Salz und frisch gemahlener schwarzer Pfeffer
- 25 g geriebener Parmesan

FÜR DIE SPAGHETTI
- 220 g ungegarte Spaghetti
- 2 große Eier, verquirlt
- Salz und frisch gemahlener schwarzer Pfeffer
- 4 dünne Scheiben Räucherspeck, gebraten und in kleine Stücke geschnitten
- 75 g geriebener Parmesan

Für das Pesto alle Zutaten in die Küchenmaschine füllen und 2 Minuten pürieren, bis eine geschmeidige Creme entsteht.

Für die Spaghetti in einem Topf 1 Liter Wasser auf mittlerer bis hoher Stufe zum Kochen bringen, dann die Spaghetti hineingeben. Die Nudeln 10 bis 12 Minuten kochen, bis das gesamte Wasser aufgenommen worden ist. Sollte noch Wasser im Topf übrig, aber der gewünschte »Weichegrad« der Nudeln bereits erreicht sein, das überschüssige Wasser abgießen.

Die Eier auf die Spaghetti geben, gut umrühren und 1 Minuten garen, bis die Eier stocken.

Das Pesto über die Spaghetti löffeln und verrühren. Gegebenenfalls mit Salz und Pfeffer würzen.

Speck und Parmesan hinzufügen und vor dem Servieren alles gut verrühren. Warm servieren.

WÜRZIGER GARNELEN-HÄHNCHEN-GUMBO

Gumbo stammt aus Louisiana, wo es im 18. Jahrhundert kreiert wurde und eine ernste Angelegenheit ist. Traditionell wird es mit Fleisch oder Meeresfrüchten hergestellt, während die heilige Dreieinigkeit des Gemüses aus Sellerie, Paprikaschoten und Zwiebeln besteht; und darüber hinaus kommen noch ein kräftiger Fond und ein Verdickungsmittel hinzu. In der Regel kann es einige Stunden dauern, Gumbo zu kochen und köcheln zu lassen, doch ich habe eine Variante entwickelt, die in 30 Minuten fertig sein kann und alles bietet, was an Gumbo gut ist: Hähnchen, Wurst, Garnelen und alle erforderlichen Gemüsesorten.

VORBEREITUNGSZEIT: 5 MINUTEN / GARZEIT: 22 MINUTEN / PORTIONEN: 6

- 2 EL (30 g) ungesalzene Butter
- 2 EL (15 g) Allzweckmehl
- 1 kleine Zwiebel, gehackt
- 1 grüne Paprikaschote, entkernt und klein geschnitten
- 1 rote Paprikaschote, entkernt und klein geschnitten
- 1 Stange Sellerie, klein geschnitten
- 100 g Okraschoten, klein geschnitten
- 5 Knoblauchzehen, fein gehackt
- 350 g geräucherte Wurst, in Scheiben geschnitten
- ¼ TL getrockneter Thymian
- 1 Lorbeerblatt
- 1 TL (6 g) Salz
- 1 TL (2 g) Cayennepfeffer
- 240 ml Hühnerfond
- 300 g gegarte Hähnchenbrust, klein geschnitten
- 400 g gewürfelte Tomaten aus der Dose mit Saft
- 120 g vorgegarte Garnelen ohne Schale
- 1 EL (4 g) gehackte frische Petersilie
- gekochten Reis zum Servieren

In einem großen Topf auf mittlerer bis hoher Stufe die Butter schmelzen. Mehl hinzufügen und umrühren. Butter und Mehl 2 Minuten erhitzen, um eine Mehlschwitze zu erhalten. Die Mischung sollte eine hellgoldene Färbung erhalten.

Zwiebeln, Paprikaschoten, Sellerie, Okraschoten, Knoblauch und Wurst hinzufügen und umrühren. Unter gelegentlichem Rühren 5 Minuten kochen, bis die Zwiebeln und das Gemüse weich zu werden beginnen.

Thymian, Lorbeerblatt, Salz und Cayennepfeffer unterrühren. Hühnerfond, Hähnchen und gewürfelte Tomaten hinzufügen, umrühren. Die Hitze auf mittlere Stufe reduzieren und 13 Minuten kochen lassen. Dann die Garnelen hinzufügen und weitere 2 Minuten kochen.

Abschmecken und gegebenenfalls mit Salz und Pfeffer nachwürzen. Lorbeerblatt entfernen.

Mit frischer Petersilie garnieren und mit Reis servieren.

HINWEIS: Eine Mehlschwitze besteht zu gleichen Teilen aus Mehl und Fett, die zusammen erhitzt werden, um ein Bindemittel für Soßen und Suppen zu erhalten.

ITALIENISCHES HÄHNCHEN MIT LINGUINE

Dies ist meine überarbeitete Version eines klassischen italienischen Gerichts. Traditionell wird es mit Garnelen zubereitet, doch die Verwendung von Hähnchen ist deutlich preiswerter. Dieses Hähnchengericht steckt durch die Tomaten und den Weißwein voller köstlicher Aromen, ganz zu schweigen von der scharfen Soße und den Chiliflocken, die das Gericht wunderbar pikant machen.

VORBEREITUNGSZEIT: 5 MINUTEN / GARZEIT: 20 MINUTEN / PORTIONEN: 4

- 4 EL (60 g) ungesalzene Butter
- 500 g Hähnchenbrust ohne Haut und Knochen, in kleine Würfel geschnitten
- 1 Zwiebel, gehackt
- 5 Knoblauchzehen, fein gehackt
- 1 TL (1 g) getrockneter Oregano
- ½ TL zerstoßene Chiliflocken (siehe Hinweis)
- 240 ml Weißwein
- 500 ml Hühnerfond
- 1 EL (15 ml) scharfe Soße (siehe Hinweis)
- 2 EL (30 ml) frisch gepresster Zitronensaft
- 350 g ungegarte Linguine
- 6 Kirschtomaten, geviertelt
- 1 EL (4 g) gehackte frische Petersilie zum Garnieren
- 25 g Parmesan

In einem großen Topf die Butter auf mittlerer bis hoher Stufe schmelzen. Das Hähnchen hinzufügen und 5 Minuten braten, bis es nicht mehr rosa ist.

Zwiebeln, Knoblauch, Oregano und Chiliflocken hinzufügen und weitere 5 Minuten braten, bis die Zwiebeln weich und glasig werden.

Wein, Hühnerfond, scharfe Soße, Zitronensaft und Linguine hinzufügen. Unter gelegentlichem Rühren etwa 8 Minuten garen, bis die Linguine bissfest sind.

Die Tomaten unterrühren, mit Petersilie und Parmesan garnieren.

HINWEIS: Dieses Gericht ist sehr scharf. Wenn Sie es weniger scharf mögen, sollten Sie die verwendete Menge der Chiliflocken und der scharfen Soße reduzieren.

SCHNELLES UND EINFACHES WEISSWEIN-PILZ-RISOTTO

Risotto gehörte zu jenen Gerichten, die ich lange Zeit ausschließlich im Restaurant aß. Ich dachte immer, es gäbe ein Geheimnis bei der Risotto-Herstellung, bis ich eines Tages beschloss zu lernen, wie man es macht. Ich war der Meinung, dass es stundenlang dauerte, um den Reis für das Risotto perfekt hinzubekommen. Glücklicherweise können Sie ein Risotto in 30 Minuten zubereiten, und ich habe festgestellt, dass es überdies ziemlich einfach ist.

Für ein Risotto verwendet man einen speziellen Reis, den Arborio-Reis. Er ist sehr stärkehaltig und hat kurze oder mittellange, runde Körner. Diese sind toll für Risotto, da sie Flüssigkeiten besser aufnehmen und stärker kleben als die langkörnigen Reissorten.

Für ein Risotto wird der Reis in Brühe gekocht, sodass er eine cremige Konsistenz hat. Die Basis besteht fast immer aus Butter, Zwiebeln und Sellerie, und danach können andere Gemüsesorten hinzugefügt werden, um das Gericht zu variieren. In der Regel wird Risotto als Hauptgericht serviert, nicht als Beilage.

VORBEREITUNGSZEIT: 5 MINUTEN / GARZEIT: 25 MINUTEN / PORTIONEN: 4 BIS 6

---

1 EL (15 ml) Olivenöl
2 EL (30 g) ungesalzene Butter
1 kleine Zwiebel, gehackt
½ Stange Sellerie, in kleine Stücke geschnitten
200 g ungegarter Arborio-Reis
150 g Pilze, gehackt
200 ml Weißwein
500 ml Hühnerfond
120 ml Milch
Salz und frisch gemahlener schwarzer Pfeffer
frische Petersilie zum Garnieren
25 g Parmesan

Olivenöl und Butter in einem mittelgroßen Topf auf mittlerer bis hoher Stufe erhitzen. Wenn die Butter geschmolzen ist, Zwiebeln und Sellerie hinzufügen und 2 Minuten anbraten, bis sie zu schwitzen beginnen und die Zwiebeln glasig werden.

Dann den Arborio-Reis in den Topf füllen und umrühren. Die Pilze hinzufügen und unterrühren. Zunächst 100 Milliliter des Weißweins hineingießen und 1 bis 2 Minuten rühren, bis die Flüssigkeit größtenteils aufgenommen worden ist. Dann den restlichen Wein sowie 150 Milliliter des Hühnerfonds hineingießen und eine Weile rühren. Sobald der Reis die Flüssigkeit aufgenommen hat, Milch und restlichen Hühnerfond hinzufügen. Umrühren und nach Geschmack mit Salz und Pfeffer würzen.

Normalerweise wird nach einer Weile noch etwas Fond hinzugefügt, doch dieser Vorgang kann beschleunigt werden. Den Topf abdecken und 15 Minuten kochen lassen, bis der Reis die Flüssigkeit komplett aufgenommen hat. Dabei alle 3 bis 4 Minuten umrühren.

Sobald die gesamte Flüssigkeit aufgenommen worden ist, mit frischer Petersilie und Parmesan garnieren.

BRATHÄHNCHEN MIT CREMIGER KNOBLAUCH-WEIN-SOSSE

In einem Topf kann man Fleisch wunderbar scharf anbraten. Und ja: Ein Hähnchengericht wie dieses können Sie tatsächlich in 30 Minuten zubereiten. Wenn Ihre Hähnchenbrusthälften zu dick sind, schneiden Sie diese einfach der Länge nach durch, sodass sie dünner sind – dann werden sie deutlich schneller gar. Die cremige Knoblauch-Wein-Soße ist einfach zubereitet und ebenfalls in wenigen Minuten fertig, sie passt perfekt zu diesem Hähnchen. Zum Kochen sollten Sie immer guten Wein verwenden – am besten den Wein, den Sie auch zu Ihrem Abendessen trinken möchten.

VORBEREITUNGSZEIT: 2 MINUTEN / GARZEIT: 25 MINUTEN / PORTIONEN: 6

---

4 Hähnchenbrusthälften (800 g insgesamt)

Salz und frisch gemahlener schwarzer Pfeffer

2 EL (30 g) ungesalzene Butter

2 EL (30 ml) Olivenöl

3 Knoblauchzehen, fein gehackt

120 ml Weißwein

120 ml Crème double

1 TL (1,5 g) getrockneter Estragon

1 EL (4 g) gehackte frische Petersilie zum Garnieren

Die Hähnchenbrusthälften mit Salz und Pfeffer würzen. Wenn die Hähnchenstücke zu dick sind, waagerecht halbieren, damit sie dünner und schneller gar sind.

Butter und Olivenöl in einem Topf auf mittlerer Stufe erhitzen, bis die Butter geschmolzen ist. Hähnchenbrusthälften hinzufügen und auf jeder Seite 8 bis 10 Minuten scharf anbraten, bis das Fleisch goldbraun ist. Zum Testen, ob das Fleisch ganz durchgebraten ist, gegebenenfalls ein Bratenthermometer in die dickste Stelle der Hähnchenbrust hineinstecken: Das Fleisch ist gar, wenn die Temperatur 71 bis 74 °C erreicht hat. Alternativ ein Messer in eines der Fleischstücke stecken: Wenn klarer Saft herausläuft, ist das Hähnchen gar. Das Hähnchen sollte so lange gebraten werden, bis es im Inneren nicht mehr rosa ist. Dann die Fleischstücke aus dem Topf holen und beiseitestellen.

Im selben Topf den Knoblauch 30 Sekunden bis 1 Minute braten, bis es zu duften beginnt. Weißwein, Crème double und Estragon hinzufügen und nach Geschmack mit Salz und Pfeffer würzen. Die Soße zum Kochen bringen, dann das Hähnchenfleisch wieder hineinlegen. Mit Petersilie garnieren.

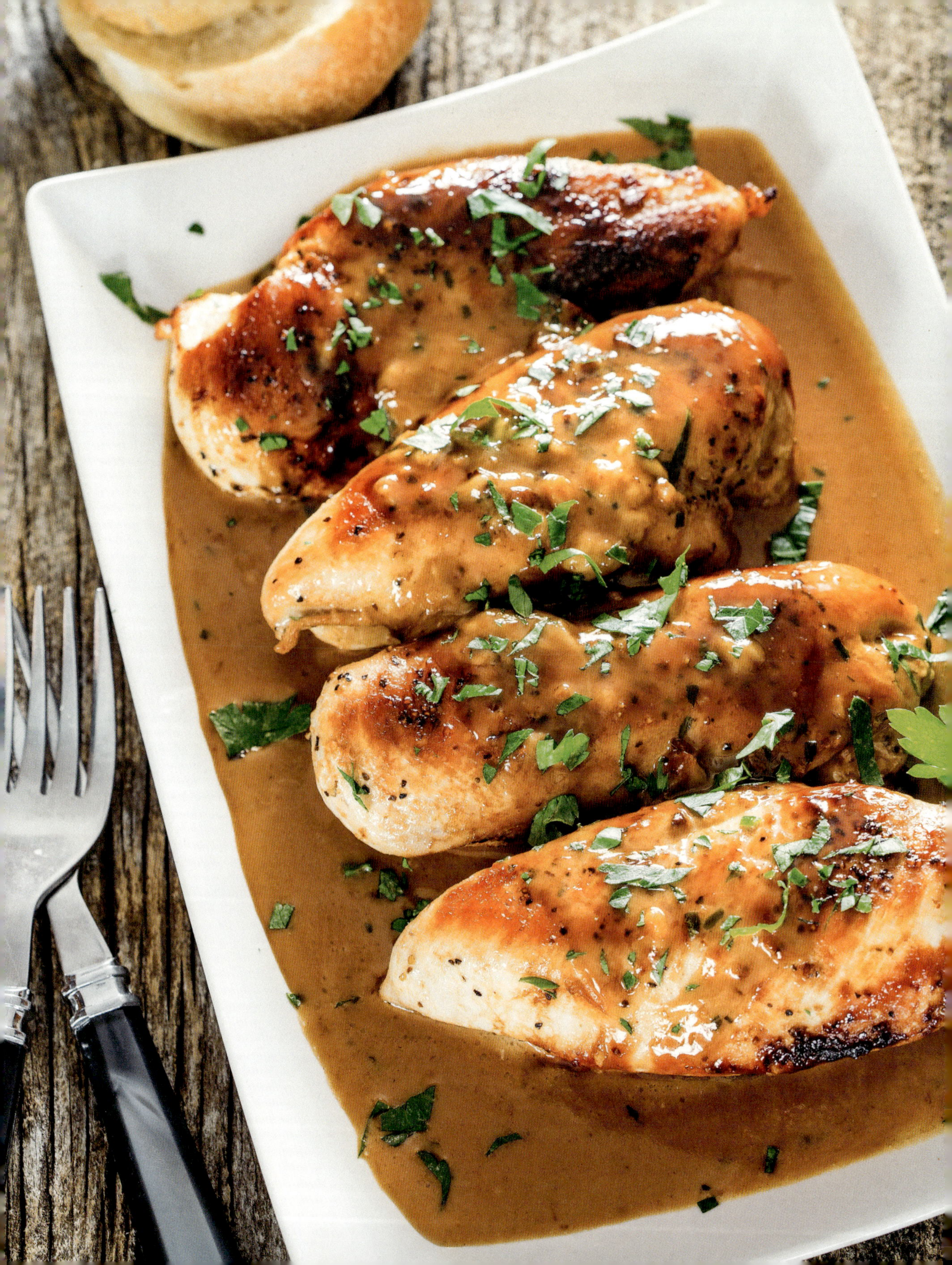

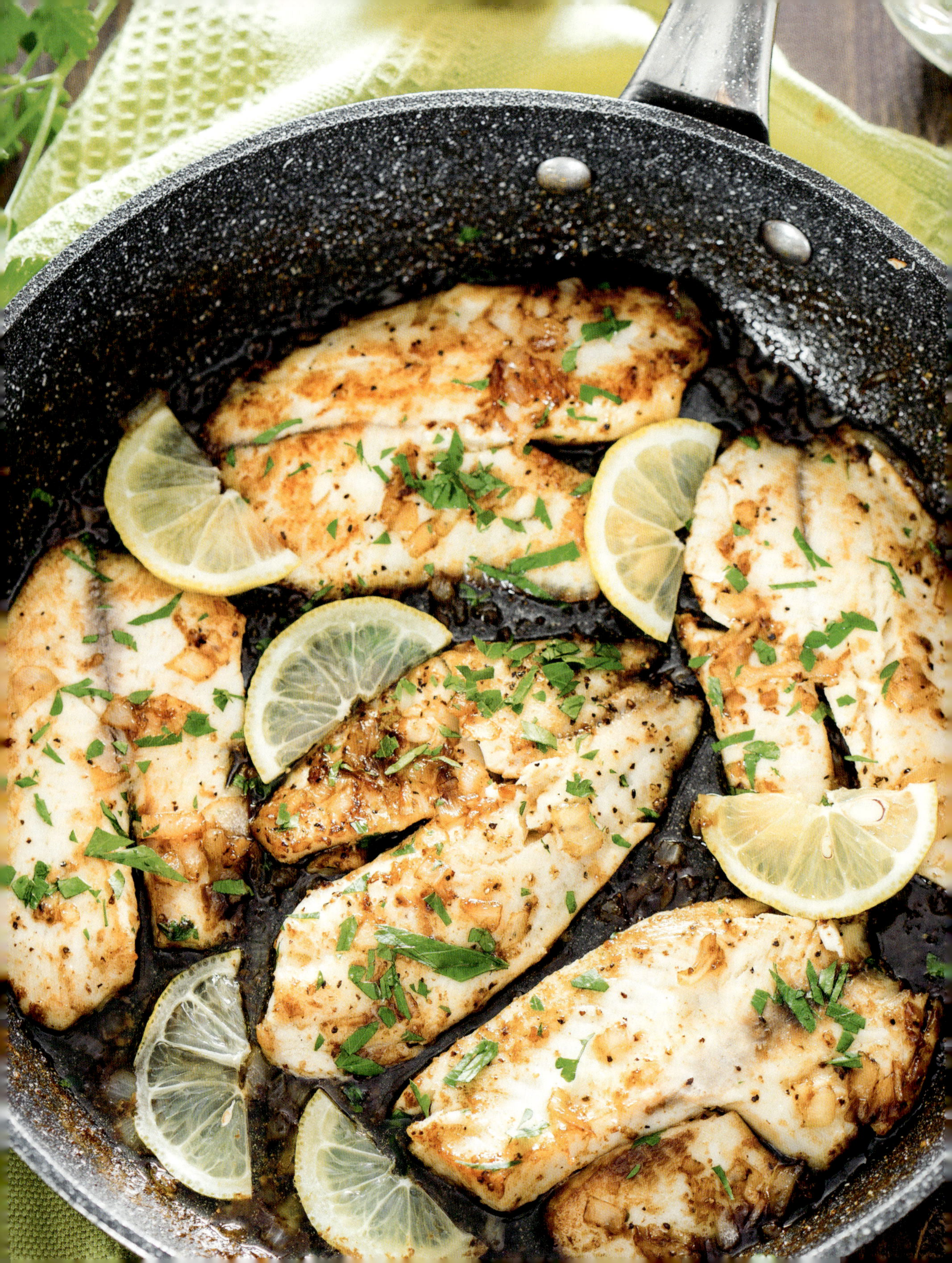

GEBRATENER TILAPIA MIT ZITRONEN-BUTTER-SOSSE

Nichts geht über Fisch, wenn man ein schnelles Gericht zubereiten will. Tilapia eignet sich wirklich perfekt für eine rasch zubereitete Mahlzeit. Er ist innerhalb weniger Minuten gar gebraten und ist sehr leicht aromatisch zu würzen. In diesem Fall habe ich eine einfache Zitronen-Butter-Soße gemacht, die den feinen Geschmack des Tilapias hervorhebt und innerhalb von 15 Minuten fertig ist. Dieses Gericht passt hervorragend zu Reis oder einem großen, grünen Salat.

VORBEREITUNGSZEIT: 3 MINUTEN / GARZEIT: 12 MINUTEN / PORTIONEN: 2 BIS 4

---

4 bis 6 (350 bis 400 g insgesamt) Tilapiafilets

Salz und frisch gemahlener schwarzer Pfeffer

6 EL (90 g) ungesalzene Butter

1 kleine Zwiebel, gehackt

2 Knoblauchzehen, fein gehackt

2 EL (30 ml) frisch gepresster Zitronensaft

1 EL (4 g) gehackte frische Petersilie

Die Tilapiafilets mit Salz und Pfeffer würzen. 2 Esslöffel (30 g) Butter in einem Topf auf mittlerer Stufe schmelzen. Sobald die Butter geschmolzen ist und keine Blasen mehr wirft, die Tilapiafilets hineinlegen und von beiden Seiten jeweils 3 bis 4 Minuten scharf anbraten. Wenn der Fisch blättrig wird, ist er fertig. Die Tilapiafilets auf einen Teller legen und warm halten.

Die restlichen 4 Esslöffel (60 g) der Butter im Topf schmelzen. Die Zwiebeln darin 2 Minuten anbraten, bis sie zu schwitzen beginnen und glasig werden. Dann den Knoblauch hinzufügen und 1 weitere Minute braten, bis er duftet.

Zitronensaft und Petersilie unterrühren, dann den Tilapia wieder in den Topf legen oder die Soße über den Fisch gießen und servieren.

GEBRATENER TILAPIA IN THAI-KOKOS-SOSSE

Vor vielen Jahren habe ich meine Vorliebe für thailändisches Essen entdeckt, als ich in Michigan arbeitete und es gerne in der Mittagspause zu mir nahm. Ganz besonders mag ich alle Soßen mit Kokosmilch. Ich dachte immer, dass solche Gerichte schwierig zu kochen seien und viel Zeit erforderten – und deshalb ging ich immer auswärts thailändisch essen. Doch als ich meine Leidenschaft für das Kochen entdeckte und mir in der Küche mehr zutraute, beschloss ich, mit thailändischen Speisen zu experimentieren, und habe es nie bereut. Diese Soße ist eine einfache Kokossoße, die durch Sriracha-Soße etwas Schärfe erhält, mit Ingwer, Knoblauch und Limettensaft aromatisiert wird und innerhalb weniger Minuten fertig ist. Es handelt sich um eine unglaublich einfache und köstliche Soße, die perfekt zu Fisch wie Tilapia passt.

VORBEREITUNGSZEIT: 3 MINUTEN / GARZEIT: 15 MINUTEN / PORTIONEN: 2 BIS 4

---

4 bis 6 Tilapiafilets (350 bis 450 g insgesamt)

Salz und frisch gemahlener schwarzer Pfeffer

1 EL (15 ml) Olivenöl

2 EL (30 g) ungesalzene Butter

1 TL (2 g) fein gehackter frischer Ingwer

1 TL (3 g) fein gehackter Knoblauch

240 ml Kokosmilch aus der Dose

1 EL (15 ml) asiatische Fischsoße (siehe Hinweis)

1 EL (15 ml) Sriracha-Soße

1 EL (15 ml) Honig

2 EL (30 ml) frisch gepresster Limettensaft

1 EL (1 g) gehackte frische Korianderblätter

Die Tilapiafilets mit Salz und Pfeffer würzen. Das Olivenöl in einem Topf auf mittlerer Stufe erhitzen. Die Tilapiafilets hineinlegen und von beiden Seiten jeweils 3 bis 4 Minuten scharf anbraten. Wenn der Fisch blättrig wird, ist er fertig. Die Tilapiafilets auf einen Teller legen und warm halten.

Die Butter im Topf schmelzen. Sobald die Butter geschmolzen ist und keine Blasen mehr wirft, Ingwer und Knoblauch darin 1 Minute anbraten, bis es duftet. Dann Kokosmilch, asiatische Fischsoße, Sriracha-Soße, Honig und Limettensaft hinzufügen. Abschmecken und gegebenenfalls mit Salz und Pfeffer nachwürzen oder mehr Sriracha-Soße hinzufügen, wenn die Soße schärfer werden soll. Die Soße zum Kochen bringen und 2 Minuten köcheln lassen.

Sofort über den Fisch gießen, mit Koriander garnieren und servieren.

HINWEIS: Fischsoße wird häufig aus Sardellen, Salz und Wasser hergestellt und in der thailändischen Küche sehr oft verwendet. Sie schmeckt recht intensiv und hat ein kräftiges Aroma, sodass sie in der Regel in kleinen Mengen verwendet wird.

Wenn Sie keine Sriracha-Soße haben, können Sie stattdessen Ihre bevorzugte scharfe Soße nehmen.

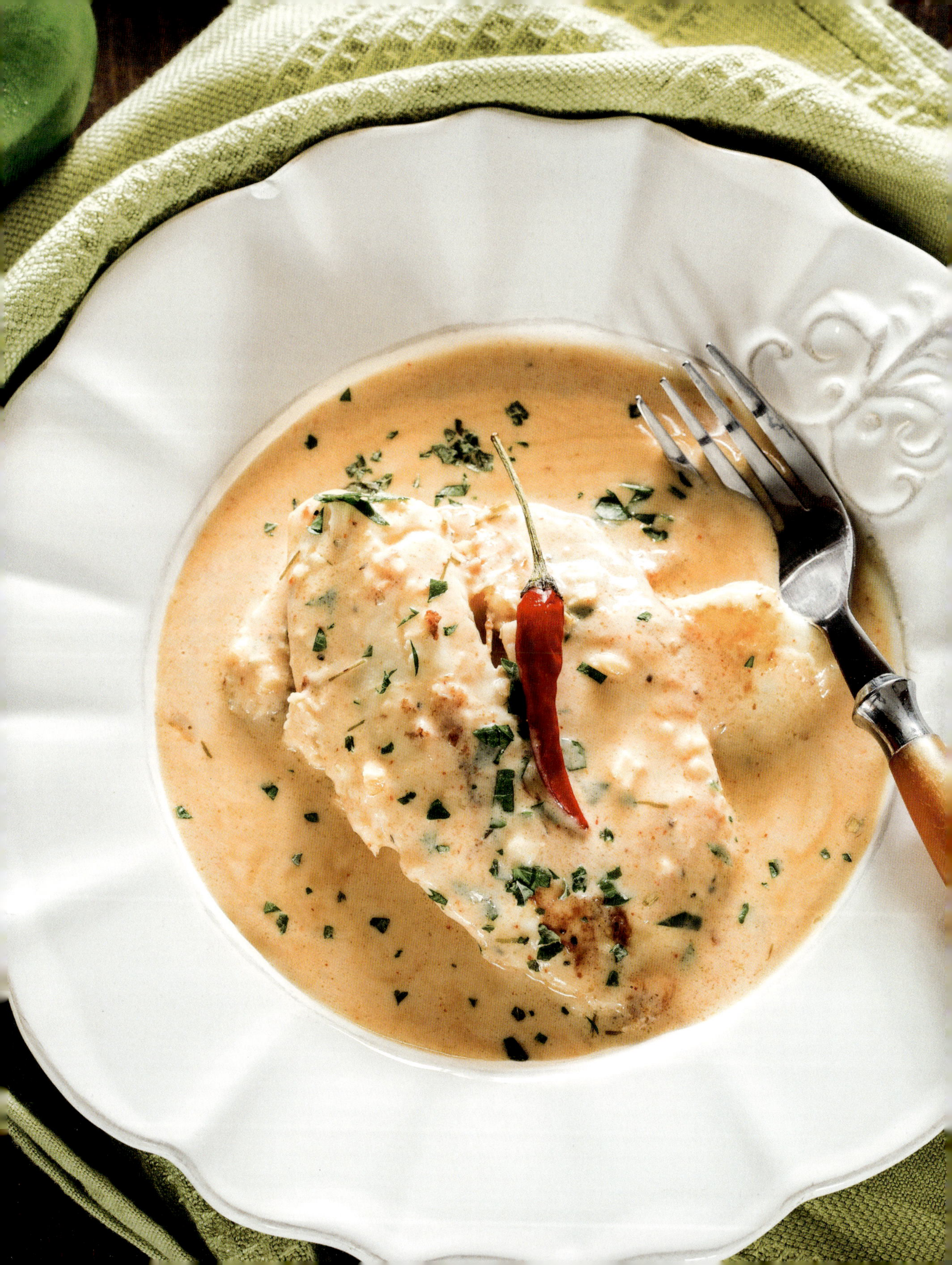

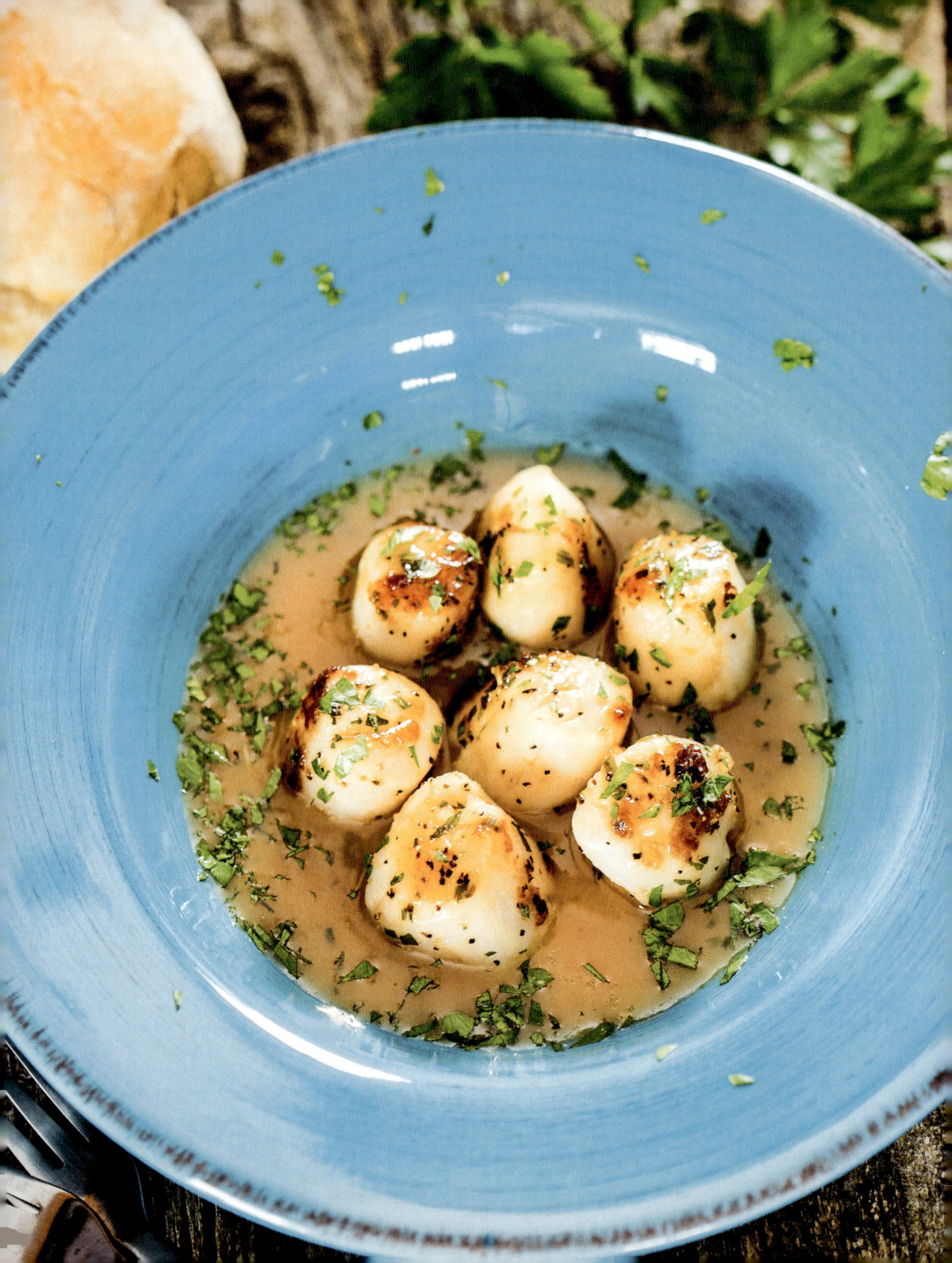

GEBRATENE JAKOBSMUSCHELN MIT BUTTER-WEISSWEIN-SOSSE

Jakobsmuscheln eignen sich ideal als schnelles, aber raffiniertes Abendessen mit Meeresfrüchten. Sie sollten sich nicht scheuen, Jakobsmuscheln zu Hause zuzubereiten, sie müssen durchaus nicht dem Restaurant vorbehalten bleiben. Sie sind sehr einfach zuzubereiten, denn Sie brauchen lediglich eine einfache Soße herzustellen.

Diese Jakobsmuscheln werden scharf angebraten, sodass sie goldbraun sind, wenn sie mit einer schlichten Butter-Weißwein-Soße serviert werden.

VORBEREITUNGSZEIT: 5 MINUTEN / GARZEIT: 10 MINUTEN / PORTIONEN: 2

230 g Jakobsmuscheln
Salz und frisch gemahlener schwarzer Pfeffer
1 EL (15 ml) Olivenöl
3 EL (45 g) ungesalzene Butter
1 Knoblauchzehe, fein gehackt
120 ml Weißwein
½ TL getrockneter Estragon
1 EL (4 g) gehackte frische Petersilie zum Garnieren

Zunächst die seitlichen Muskeln der Jakobsmuscheln entfernen und wegwerfen. Sind keine Muskeln zu sehen, wurden sie bereits entfernt; und selbst wenn sie nicht entfernt worden sind, ist es kein Problem, falls sie versehentlich mitgegessen werden.

Die Jakobsmuscheln mit Salz und Pfeffer würzen. Das Olivenöl in einem Topf auf hoher Stufe erhitzen. Die Jakobsmuscheln darin von jeder Seite 2 bis 3 Minuten anbraten, bis sie goldbraun sind. Dann die Muscheln auf einen Teller legen und warm halten.

Die Butter in den Topf geben und schmelzen. Sobald die Butter geschmolzen ist und keine Blasen mehr wirft, den Knoblauch hinzufügen und 1 Minute braten, bis der Knoblauch duftet. Wein und Estragon hinzufügen und 2 Minuten köcheln lassen. Gegebenenfalls mit Salz und Pfeffer würzen. Die Hitze ausschalten und die Jakobsmuscheln wieder in den Topf legen. Mit Petersilie garnieren.

PARMESAN-ERBSEN-RISOTTO AUS GRIECHISCHEN NUDELN

Viele Menschen denken, bei griechischen Nudeln (auch Orzo genannt) handele es sich um eine Art Reis, da die Form dieser Pasta an Langkornreis erinnert. Ich koche sehr gerne mit griechischen Nudeln, da sie wirklich schnell gar sind und sich deshalb perfekt für ein schnelles One-Pot-Gericht eignen. Dieses Risotto wird echte Parmesanfreunde erfreuen, denn es wird mit einer Menge Parmesan zubereitet, sodass es wirklich nahrhaft ist und intensiv nach Käse schmeckt. Das Gericht ist sehr leicht herzustellen, und ich bezeichne es als Risotto, da ich dieselbe Technik anwende wie bei der Herstellung eines Risottos. Sie können diese griechischen Nudeln als Beilage servieren, doch ich esse dieses Gericht auch gerne pur, ohne etwas dazu.

VORBEREITUNGSZEIT: 5 MINUTEN / GARZEIT: 25 MINUTEN / PORTIONEN: 4

2 EL (30 g) ungesalzene Butter
1 kleine Zwiebel, gehackt
½ Stange Sellerie, klein geschnitten
170 g ungegarte griechische Nudeln
120 ml trockener Weißwein
500 ml Hühnerfond
70 g tiefgefrorene Erbsen
100 g Parmesan
Salz und frisch gemahlener schwarzer Pfeffer
1 EL (4 g) gehackte frische Petersilie zum Garnieren

Die Butter in einem Topf auf mittlerer bis hoher Stufe schmelzen. Sobald die Butter geschmolzen ist und keine Blasen mehr wirft, Zwiebeln und Sellerie hinzufügen und 5 Minuten braten, bis die Zwiebeln weich und glasig sind.

Die griechischen Nudeln in den Topf füllen und 2 Minuten braten, bis sie den Großteil der Butter aufgenommen haben. Den Hühnerfond unterrühren. Die griechischen Nudeln ungefähr 15 Minuten kochen, bis sie den gesamten Fond aufgenommen haben. Sobald die griechischen Nudeln 10 Minuten gekocht haben, die tiefgefrorenen Erbsen hinzufügen.

Sobald die gesamte Flüssigkeit aufgenommen worden ist und die griechischen Nudeln gar sind, Parmesan unterrühren und gegebenenfalls mit Salz und Pfeffer würzen. Mit der frischen Petersilie garnieren und warm servieren.

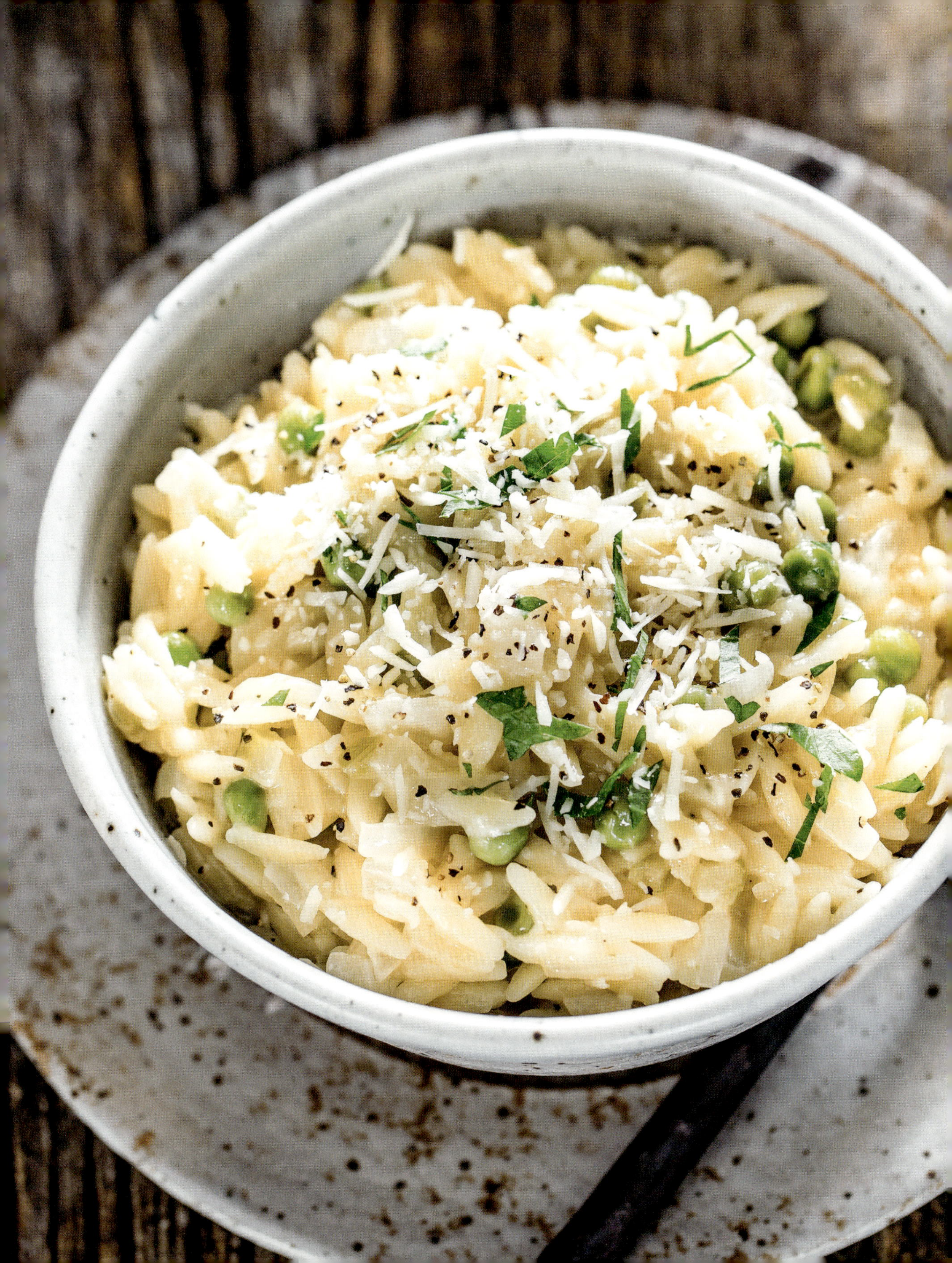

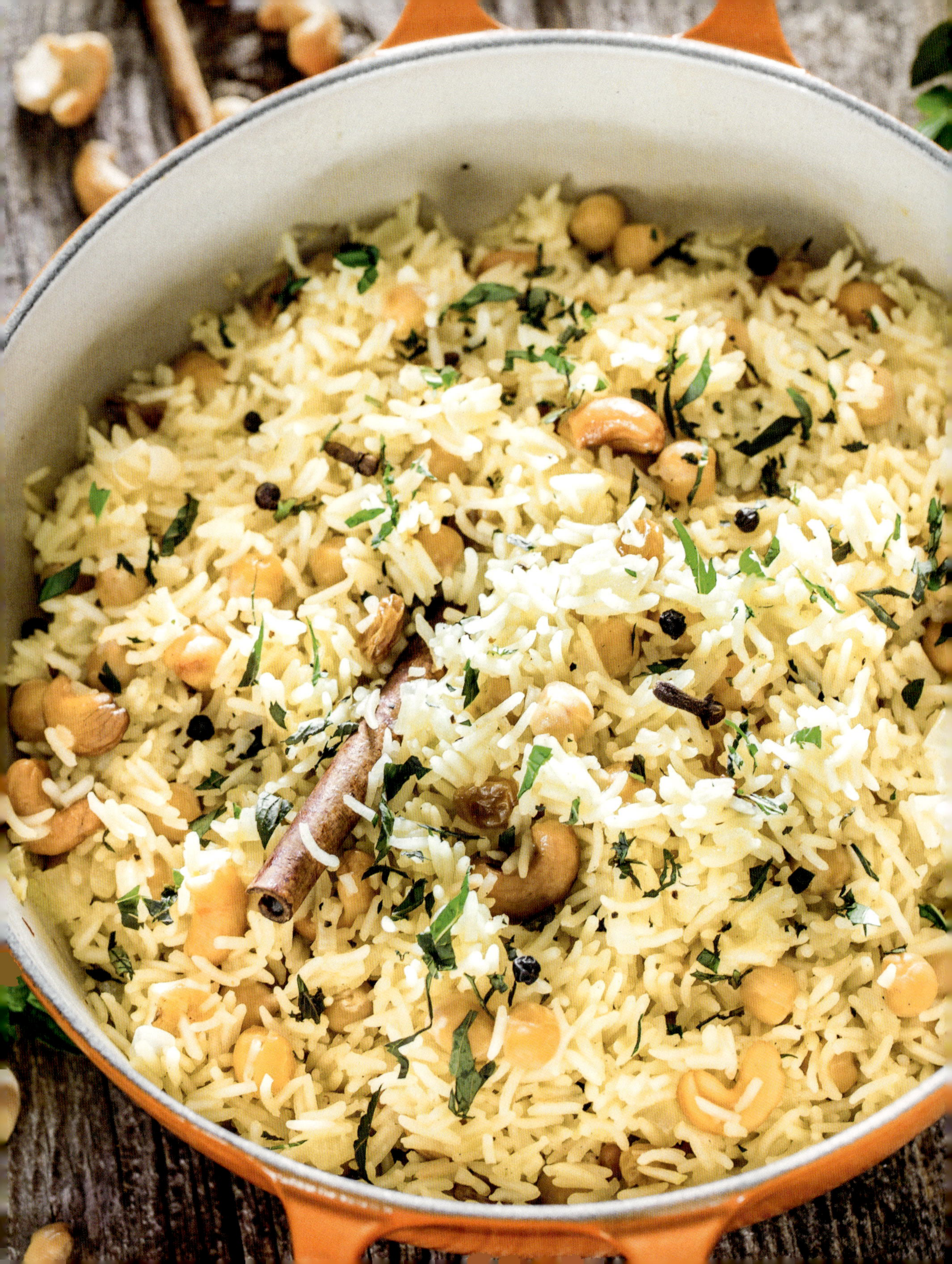

INDISCHER PILAW MIT KICHERERBSEN

Vor Jahren habe ich mich in die indische Küche verliebt und seitdem in meiner Küche ziemlich viel mit indischen Gewürzen und Currys experimentiert. Schon immer habe ich wunderbar aromatisierte Reisgerichte gemocht. Dieser Pilaw enthält einige meiner bevorzugten indischen Gewürze sowie Kichererbsen, Rosinen und Cashewkerne. Er ist innerhalb von 30 Minuten fertig und ein ziemlich einfaches, sehr aromatisches und köstliches Gericht.

VORBEREITUNGSZEIT: 5 MINUTEN / GARZEIT: 25 MINUTEN / PORTIONEN: 6

---

2 EL (30 g) ungesalzene Butter
1 kleine Zwiebel, gehackt
½ TL Safranfäden (siehe Hinweis)
½ TL gemahlener Kardamom
4 oder 5 ganze Gewürznelken
1 TL (2 g) Pfefferkörner
2 Zimtstangen
280 g ungegarter Langkornreis
240 g Kichererbsen
40 g Sultaninen
600 ml Gemüsefond
Salz und frisch gemahlener schwarzer Pfeffer
40 g Cashewkerne
1 TL (2 g) gehackte frische Minzblätter zum Garnieren

Die Butter in einem Topf auf mittlerer bis hoher Stufe schmelzen. Sobald die Butter geschmolzen ist und keine Blasen mehr wirft, die Zwiebeln hinzufügen und 5 Minuten braten, bis die Zwiebeln weich und glasig sind. Safranfäden, gemahlenen Kardamom, Gewürznelken, Pfefferkörner und Zimtstangen hinzufügen.

Den Reis in den Topf geben und 2 Minuten braten, bis der Reis die gesamte Butter aufgenommen hat. Kichererbsen und Rosinen unterrühren. Den Gemüsefond an den Reis gießen und umrühren. Alles zum Kochen bringen, mit Salz und Pfeffer würzen, den Topf mit einem Deckel abdecken und etwa 15 Minuten köcheln lassen, bis der gesamte Fond aufgenommen worden und der Reis gar ist.

Die Cashewkerne unterrühren, mit der frischen Minze garnieren.

HINWEIS: Safran ist als teuerstes Gewürz der Welt bekannt. Zum Glück reicht eine kleine Safranmenge jedoch eine ganze Weile. Safran wird zum Färben und Aromatisieren von Reis- und Meeresfrüchtegerichten sowie sogar für Gebäck und Käse verwendet.

20-MINUTEN-KOTELETTS UND SHIITAKE IN WEISSER SOSSE

Schweinefleisch und Pilze mit einer cremigen Soße – mit Speisen dieser Art bin ich groß geworden. Solche Gerichte bereitete meine Mutter regelmäßig zu, sodass sie häufig auf den Tisch kamen. Sie verwendete weiße Champignons, und die Soße machte sie mit Mehl und saurer Sahne. In meiner Version dieses Gerichts beschleunige ich den Vorgang ein wenig, indem ich eine Dose Pilzcremesuppe verwende, die all die köstlichen und erdigen Aromen der Pilze liefert. Es geht doch nichts über ein herzhaftes Abendessen, das in nur 20 Minuten fertig sein kann.

VORBEREITUNGSZEIT: 2 MINUTEN / GARZEIT: 15 MINUTEN / PORTIONEN: 4

---

4 Schweinekoteletts ohne Knochen, Fett abgeschnitten, in Würfel mit 2 bis 3 cm Seitenlänge geschnitten (siehe Hinweis)

Salz und frisch gemahlener schwarzer Pfeffer

2 EL (30 g) ungesalzene Butter

130 g Shiitake-Pilze, in Scheiben geschnitten (siehe Hinweis)

120 ml Wasser

300 ml Pilzcremesuppe aus der Dose

1 (10 g) Brühwürfel (Hühnerbrühe)

60 g saure Sahne

1 EL (4 g) gehackte frische Petersilie zum Garnieren

gekochte Nudeln oder Reis als Beilage (optional)

Das Schweinefleisch mit Salz und Pfeffer würzen. Die Butter in einem Topf auf mittlerer bis hoher Stufe schmelzen. Sobald die Butter geschmolzen ist und keine Blasen mehr wirft, die Fleischwürfel darin unter gelegentlichem Rühren etwa 5 Minuten von allen Seiten anbraten, bis sie beginnen, goldbraun zu werden.

Die Shiitake-Pilze unterrühren und 5 weitere Minuten braten. Sie geben ein wenig Flüssigkeit ab, sodass die Pilze gegart werden sollten, bis die Flüssigkeit verdampft ist und die Pilze golden zu werden beginnen. Wasser und die Pilzcremesuppe in den Topf geben. Brühwürfel und saure Sahne hinzufügen und umrühren. Zum Kochen bringen, abdecken und auf kleiner bis mittlerer Stufe 5 Minuten köcheln lassen. Mit der Petersilie garnieren. Nach Wunsch mit Nudeln oder Reis servieren.

HINWEIS: Für dieses Gericht kann auch Schweinefilet verwendet werden. Außerdem können Sie die Shiitake durch beliebige andere Pilze austauschen, beispielsweise Champignons.

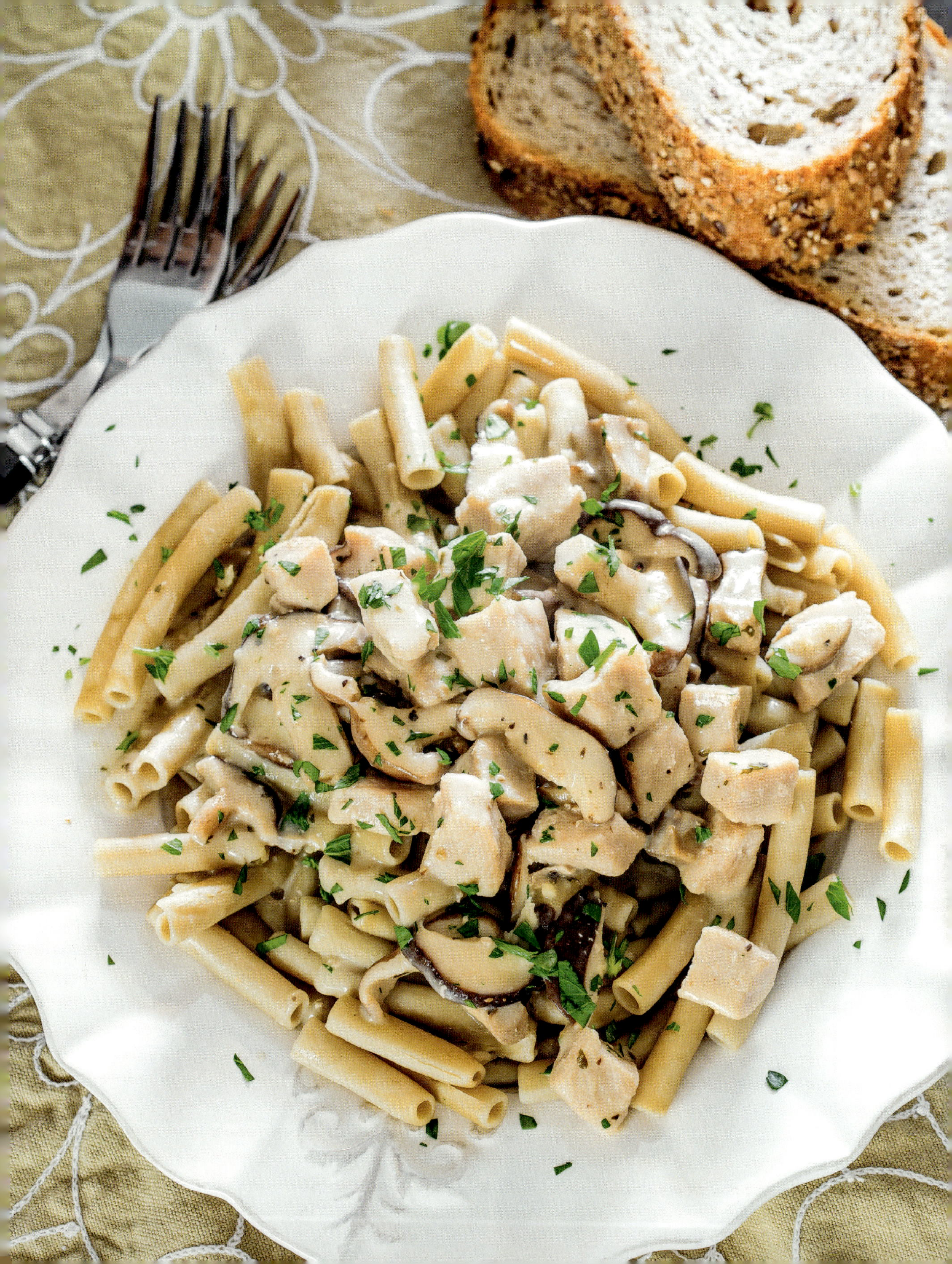

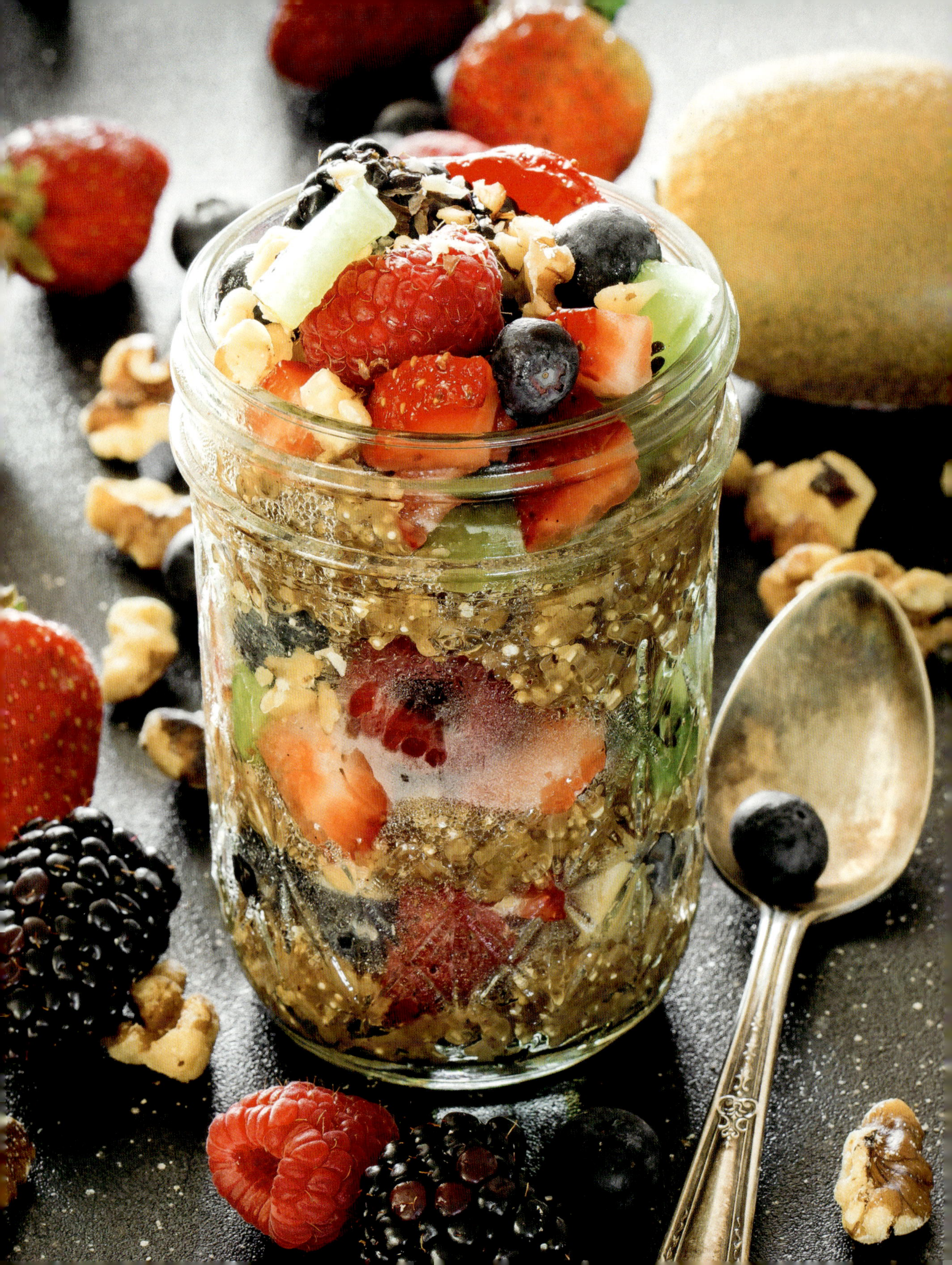

BEEREN-QUINOA-HAFERBREI ZUM FRÜHSTÜCK

Wenn Sie noch nie Quinoa zum Frühstück gegessen haben, wird es Zeit, sie einmal zu probieren. Dieses Gericht gehört unter der Woche zu meinen Lieblingsfrühstücken. Es ist schnell gemacht und erfordert keinerlei Aufwand. Am besten sind die Beeren und Nüsse, die Sie hinzufügen können. Im Sommer, wenn Beeren Saison haben, kaufe ich alle Beeren, die ich mit diesem Frühstück kombinieren kann.

VORBEREITUNGSZEIT: 5 MINUTEN / GARZEIT: 20 MINUTEN / PORTIONEN: 6

---

175 g ungegarte Quinoa
80 g Haferflocken
Prise Salz
1 TL (2 g) Zimtpulver
120 g brauner Zucker
500 ml Sojamilch
150 g frische Beeren, beispielsweise Himbeeren, Erdbeeren, Heidelbeeren oder Brombeeren
50 g Pekannüsse, gehackt

Quinoa, Haferflocken, Salz, Zimt, Zucker, Sojamilch und 250 ml Wasser in einen Topf füllen. Unter häufigem Rühren auf mittlerer Stufe etwa 20 Minuten kochen, bis die Quinoa gar ist.

Vom Herd nehmen und ein wenig abkühlen lassen. Die Beeren unterrühren und mit den gehackten Pekannüsse bestreuen.

HINWEIS: Wenn Sie dieses Frühstück mitnehmen möchten, sollten Sie die gekochte Haferflocken-Quinoa-Mischung und die Beeren schichtweise in ein Einmachglas füllen und die gehackten Pekannüsse darüberstreuen.

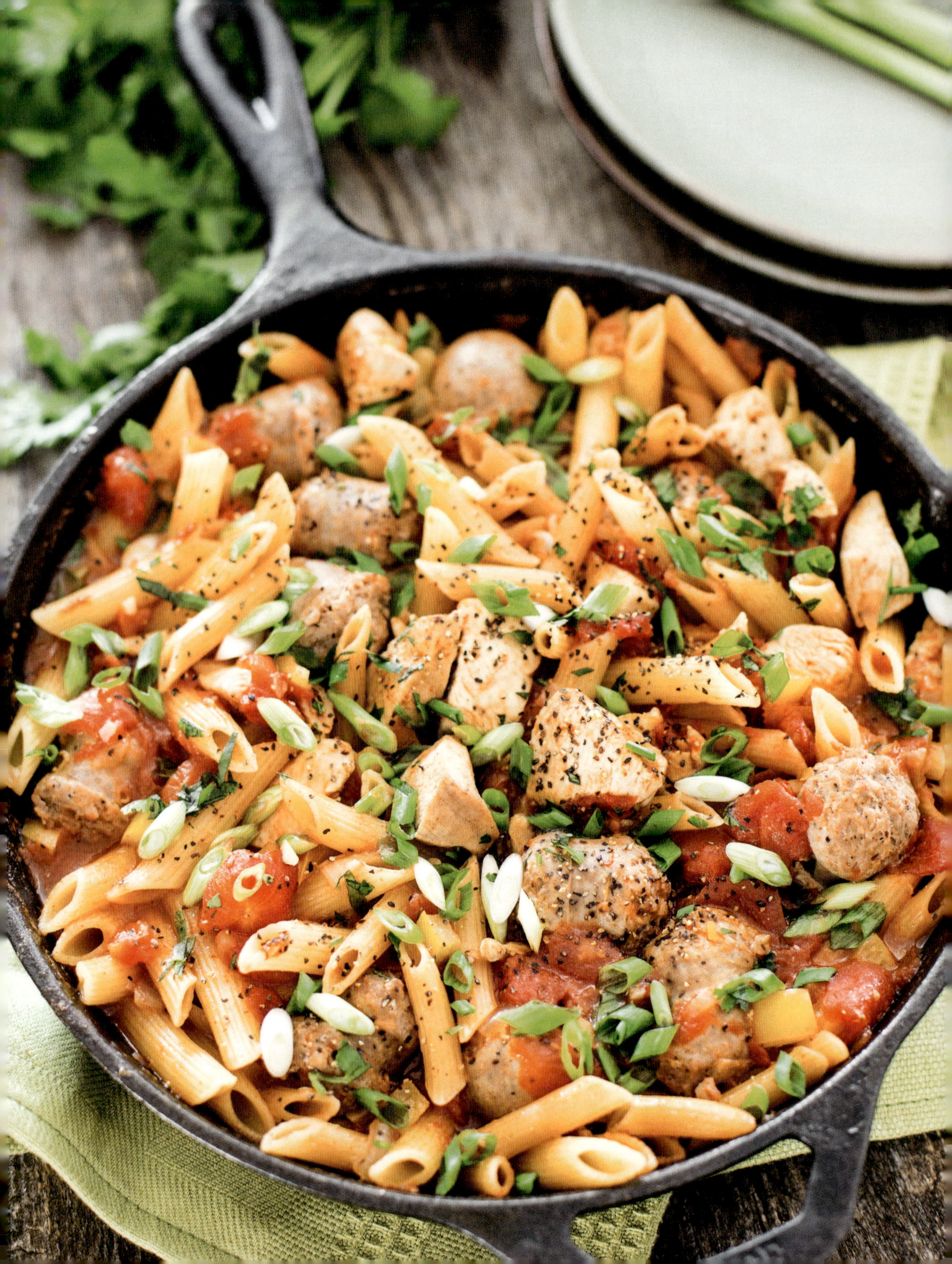

EINE PFANNE

Pfannen sind in jeder Küche ein Muss. Es gibt sie in allen Größen und aus vielen unterschiedlichen Materialien. Eine Bratpfanne sollte nicht mit einer Sauteuse mit hohem Rand verwechselt werden. Sie hat schräge Wände, sodass sie hervorragend zum Braten und schnellen Kochen geeignet ist.

Ich verwendet Pfannen für einfach alles, insbesondere wenn es beim Kochen fix gehen soll. Sie eignen sich perfekt für Omeletts, Reis- oder Nudelgerichte und sogar für Soßen und Maisbrot.

Die meisten Pfannen sind aus Gusseisen oder rostfreiem Stahl gefertigt. Eine gusseiserne Pfanne ist deutlich schwerer als eine aus Edelstahl. Edelstahlpfannen hingegen wiegen weniger und sind leichter zu handhaben, sodass sich die Zutaten einfacher hin und her schwenken lassen.

HÄHNCHEN-OSSOBUCO

Ossobuco ist ein traditionelles italienisches Gericht, und der Name bedeutet »Knochen mit Loch«. Normalerweise wird es mit Kalbshaxe zubereitet, die langsam mit etwas Gemüse in Weißwein und Fond geschmort wird. Meine Version kann in 30 Minuten fertig sein. Um die Zubereitung dieses beliebten Gerichts zu beschleunigen, verwende ich Hähnchenkeulen mit Knochen, die ich erst anbrate, bevor ich eine Weißweinsoße mit etwas Gemüse herstelle. Wenn Sie Reis oder Nudeln dazu reichen, erhalten Sie eine vollständige Mahlzeit.

VORBEREITUNGSZEIT: 5 MINUTEN / GARZEIT: 25 MINUTEN / PORTIONEN: 6

---

6 Hähnchenkeulen mit Haut und Knochen

Salz und frisch gemahlener schwarzer Pfeffer

2 EL (30 ml) Pflanzenöl

1 Zwiebel, gehackt

3 Knoblauchzehen, fein gehackt

1 kleine Karotte, klein geschnitten

1 Stange Sellerie, klein geschnitten

1 TL (1,5 g) getrockneter Rosmarin

¼ TL getrockneter Thymian

120 ml trockener Weißwein

250 ml Hühnerfond

1 EL (15 g) Tomatenmark

1 EL (4 g) gehackte frische Petersilie, zum Garnieren

gekochter Reis oder Nudeln als Beilage

Hähnchenkeulen großzügig mit Salz und Pfeffer würzen.

Das Öl in einer Pfanne auf mittlerer bis hoher Stufe erhitzen, dann die Hähnchenkeulen hineinlegen. Von beiden Seiten jeweils etwa 4 Minuten anbraten, bis sie goldbraun sind. Die Hähnchenkeulen aus der Pfanne holen.

Zwiebeln, Knoblauch, Karotte, Sellerie, Rosmarin und Thymian in dieselbe Pfanne füllen und 5 Minuten braten, bis die Zwiebeln weich zu werden beginnen. Gegebenenfalls mit Salz und Pfeffer würzen.

Weißwein, Hühnerfond und Tomatenmark unterrühren. Zum Kochen bringen, dann das Hähnchen wieder in die Pfanne legen und abgedeckt auf mittlerer Stufe 10 Minuten garen.

Mit gehackter Petersilie garnieren und mit Reis oder Nudeln servieren.

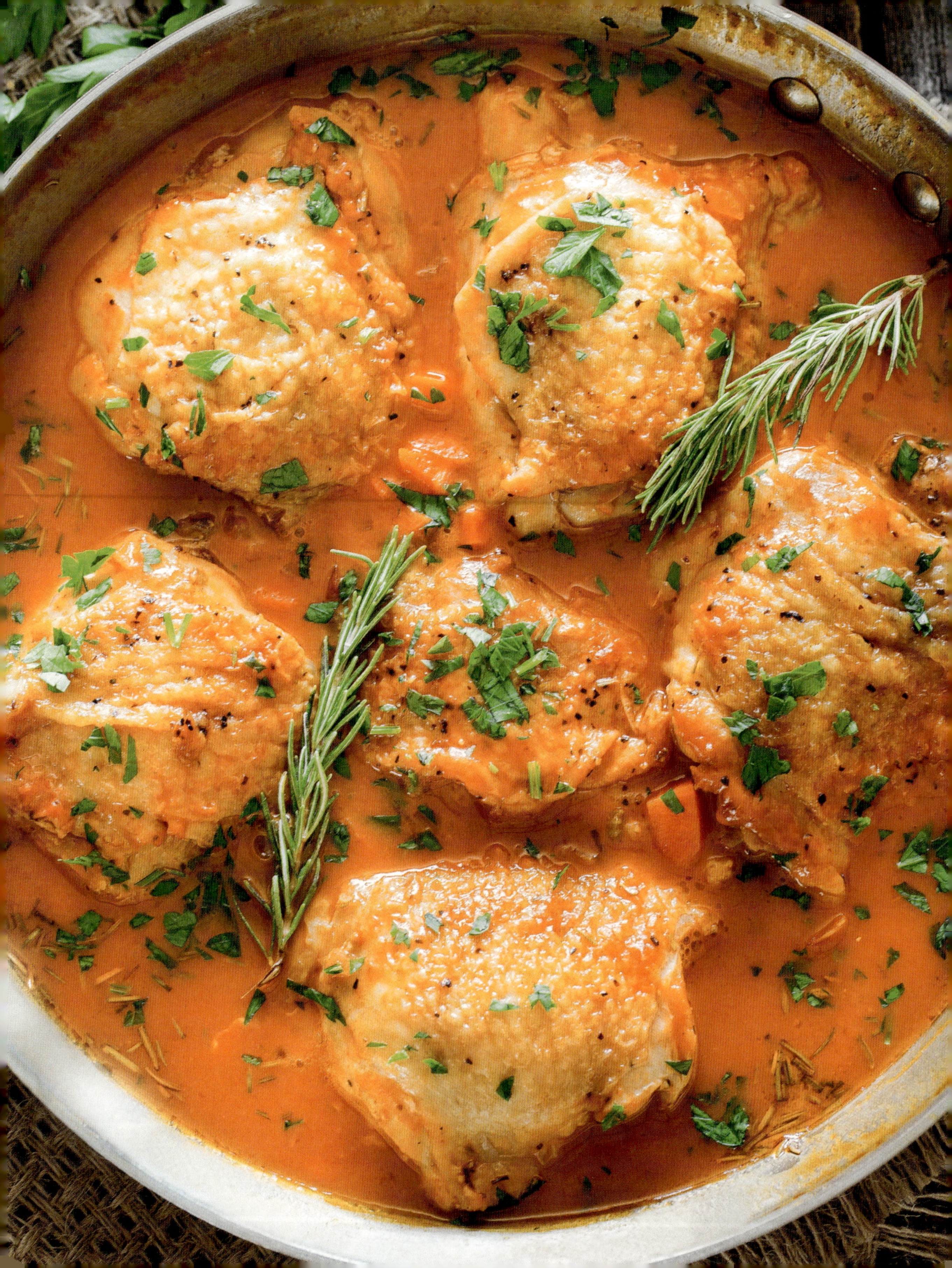

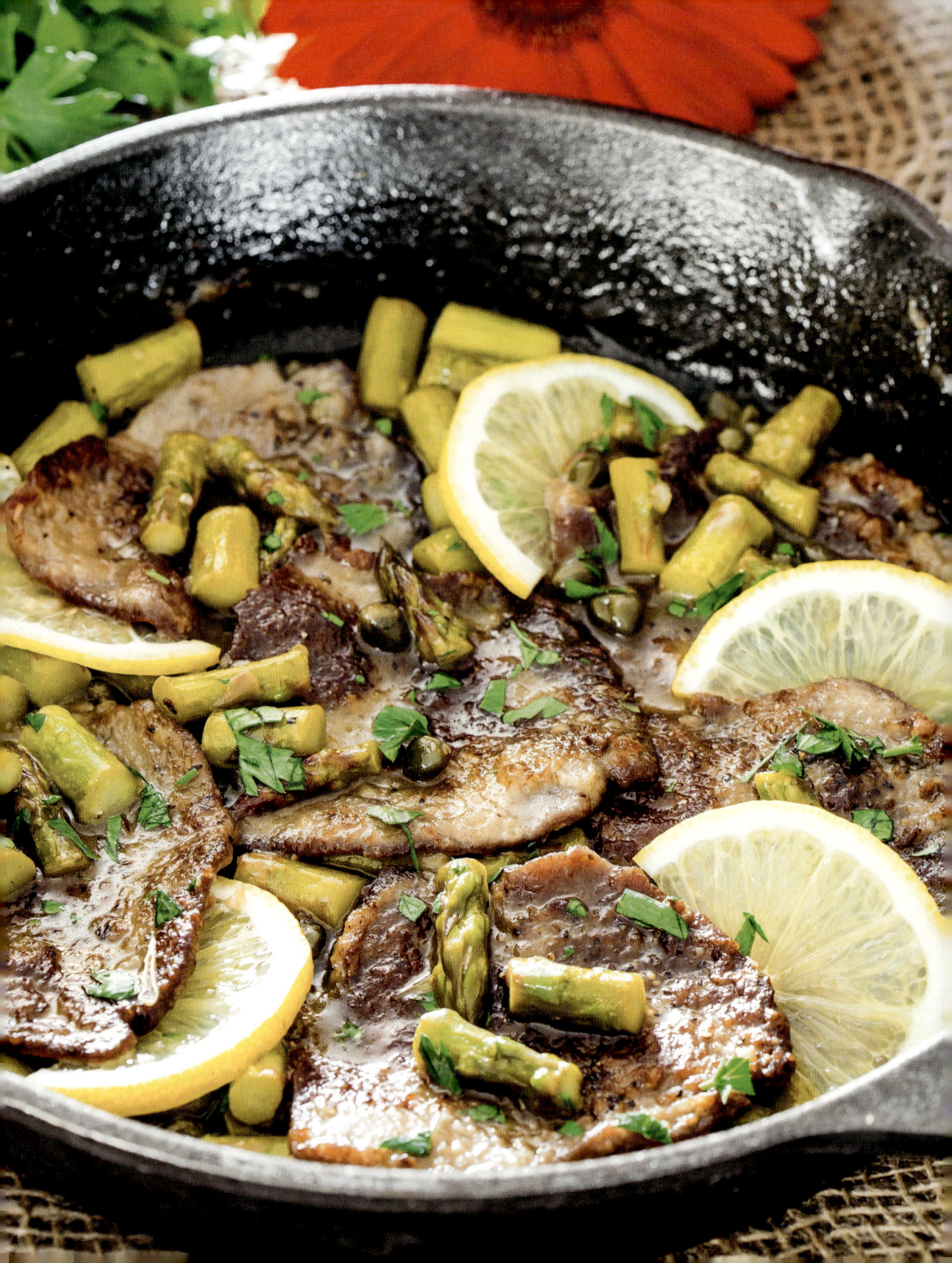

15-MINUTEN-KALBSSCHNITZEL MIT GRÜNEM SPARGEL

Kalbsschnitzel gehört zu den einfachsten Gerichten überhaupt. Die in Italien als »Piccata« bekannte Zubereitungsart bedeutet, dass dünne Fleischscheiben in Mehl gewendet, kurz angebraten und mit einer Soße serviert werden. Normalerweise wird das Kalbsschnitzel geklopft, bis es sehr dünn ist, doch heutzutage sind bereits sehr dünne Kalbsschnitzel beim Lebensmittelhändler erhältlich, sodass Ihnen diese Arbeit abgenommen ist. In meiner Version werden dünne Kalbfleischscheiben leicht mit Mehl bestäubt, mit Salz und Pfeffer gewürzt und dann zu einer Zitronen-Weißwein-Soße und Spargel gereicht. Sie können dazu Reis oder Nudeln servieren. Als Inspiration für dieses Gericht diente ein beliebtes Rezept für Hähnchen-Zitronen-Piccata aus meinem Blog.

VORBEREITUNGSZEIT: 10 MINUTEN / GARZEIT: 15 MINUTEN / PORTIONEN: 4

- 700 g Kalbsschnitzel (etwa 7 bis 8)
- Salz und frisch gemahlener schwarzer Pfeffer
- 60 g Allzweckmehl
- 2 EL (30 g) ungesalzene Butter
- 120 ml trockener Weißwein
- 250 ml Hühnerfond
- 1 EL (15 ml) frisch gepresster Zitronensaft
- 1 Bund grüner Spargel (etwa 12 Stangen), in 2 bis 3 cm lange Stücke geschnitten
- 2 EL (20 g) Kapern, abgegossen
- Zitronenscheiben zum Garnieren
- frische Petersilie zum Garnieren

Die Kalbsschnitzel von beiden Seiten mit Salz und Pfeffer würzen. Die Fleischscheiben in Mehl wenden, überschüssiges Mehl abschütteln.

In einer großen Pfanne die Butter auf mittlerer bis hoher Stufe schmelzen. Die Schnitzel darin rasch von beiden Seiten jeweils etwa 1 Minute goldbraun anbraten. Das Fleisch auf einen Teller legen und beiseitestellen.

Den Inhalt der Pfanne mit dem Weißwein ablöschen. Zum Kochen bringen und dabei die gebräunten Reste vom Pfannenboden kratzen, bis der Wein nach etwa 3 Minuten um die Hälfte eingekocht ist. Hühnerfond, Zitronensaft, Spargelstücke und Kapern hinzufügen. Etwa 5 Minuten kochen, sodass die Soße leicht eindickt. Gegebenenfalls mit Salz und Pfeffer würzen.

Die Kalbsschnitzel wieder in die Pfanne legen und etwa 1 Minute erhitzen. Dann mit Zitronenscheiben und Petersilie garnieren und servieren.

HÄHNCHEN-GARNELEN-PAELLA

Das Wort »Paella« sollte Sie nicht verschrecken. Bei Paella handelt es sich um ein einfaches, traditionell spanisches Reisgericht. Es gibt Hunderte verschiedener Variationen, und dies hier ist eine einfache, schnelle und cremige Paella mit Garnelen und Hähnchen. Speziellen Paella-Reis, auch Arborio-Reis genannt, können Sie in Ihrem Lebensmittelladen finden, doch Sie können auch eine beliebige Sorte Rundkornreis verwenden.

VORBEREITUNGSZEIT: 5 MINUTEN / GARZEIT: 25 MINUTEN / PORTIONEN: 4

500 g große rohe Garnelen, geputzt und entdarmt, mit Schwanz

2 TL (5 g) geräuchertes Paprikapulver

1 TL (1 g) getrockneter Oregano

Salz und frisch gemahlener schwarzer Pfeffer

1 EL (15 ml) Olivenöl

1 kleine Zwiebel, gehackt

1 grüne Paprikaschote, entkernt und klein geschnitten

3 Knoblauchzehen, fein gehackt

150 g gewürfelte oder grob gehackte gare Hähnchenbrust

½ TL Safran

200 g ungegarter Paella-Reis (siehe oben)

1 EL (15 ml) scharfe Soße

Saft von 1 Zitrone

700 bis 1000 ml Hühnerfond

frische Korianderblätter zum Garnieren

Die Garnelen mit Paprika, Oregano, Salz und Pfeffer würzen.

Das Olivenöl in einer großen Pfanne auf hoher Stufe erhitzen. Garnelen darin 1 Minute auf beiden Seiten anbraten, bis sie rosa werden. Die Garnelen aus der Pfanne holen und beiseitestellen.

Zwiebeln und Paprikaschote in der Pfanne etwa 2 Minuten anbraten, bis die Zwiebeln glasig sind. Knoblauch hinzufügen und 1 weitere Minute braten.

Hähnchen und Safran hinzufügen, mit Salz und Pfeffer würzen. Reis, scharfe Soße und Zitronensaft in die Pfanne geben. Zunächst 700 Milliliter des Hühnerfonds angießen und 20 Minuten kochen. Sollte die gesamte Flüssigkeit aufgenommen, aber der Reis noch nicht ganz gar sein, gegebenenfalls bis zu 300 ml Fond zusätzlich in die Pfanne geben.

Wenn der Reis gar ist, die Garnelen wieder in die Pfanne legen. Mit Koriander garnieren.

HINWEIS: Safran ist als teuerstes Gewürz der Welt bekannt. Zum Glück reicht eine kleine Menge jedoch eine ganze Weile. Safran wird zum Färben und Aromatisieren von Reis- und Meeresfrüchtegerichten sowie sogar für Gebäck und Käse verwendet.

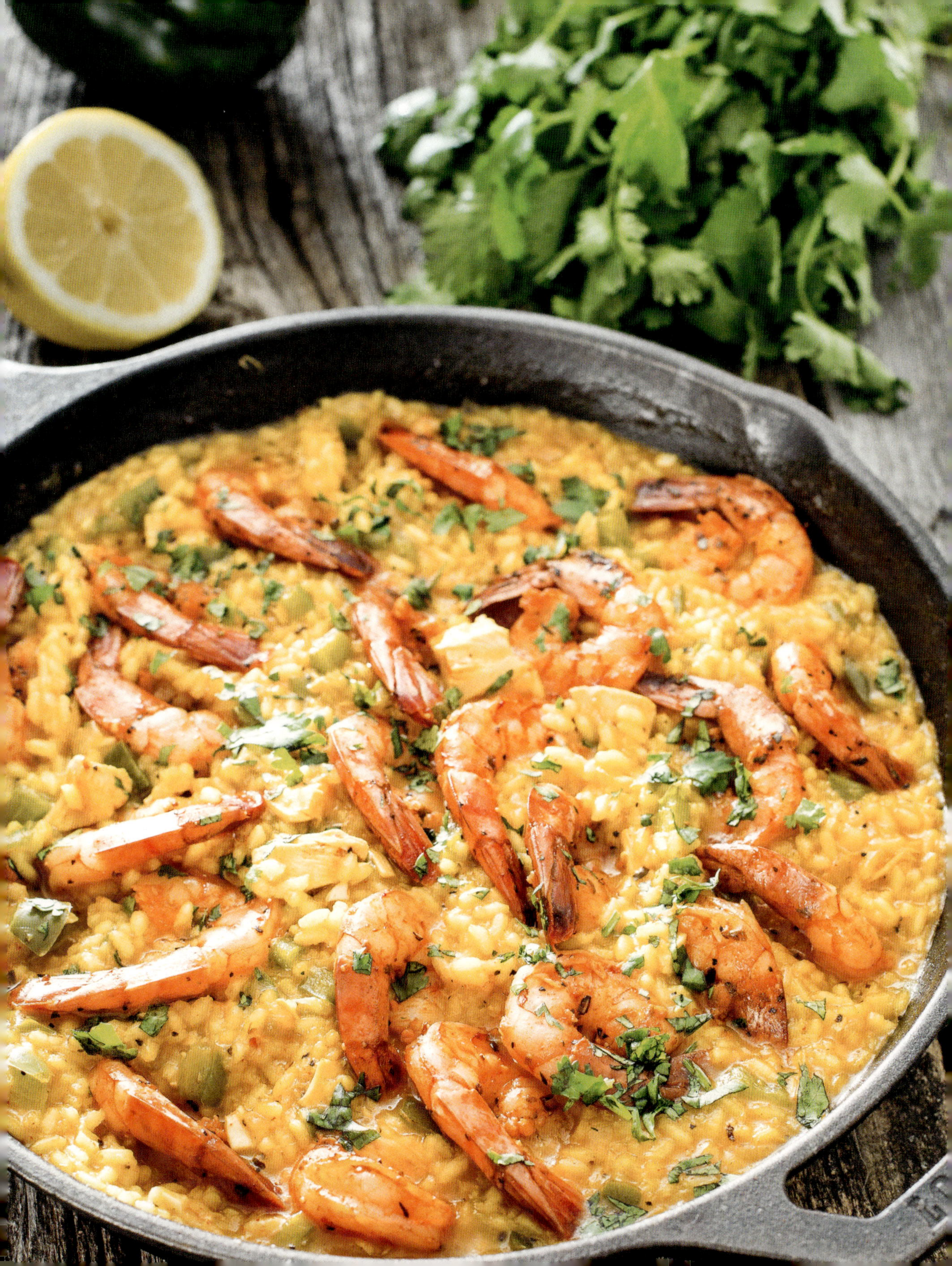

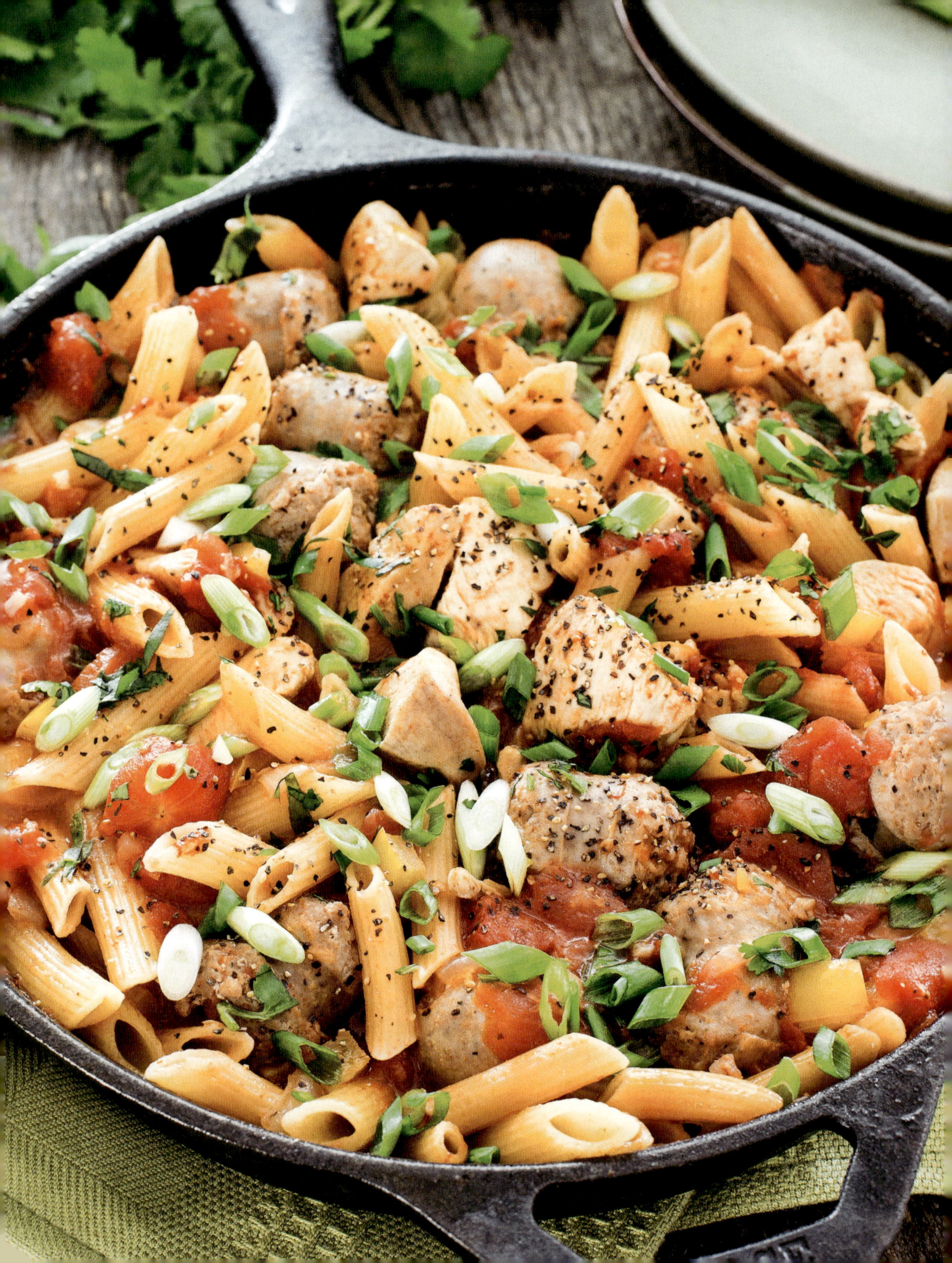

NUDEL-JAMBALAYA MIT WURST UND HÄHNCHEN

Wenn Sie die ersten Bissen dieses supereinfach zuzubereitenden Jamabalayas probiert haben, möchten Sie vielleicht nie wieder etwas anderes essen. Ganz besonders gut schmeckt es, wenn Sie würzige italienische Wurst verwenden. Da es lediglich 30 Minuten dauert, bis das Gericht auf dem Tisch steht, wird dieses Rezept wohl bald ein fester Bestandteil Ihres Repertoires werden.

VORBEREITUNGSZEIT: 5 MINUTEN / GARZEIT: 25 MINUTEN / PORTIONEN: 4

- 1 (200 g) Hähnchenbrust ohne Haut und Knochen, in Würfel geschnitten
- ½ TL Chilipulver
- Salz und frisch gemahlener schwarzer Pfeffer
- 1 EL (15 ml) Olivenöl
- 2 italienische Würste, in 2 bis 3 cm lange Stücke geschnitten
- 1 kleine Zwiebel, gehackt
- 1 Paprikaschote, entkernt und klein geschnitten
- 3 Knoblauchzehen, fein gehackt
- 800 g gewürfelte Tomaten aus der Dose, mit Saft
- 250 ml Hühnerfond
- 240 g ungegarte Penne
- 1 EL (15 ml) scharfe Soße
- 2 Frühlingszwiebeln, gehackt
- 4 Stängel frischen Koriander, gehackt

Das Hähnchen mit Chilipulver, Salz und schwarzem Pfeffer würzen.

Das Olivenöl in einer großen Pfanne erhitzen. Hähnchen und Wurst hineingeben und 6 Minuten braten, bis Hähnchen und Wurst beginnen, goldbraun zu werden.

Zwiebeln und Paprikaschote hinzufügen und 2 Minuten braten, bis die Zwiebeln glasig werden. Knoblauch unterrühren und 1 weitere Minute braten, bis es duftet.

Gewürfelte Tomaten, Hühnerfond, Nudeln und scharfe Soße hinzufügen und gut umrühren.

15 Minuten garen, bis die Nudeln bissfest sind.

Mit Frühlingszwiebeln und gehackten Korianderblättern garnieren.

EINFACHES SPECK-CHEDDAR-OMELETT MIT APFEL

Nichts ist in einer Pfanne einfacher zuzubereiten als ein Omelett. An Wochenenden mache ich dieses Rezept besonders gern zum Frühstück, und das ganze Haus duftet dann wunderbar nach dem geräucherten Speck. Doch ein Omelett können Sie nicht nur zum Frühstück genießen – es eignet sich auch perfekt für ein schnelles und einfaches Abendessen. Die verwendeten Zutaten sind schlicht, doch wenn man sie miteinander kombiniert, ergeben sie ein tolles, köstliches Gericht. Ich will nicht behaupten, dass dieses Omelett Ihr Leben verändern wird, aber es könnte immerhin ein breites Lächeln auf Ihr Gesicht zaubern.

VORBEREITUNGSZEIT: 10 MINUTEN / GARZEIT: 20 MINUTEN / PORTIONEN: 4

Kochspray
6 große Eier
1 großer Apfel, geschält, ohne Kerngehäuse und in kleine Stücke geschnitten
120 g geriebener Cheddar
4 Scheiben geräucherter Speck, gebraten und klein geschnitten
Salz und frisch gemahlener schwarzer Pfeffer

Den Backofen auf 230 °C vorheizen. Eine große Pfanne mit Kochspray einsprühen.

Die Eier in einer großen Schale gut verquirlen. Apfelstückchen, Käse und gehackten Speck unterrühren und mit Salz und Pfeffer würzen. Die Eiermischung in die Pfanne füllen.

In den Ofen stellen und 20 Minuten backen.

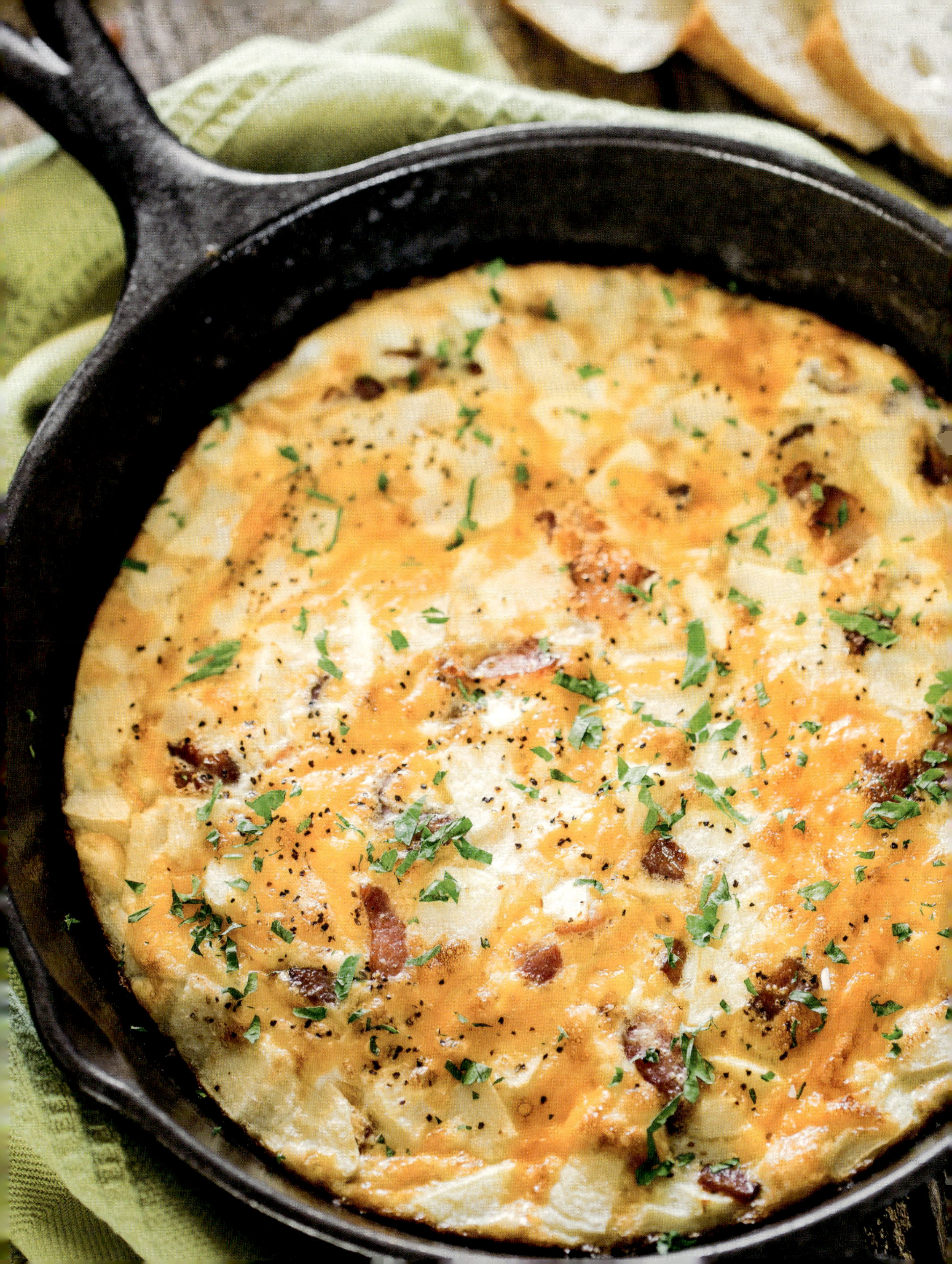

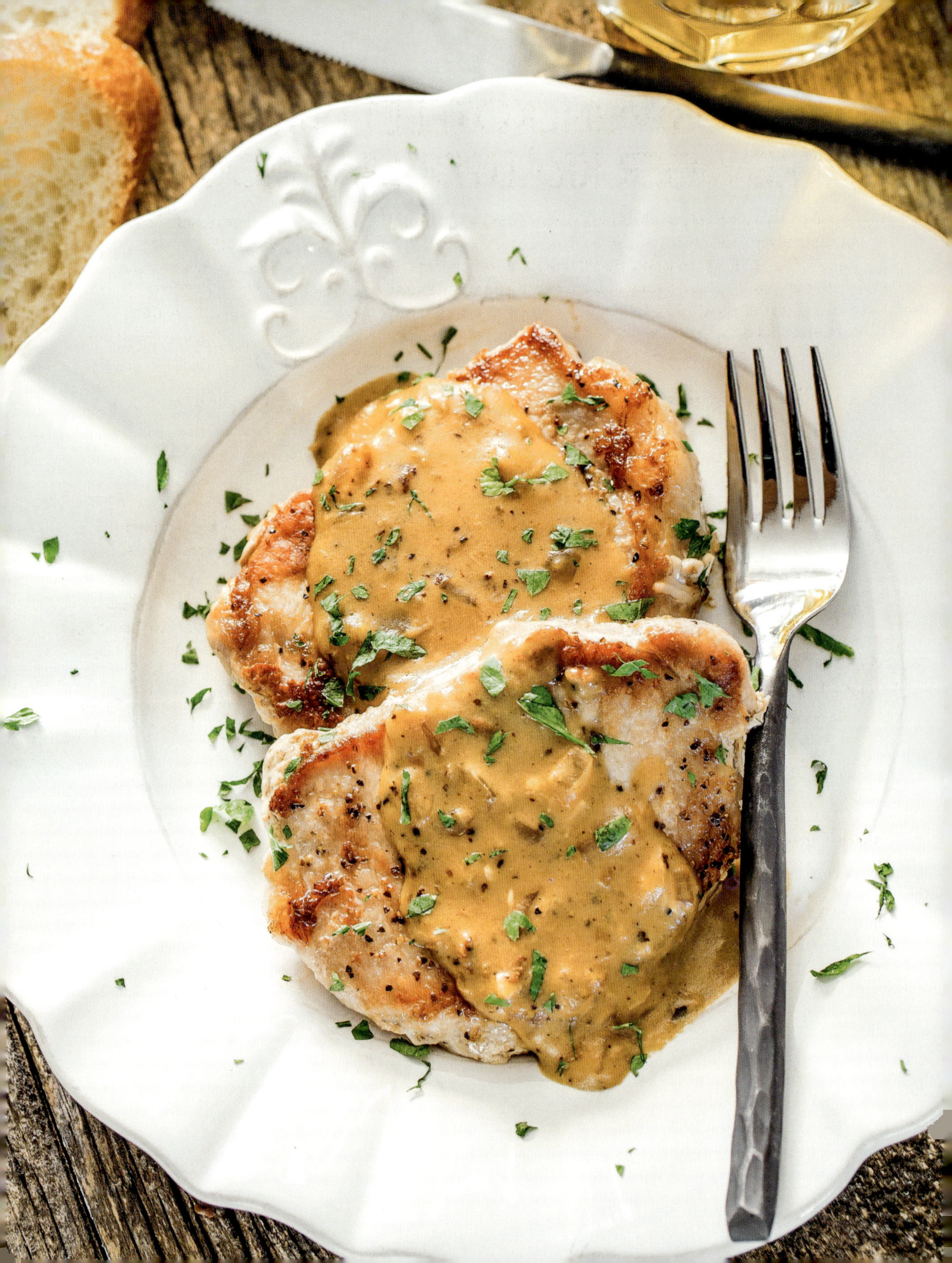

SCHWEINEKOTELETTS MIT CREMIGER KRÄUTER-SENF-SOSSE

Dies ist ein Rezept für alle Freunde von Fleischgerichten. Saftige, zarte Schweinekoteletts zum Abendessen sind sehr wohltuend – und auch diese einfach zuzubereitenden Schweinekoteletts werden Sie nicht enttäuschen. Als ich ein Kind war, machte meine Mutter sehr häufig, mindestens einmal pro Woche, Schweinekoteletts, da sie erschwinglich waren, wenig Zeit in der Küche erforderten und perfekt als Abendessen waren. Die cremige Kräuter-Senf-Soße, die ich zu den Koteletts reiche, ist wirklich schnell gemacht und verleiht dem Fleisch noch mehr Saftigkeit. Diese Schweinekoteletts passen perfekt zu Kartoffelpüree oder Bratkartoffeln.

VORBEREITUNGSZEIT: 5 MINUTEN / GARZEIT: 25 MINUTEN / PORTIONEN: 4

---

1 EL (15 ml) Olivenöl

4 Schweinekoteletts (etwa 2,5 cm dick), Fett entfernt

Salz und frisch gemahlener schwarzer Pfeffer

4 EL (60 g) ungesalzene Butter

1 kleine Zwiebel, gehackt

2 Knoblauchzehen, fein gehackt

1 TL (1,4 g) getrocknetes Basilikum

½ TL getrockneter Thymian

2 EL (15 g) Allzweckmehl

1 TL (4 g) körniger Senf

120 ml Hühnerfond

120 ml Crème double

frische Petersilie zum Garnieren (optional)

Das Olivenöl in einer großen Pfanne erhitzen.

Währenddessen die Schweinekoteletts mit Salz und Pfeffer würzen. Schweinekoteletts in die Pfanne legen und etwa 5 Minuten pro Seite braten, sodass sie goldbraun sind.

Die Schweinekoteletts aus der Pfanne holen und die Butter in dieselbe Pfanne geben. Sobald die Butter geschmolzen ist, Zwiebeln, Knoblauch, Basilikum und Thymian hinzufügen und 5 Minuten braten, bis die Zwiebeln weich und glasig sind.

Mehl und Senf einrühren. 2 Minuten braten, dann Hühnerfond und Crème double hinzufügen. Ein paar weitere Minuten erhitzen, bis das Mehl gar ist. Gegebenenfalls mit Salz und Pfeffer würzen.

Die Soße über die Schweinekoteletts gießen und diese mit Petersilie garnieren, sofern gewünscht.

SCHARFE KÄSE-SHAKSHUKA FÜR FAULE

Vor einigen Jahren besuchte ich einen Kochkurs, bei dem es um Gerichte des Mittleren Ostens ging. Eine der Speisen, die wir kennenlernten, war Shakshuka. Dabei handelt es sich im Grunde um ein Gericht mit Eiern, die in einer Art Tomatensoße pochiert und mit Kreuzkümmel und Paprika gewürzt werden. Normalerweise wird Shakshuka in einer gusseisernen Pfanne mit großen Mengen frischen Brots serviert, mit dem man all die köstliche Soße auftunken kann. Diese Shakshuka ist eine vereinfachte Version, für die ich mit Sriracha-Soße, Kreuzkümmel und geräuchertem Paprikapulver gewürzte Tomatensoße verwende. Außerdem habe ich frischen Mozzarella und Parmesan hinzugefügt, um das Shakshuka-Erlebnis käsiger zu gestalten.

VORBEREITUNGSZEIT: 5 MINUTEN / GARZEIT: 18 MINUTEN / PORTIONEN: 4

- 1 EL (15 ml) Olivenöl
- 1 Zwiebel, gehackt
- 3 Knoblauchzehen, fein gehackt
- 400 ml würzige Tomatensoße
- 1 TL (3 g) gemahlener Kreuzkümmel
- 1 TL (3 g) geräuchertes Paprikapulver
- ¼ TL Cayennepfeffer
- 1½ TL (8 ml) Sriracha-Soße (siehe Hinweis)
- Salz und frisch gemahlener schwarzer Pfeffer
- 30 g geriebener Mozzarella
- 25 g Parmesan, gerieben
- 6 große Eier
- 1 EL (4 g) gehackte frische Petersilie zum Garnieren

Den Backofen auf 190 °C vorheizen.

Das Olivenöl in einer ofenfesten Pfanne auf mittlerer Stufe erhitzen. Darin Zwiebeln und Knoblauch 5 Minuten braten, bis die Zwiebeln weich und glasig werden.

Die würzige Tomatensoße hinzugeben, Kreuzkümmel, geräuchertes Paprikapulver, Cayennepfeffer und Sriracha-Soße unterrühren und mit Salz und Pfeffer würzen. Die Soße zum Kochen bringen, dann Mozzarella und Parmesan unterrühren. Die Pfanne vom Herd nehmen.

Die Eier vorsichtig aufschlagen und auf die Tomatensoße in der Pfanne geben. Die Pfanne in den Ofen stellen und 8 bis 10 Minuten backen, bis die Eier gerade gestockt sind. Mit Petersilie garnieren und servieren.

HINWEIS: Sriracha-Soße ist eine scharfe Soße, die aus Chilischoten, Essig, Knoblauch, Zucker und Salz hergestellt wird. Wenn Sie keine Sriracha-Soße haben, können Sie stattdessen Ihre bevorzugte scharfe Soße verwenden.

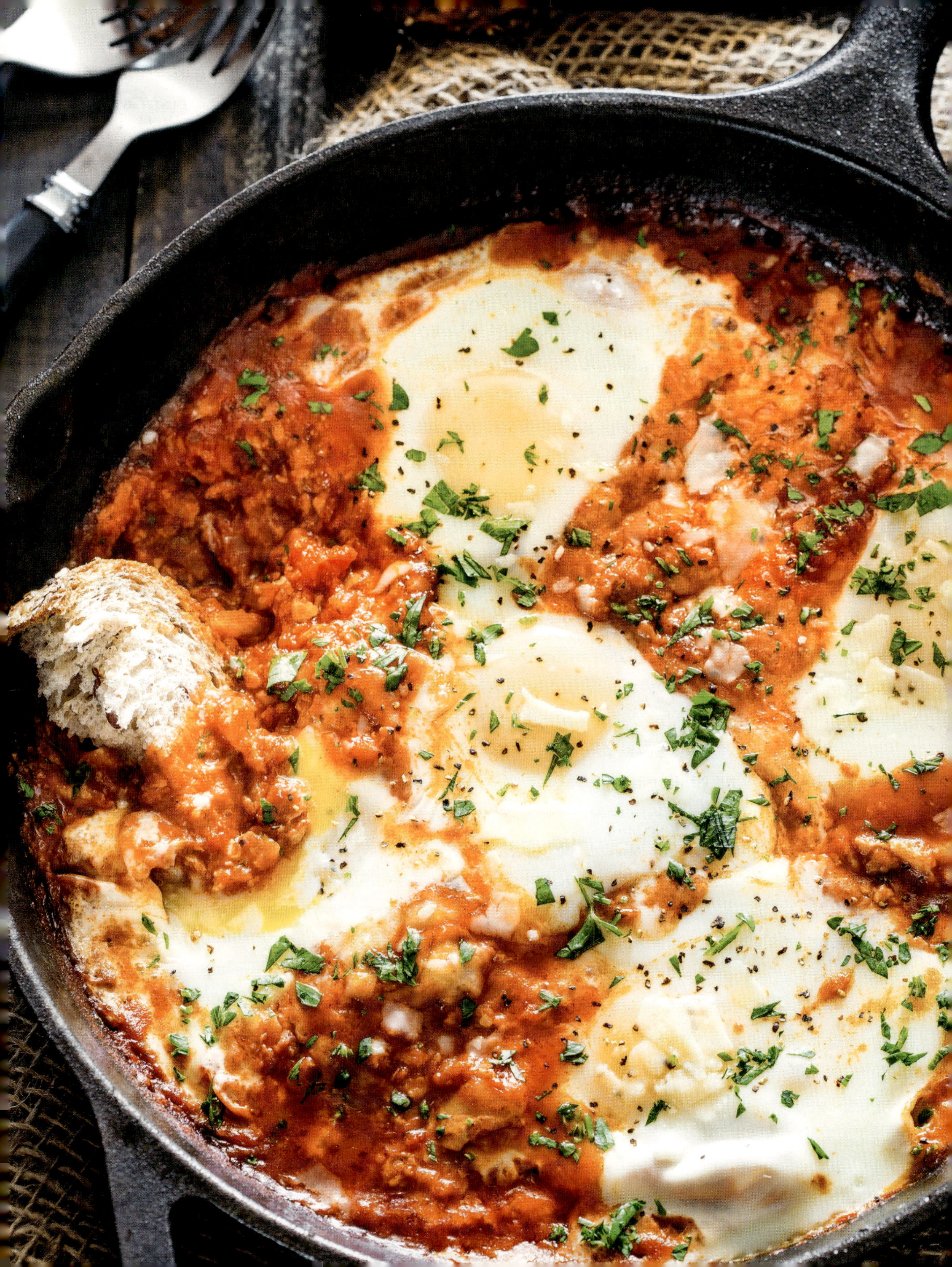

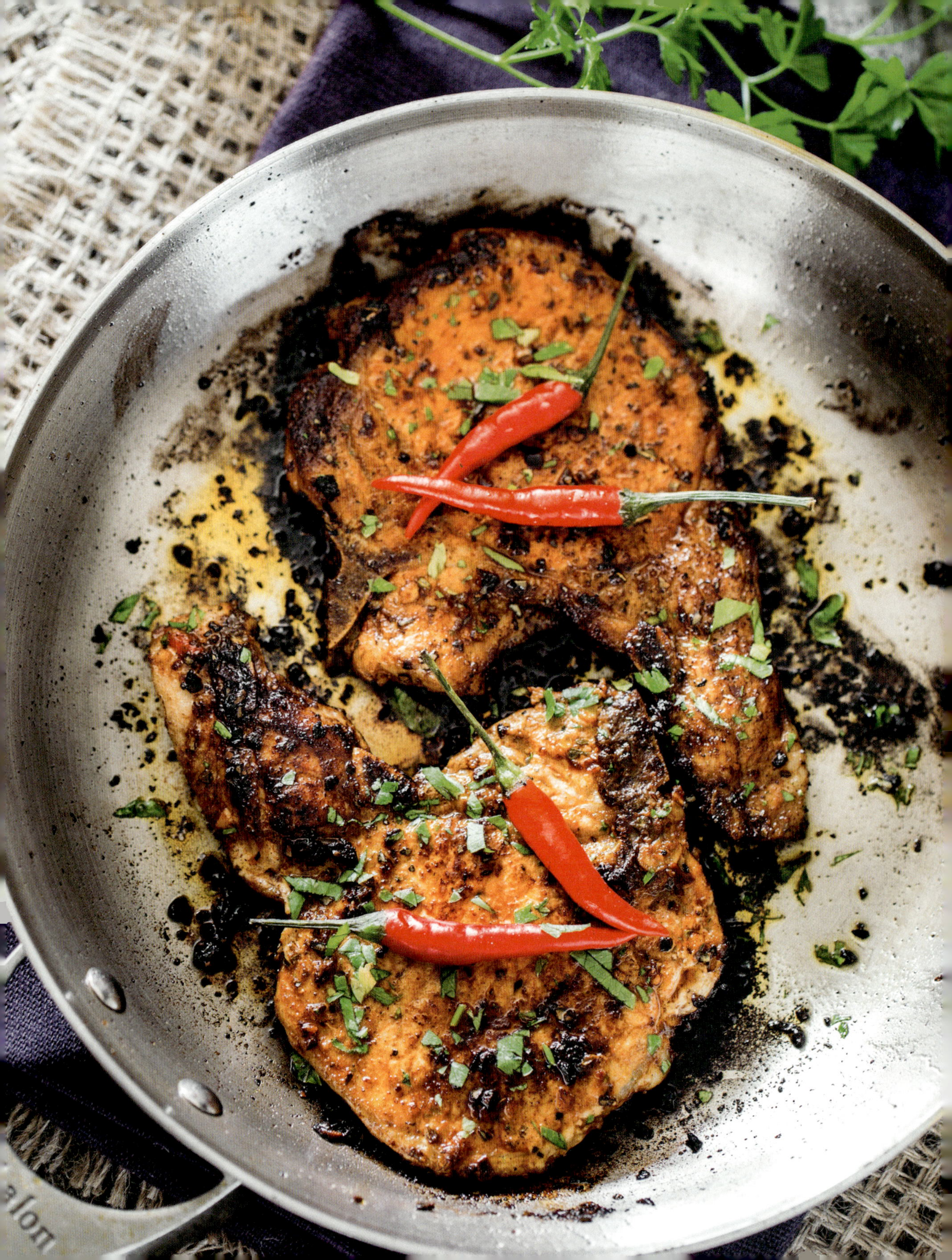

ADOBO-SCHWEINEKOTELETTS

Bei Liebhabern von Fleischgerichten zählen Schweinekoteletts fast immer zu den Favoriten. Meine Version von Adobo-Schweinekoteletts erfordert wenig Aufwand, schmeckt köstlich und ist in rund 20 Minuten fertig. »Adobo« bedeutet auf Spanisch einfach »Marinade« oder »Würzung« – lassen Sie sich also von dem Namen nicht einschüchtern, zumal Sie für diese Marinade einfache, alltägliche Zutaten verwenden. Doch aufgrund der roten Chilischoten handelt es sich um ein sehr scharfes Gericht. Nehmen Sie mehr oder weniger Chili, ganz nach Ihrer persönlichen Vorliebe. Reiben Sie einfach die Schweinekoteletts mit der Marinade ein, bevor Sie sie braten. Das ist auch schon alles, was Sie tun müssen. Servieren Sie das Fleisch mit Kartoffelpüree, Gemüse oder Salat – und schon ist ein tolles Abendessen fertig.

VORBEREITUNGSZEIT: 5 MINUTEN / GARZEIT: 10 MINUTEN / PORTIONEN: 4

- 2 EL (30 ml) Olivenöl
- 1 EL (3 g) geräuchertes Paprikapulver
- 1 EL (3 g) getrockneter Oregano
- 3 Knoblauchzehen, fein gehackt
- 1 TL (1 g) Chiliflocken
- 1 EL (15 ml) klarer Essig
- 1 oder 2 rote Chilischoten, gehackt oder ganz, zum Marinieren
- 4 Schweinekoteletts mit Knochen
- 4 ganze rote Chilischoten zum Garnieren

In einer Schüssel mittlerer Größe 1 Esslöffel (15 ml) des Olivenöls, das geräucherte Paprikapulver, Oregano, Knoblauch, Chiliflocken, den klaren Essig und die Chilischoten verrühren. Die Marinade gleichmäßig auf allen Seiten der Schweinekoteletts streichen.

Den restlichen Esslöffel (15 ml) Olivenöl in einer Pfanne auf mittlerer Stufe erhitzen. Darin die Schweinekoteletts 4 bis 5 Minuten pro Seite braten.

Mit den roten Chilischoten garnieren und servieren.

EINFACHER 11-MINUTEN-INGWER-KNOBLAUCH-BROKKOLINI

Brokkolini ähnelt stark dem bekannten Brokkoli, hat aber längere, dünnere Stiele und kleinere Röschen. Ich liebe Brokkolini, weil er knackig ist und eine tolle Möglichkeit bietet, Gemüse auf den Speiseplan zu setzen. Deshalb gehört dieses Rezept zu meinen Lieblingsoptionen, Brokkolini zuzubereiten, zumal es schnell geht und mit asiatisch inspirierten Aromen verwöhnt.

VORBEREITUNGSZEIT: 5 MINUTEN / GARZEIT: 6 MINUTEN / PORTIONEN: 4

---

1 EL (15 g) ungesalzene Butter

4 Knoblauchzehen, fein gehackt

1 Stück frischer Ingwer (2 bis 3 cm lang), gerieben

½ TL Chiliflocken

Salz und frisch gemahlener schwarzer Pfeffer

500 g Brokkolini, in Röschen geteilt, Stiele in 5 bis 7 cm lange Stücke geschnitten

120 ml Gemüsefond

1 EL (10 g) Sesam

Die Butter in einer großen Pfanne auf mittlerer Stufe erhitzen. Knoblauch und Ingwer darin 1 Minute anbraten, bis der Knoblauch duftet.

Chiliflocken sowie ein wenig Salz und Pfeffer hinzufügen. Brokkolini und Gemüsefond in die Pfanne geben und zum Kochen bringen. Die Hitze auf niedrige bis mittlere Stufe reduzieren, die Pfanne abdecken und den Brokkolini etwa 5 Minuten garen, bis die Soße etwas reduziert ist.

Sesam über den Brokkolini streuen und servieren.

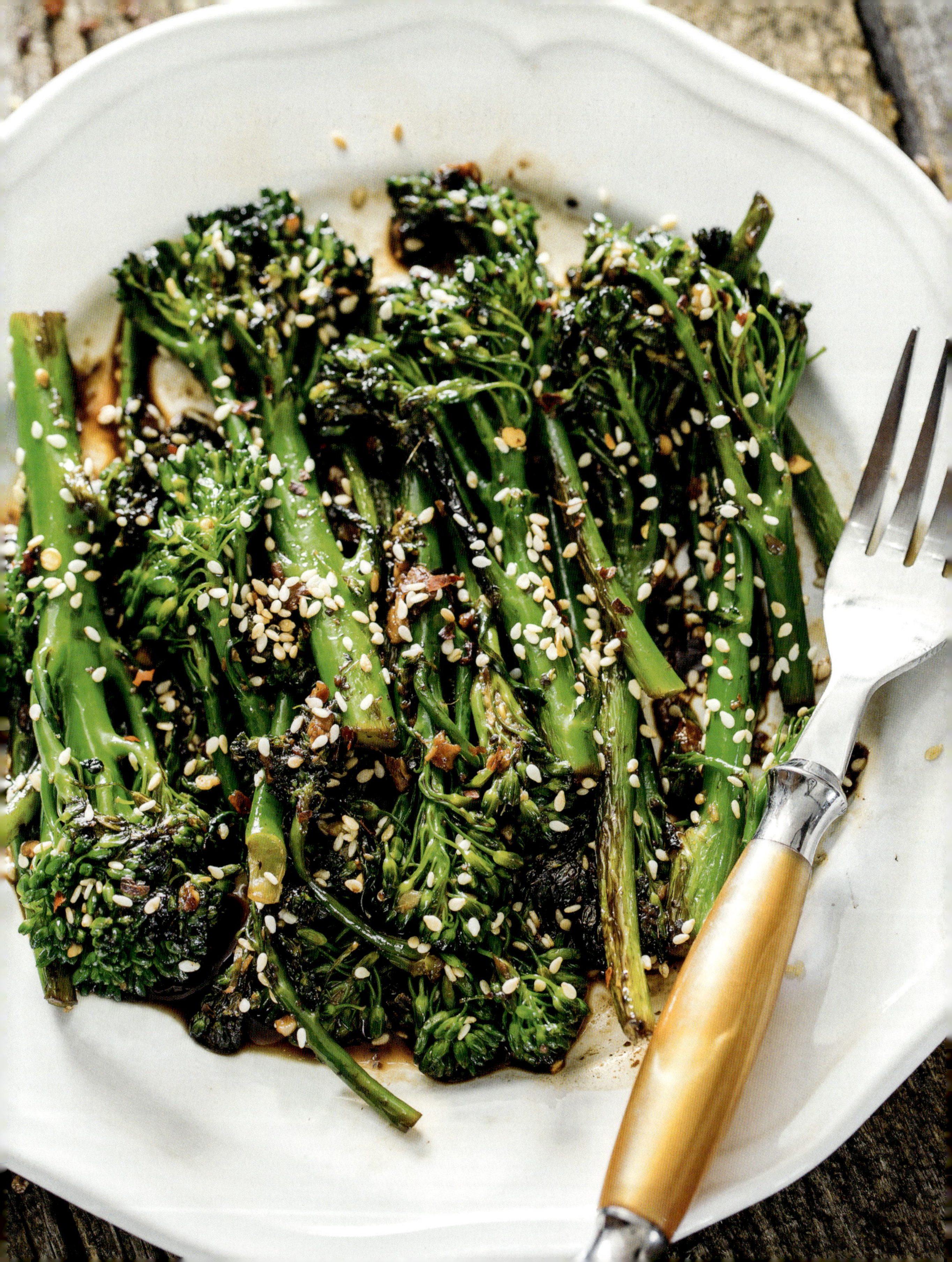

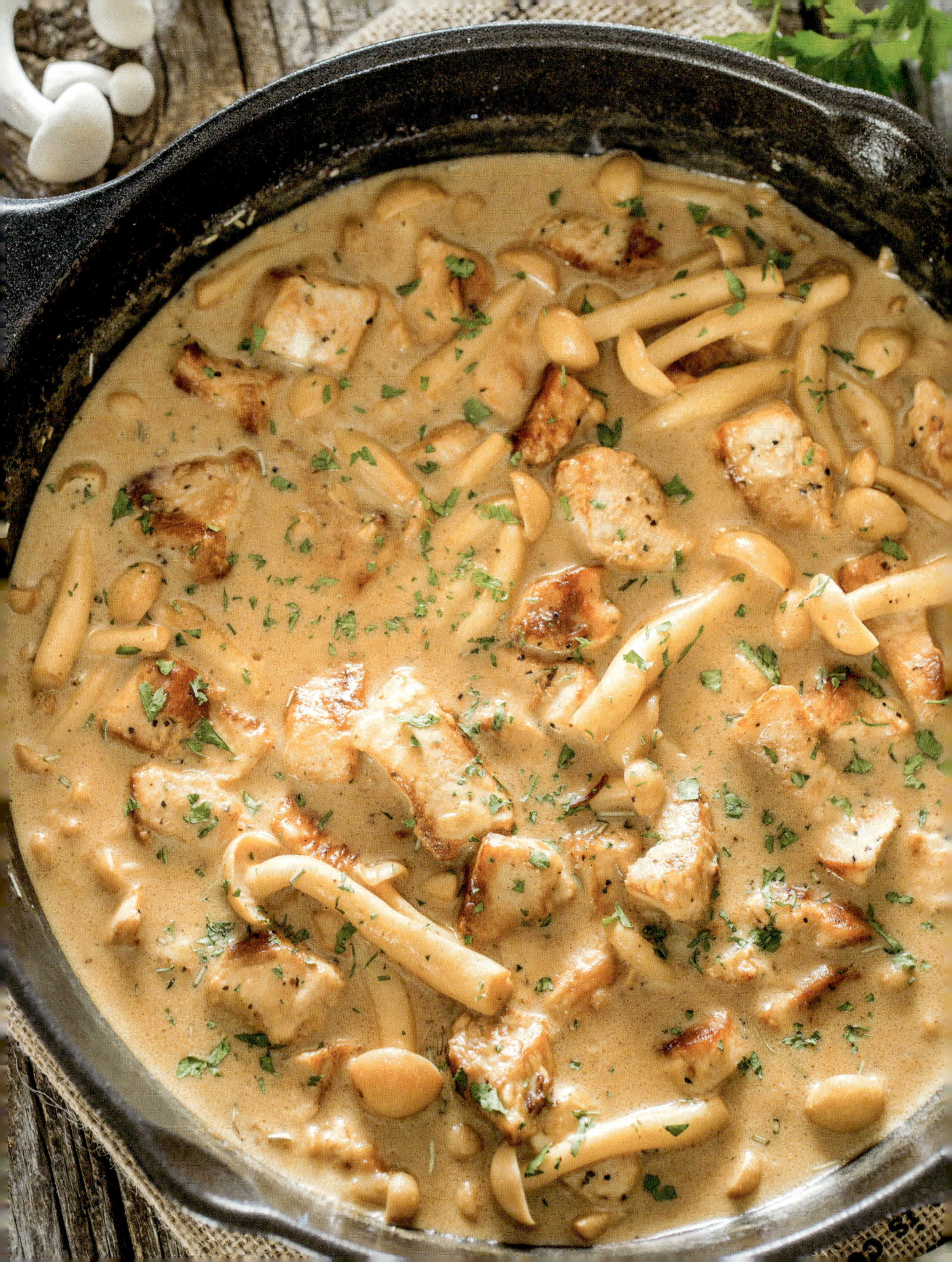

KÖSTLICHE PUTEN-PILZ-PFANNE MIT ASIAGO-KÄSE

Diese Art von Gerichten kommt bei mir zu Hause häufig auf den Tisch: Pilze und eine beliebige Sorte Fleisch in einer cremigen Soße. Ich habe für dieses Gericht die tollen japanischen Shimeji-Pilze verwendet, doch Sie können auch andere Pilze wie beispielsweise Champignons nehmen. Ich liebe diese Art von Gerichten, da sie einerseits in einem einzigen Topf oder einer einzigen Pfanne zubereitet werden können und andererseits in 30 Minuten fertig sind. Diese Puten-Pilz-Pfanne schmeckt köstlich zu einem guten Krustenbrot, kann aber auch mit Nudeln oder Reis serviert werden.

VORBEREITUNGSZEIT: 10 MINUTEN / GARZEIT: 20 MINUTEN / PORTIONEN: 4

1 EL (15 ml) Olivenöl

500 g Putenbrust, in 2 bis 3 cm lange Stücke geschnitten

Salz und frisch gemahlener schwarzer Pfeffer

4 EL (60 g) ungesalzene Butter

150 g Shimeji-Pilze oder Champignons

3 Knoblauchzehen, fein gehackt

1 TL (1 g) getrockneter Rosmarin

1 EL (7 bis 8 g) Allzweckmehl

60 ml Weißwein

120 ml Crème double

60 ml Hühnerfond

60 g geriebener Asiago-Käse

1 EL (4 g) gehackte frische Petersilie zum Garnieren

Das Olivenöl in einer großen Pfanne auf mittlerer bis hoher Stufe erhitzen. Die Putenbrust mit Salz und Pfeffer würzen. Die Fleischstücke in der Pfanne braten, bis sie beginnen, goldbraun zu werden, und gar sind – das dauert nicht länger als 10 Minuten.

Die Putenbrust aus der Pfanne holen und beiseitestellen. Die Butter in der Pfanne schmelzen. Die Pilze darin etwa 5 Minuten braten, bis sie leicht golden werden.

Knoblauch und Rosmarin in die Pfanne geben und das Mehl vorsichtig darüberstreuen. Weißwein, Crème double und Hühnerfond hinzufügen, alles verquirlen. Etwa 5 Minuten erhitzen, bis die Soße durch das Mehl ein wenig eindickt.

Die Hitze ausschalten und den Käse unterrühren. Abschmecken und gegebenenfalls mit Salz und Pfeffer nachwürzen. Die Fleischstücke wieder in die Pfanne geben, alles gut verrühren. Mit der frischen Petersilie garnieren und servieren.

SCHNELLER PIZZA-TORTELLINI-AUFLAUF

Dieses nette Rezept ist eine tolle Möglichkeit, Tortellini zu verbrauchen, die im Gefrierfach Platz wegnehmen. Es ist wie eine Pfannenpizza, nur besser. Wer mag, kann das Gericht sogar direkt aus der Pfanne essen – warum nicht? Und das Allerbeste daran ist, dass es nicht viel Arbeit macht: Im Grund werfen Sie einfach alle Zutaten in die Pfanne und backen sie im Ofen. Da kann nichts schiefgehen.

VORBEREITUNGSZEIT: 5 MINUTEN / GARZEIT: 25 MINUTEN / PORTIONEN: 6

Kochspray
700 g Tortellini mit Käsefüllung
500 ml würzige Tomatensoße
120 ml Wasser
250 g Mozzarella
20 Peperoni in Scheiben
25 g in Scheiben geschnittene schwarze Oliven
50 g in Scheiben geschnittene Pilze

Den Backofen auf 220 °C vorheizen. Eine große, ofenfeste Pfanne mit Kochspray einsprühen.

Die Tortellini in die Pfanne füllen. Die würzige Tomatensoße und Wasser über die Tortellini gießen; Umrühren ist nicht nötig.

Mit Mozzarella belegen, dann Peperoni, Oliven und Pilze darauf verteilen. 25 Minuten backen.

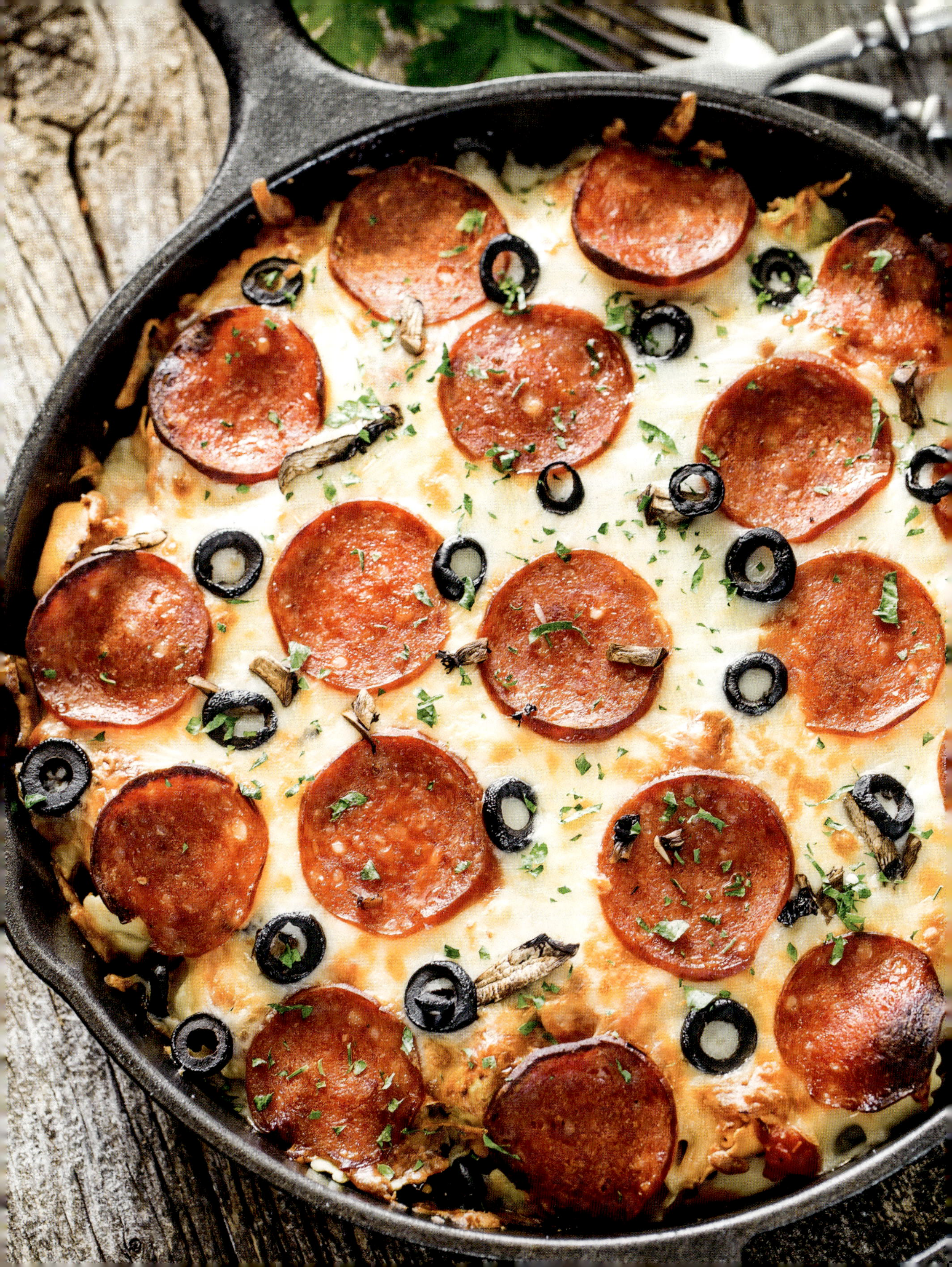

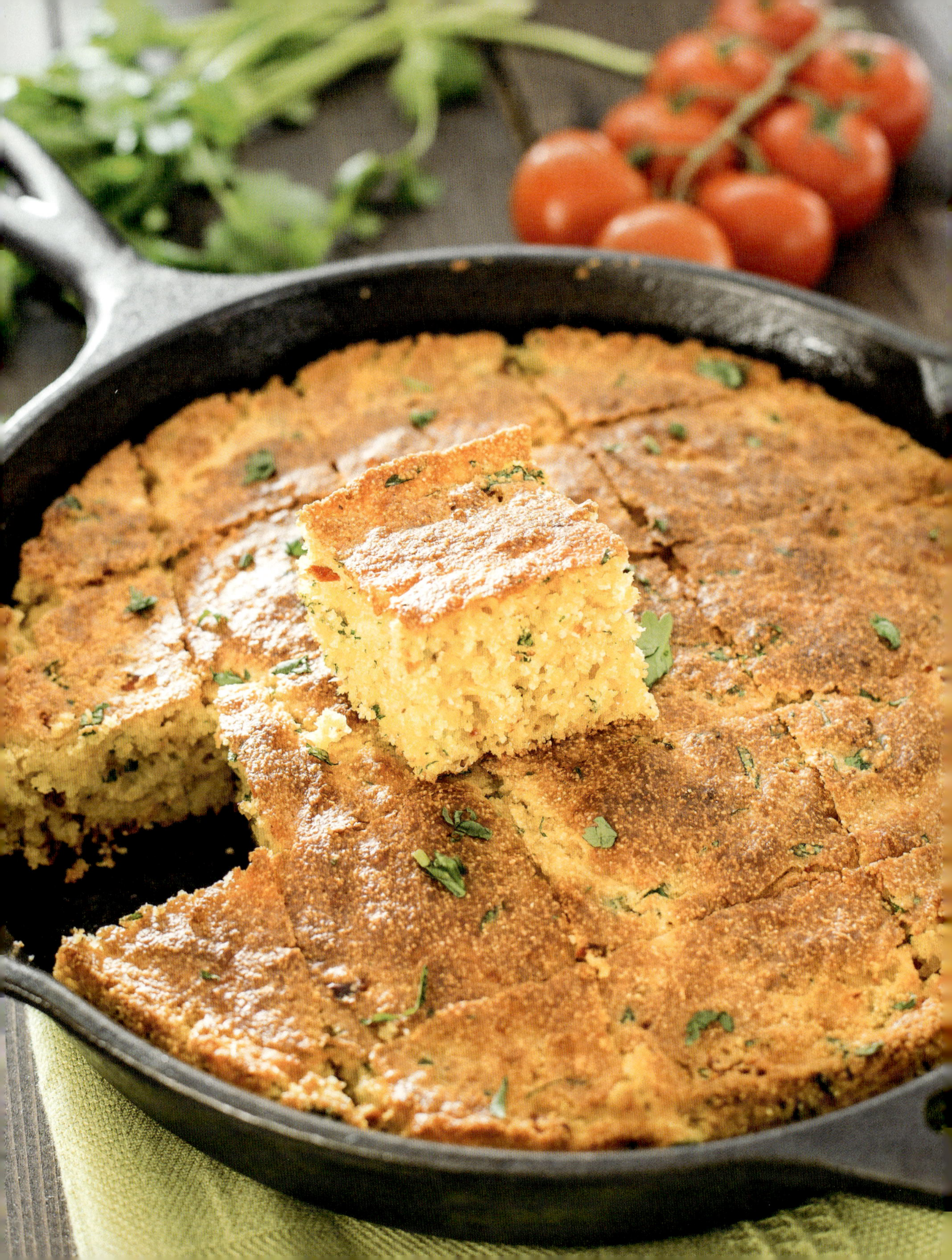

MAISBROT MIT KÄSE UND GETROCKNETEN TOMATEN

Ich will nicht behaupten, eine Maisbrotexpertin zu sein, doch ich bin ganz sicher, dass dieses Maisbrot Sie nicht enttäuschen wird. Es passt perfekt zu einem Abendessen mit der Familie oder als Mitbringsel für eine Party. Außerdem muss es lediglich 20 Minuten im Backofen bleiben. Dieses Maisbrot schmeckt lecker und ist durch die sonnengetrockneten Tomaten und den Cheddar sehr aromatisch. Und was kann man bei einem Maisbrot aus der Pfanne schon falsch machen?

VORBEREITUNGSZEIT: 5 MINUTEN / GARZEIT: 18 BIS 20 MINUTEN / PORTIONEN: 8

Kochspray
100 g Allzweckmehl
200 g Maisgrieß
1 EL (13 g) Zucker
1 EL (15 g) Backpulver
1 TL (5 g) Backnatron
1 TL (6 g) Salz
2 große Eier
250 ml Buttermilch
30 g sonnengetrocknete Tomaten, gehackt
120 g geriebener Cheddar
gehackte frische Korianderblätter zum Garnieren

Den Backofen auf 220 °C vorheizen.

Eine ofenfeste Pfanne großzügig mit Kochspray einsprühen.

In einer großen Schüssel Mehl, Maisgrieß, Zucker, Backpulver, Backnatron und Salz verquirlen. Eier und Buttermilch unterrühren. Dann sonnengetrocknete Tomaten und Cheddar hinzufügen und verrühren.

Den Teig in die vorbereitete Pfanne gießen und die Oberfläche mit einem Teigschaber glatt streichen.

18 bis 20 Minuten backen, bis das Brot goldbraun ist.

Das Maisbrot auskühlen lassen, dann mit den gehackten Korianderblättern garnieren.

KÖSTLICHER APPLE CRUMBLE MIT ZIMT

Apfelaufläufe mit Streusel sind in den USA ein beliebter Nachtisch, und meine Version wird Sie ebenfalls nicht enttäuschen. Sie ist schnell und einfach gemacht und in 30 Minuten fertig, obwohl Sie alles selber machen. Und was das Beste ist: Sie benötigen lediglich eine einzige Pfanne!

VORBEREITUNGSZEIT: 10 MINUTEN / GARZEIT: 20 MINUTEN / PORTIONEN: 6

FÜR DIE STREUSEL
- 30 g Allzweckmehl
- 40 g Haferflocken
- 60 g brauner Zucker
- ½ TL Zimtpulver
- ½ TL Salz
- 50 g Walnüsse, gehackt
- 4 EL (60 g) ungesalzene Butter, geschmolzen

FÜR DIE APFELMASSE
- 700 g Äpfel, geschält, Kerngehäuse entfernt, in Scheiben geschnitten (siehe Hinweis)
- 1 EL (15 ml) frisch gepresster Zitronensaft
- 60 ml reiner Ahornsirup
- 1 TL (2 bis 3 g) Zimtpulver

Vanilleeis oder Schlagsahne zum Servieren

Den Backofen auf 230 °C vorheizen.

Für die Streusel Mehl, Haferflocken, braunen Zucker, Zimt, Salz und gehackte Walnüsse mischen. Die geschmolzene Butter hinzufügen und kneten, bis die Masse krümelig wird. Beiseitestellen.

Für die Apfelmasse Äpfel, Zitronensaft, Ahornsirup und Zimt in eine große, ofenfeste Pfanne füllen, umrühren und 10 Minuten auf mittlerer Stufe erhitzen, bis die Äpfel etwas weich werden.

Die vorbereiteten Streusel gleichmäßig über die Apfelmasse krümeln. Dann die Pfanne in den Backofen stellen. 10 Minuten backen, bis die Streusel goldbraun sind.

Warm mit Vanilleeis oder Schlagsahne servieren.

HINWEIS: Die Äpfel werden zuerst mit Zitronensaft und Ahornsirup gebraten, um den überschüssigen Saft in den Äpfeln loszuwerden und ein intensiveres Aroma zu erhalten. Achten Sie darauf, die Äpfel in nicht zu dünne Scheiben zu schneiden, damit sie nicht matschig werden und ihre Form behalten.

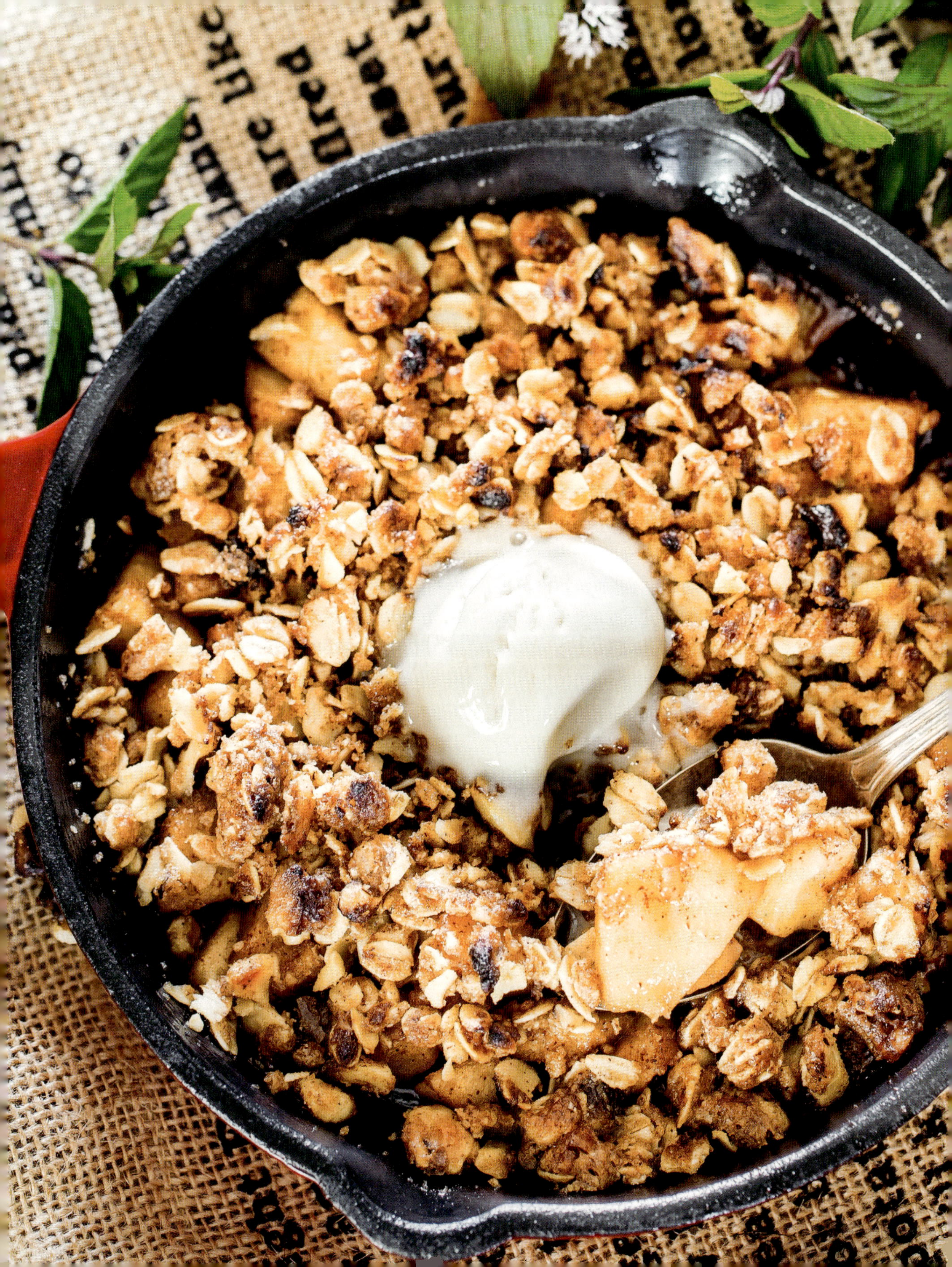

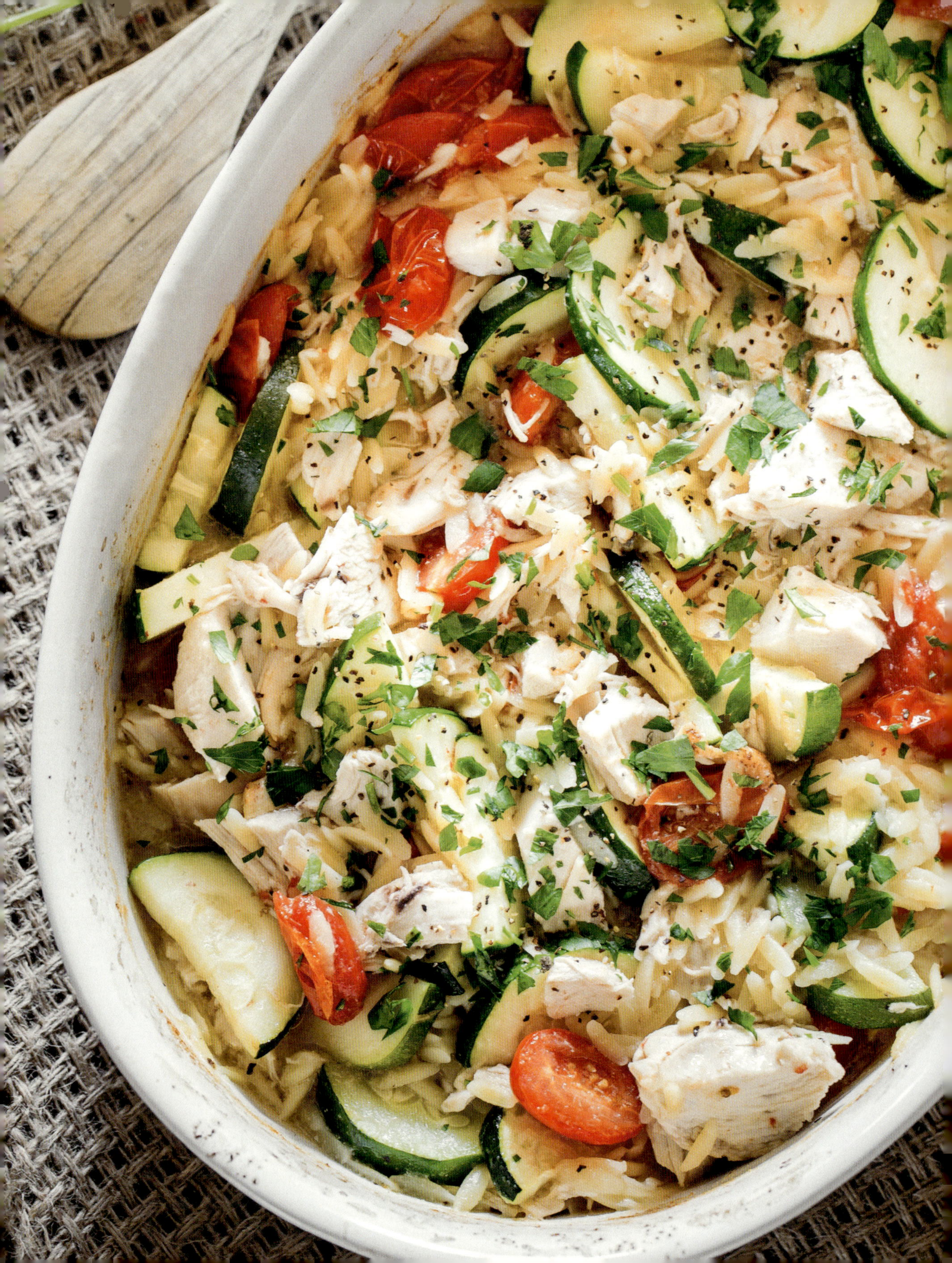

EINE KASSEROLLE

Aufläufe sind in der heimischen Küche sehr beliebt. Es gibt schier endlose Rezepte für Aufläufe. Sie eignen sich perfekt für eine Mahlzeit in der Großfamilie, sind herzhaft, köstlich und erfordern schließlich nur sehr wenig Abspülarbeit.

Aufläufe sind der Inbegriff wohltuender Speisen: warm, sättigend und lecker. Sie können zum Frühstück, Mittag- oder Abendessen serviert werden und sind unabhängig von der Jahreszeit sehr beliebt.

In einer gut ausgestatteten Küche sollte es Auflaufformen verschiedener Formen und Größen geben. Wenn Sie Ihre Küchenausrüstung zusammenstellen, sollten Sie Auflaufformen unterschiedlicher Formen, Materialien und Farben wählen.

PAPRIKASCHOTEN UND IHRE FÜLLUNG ALS AUFLAUF

Als Kind aß ich sehr oft gefüllte Paprikaschoten. Sie gehörten zu den Gerichten, die meine Mutter gerne zu besonderen Anlässen oder an Feiertagen zubereitete. Es gab sie nur zu feierlichen Gelegenheiten, will es so viel Zeit und Mühe kostete, sie zu machen. In meiner Version habe ich die gefüllten Paprikaschoten auseinandergenommen, sodass Sie alle Zutaten und tollen Aromen des Gerichts genießen können, aber nur einen Bruchteil der sonst üblichen Zeit für die Zubereitung benötigen. Tatsächlich schmeckt diese Variante wie das Original und ist perfekt für ein Abendessen unter der Woche geeignet, wenn Sie wenig Zeit zum Kochen haben.

VORBEREITUNGSZEIT: 5 MINUTEN / GARZEIT: 20 BIS 25 MINUTEN / PORTIONEN: 6

---

1 EL (15 ml) Olivenöl
500 g mageres Schweinehackfleisch
500 g mageres Rinderhackfleisch
1 kleine Zwiebel, gehackt
1 große grüne Paprikaschote, entkernt und klein geschnitten
1 TL (2 bis 3 g) geräuchertes Paprikapulver
½ TL Knoblauchpulver
¼ TL Chiliflocken
1 EL (3 g) getrockneter Dill
Salz und frisch gemahlener schwarzer Pfeffer
75 g ungegarter Instantreis
250 ml salzarmer Hühnerfond
400 g gewürfelte Tomaten aus der Dose mit Saft
gehackte frische Petersilie zum Garnieren
saure Sahne zum Garnieren

Das Olivenöl in einer großen Auflaufform oder Pfanne auf mittlerer bis hoher Stufe erhitzen. Schweine- und Rinderhackfleisch darin 5 Minuten anbraten, bis es krümelig wird und nicht mehr rosa ist.

Zwiebeln und Paprikaschoten in die Pfanne füllen. Geräuchertes Paprikapulver, Knoblauchpulver, Chiliflocken und Dill hinzufügen und nach Geschmack mit Salz und Pfeffer würzen. 5 Minuten braten, bis das Gemüse weich zu werden beginnt.

Den Instantreis in die Pfanne füllen, dann Hühnerfond und gewürfelte Tomaten samt Saft hinzufügen. Auf mittlerer Stufe weitere 10 bis 15 Minuten kochen, bis der Reis gar ist und die gesamte Flüssigkeit aufgenommen hat.

Mit frischer Petersilie garnieren. Sofort mit etwas saurer Sahne servieren.

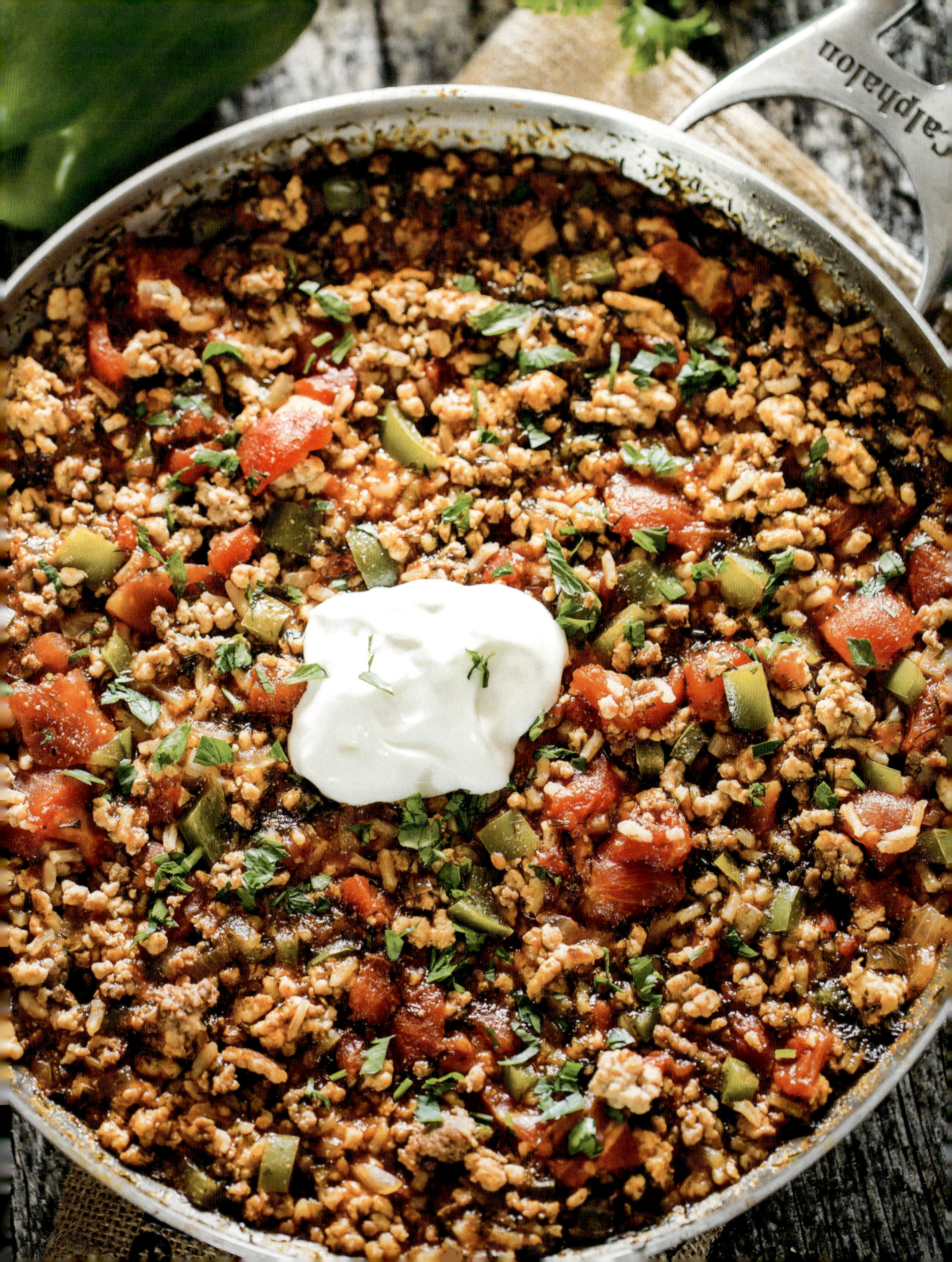
Calphalon

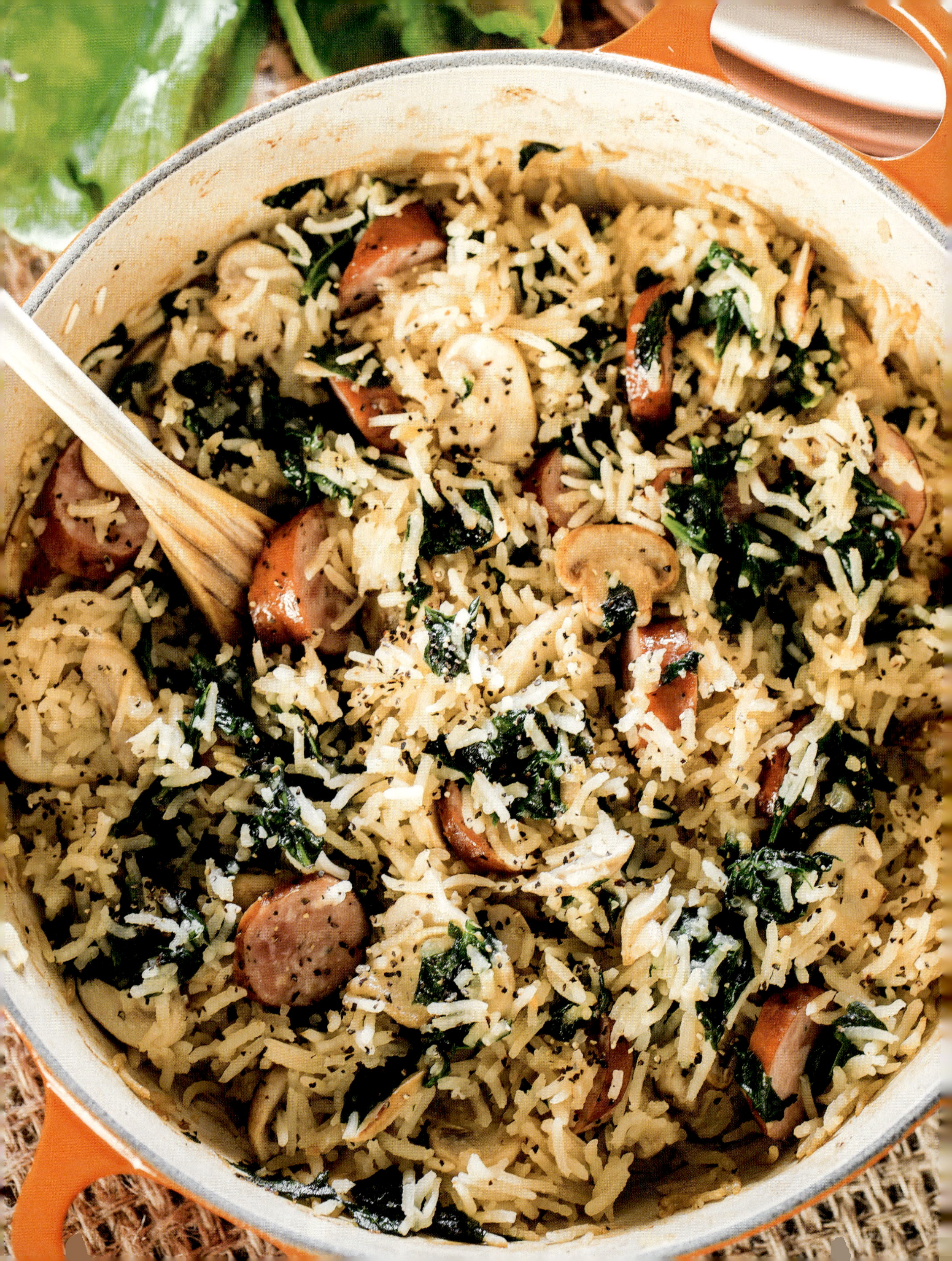

WURST-SPINAT-REIS MIT PILZEN

Köstliche geräucherte Wurst, Pilze und Spinat verleihen diesem Reisgericht jede Menge Aroma. Es ist einfach, sättigend und perfekt für jede Jahreszeit geeignet.

VORBEREITUNGSZEIT: 5 MINUTEN / GARZEIT: 20 BIS 25 MINUTEN / PORTIONEN: 6

1 EL (15 ml) Olivenöl
1 kleine Zwiebel, gehackt
3 Knoblauchzehen, fein gehackt
150 g weiße Pilze, gehackt
350 g geräucherte Wurst, in dünne Scheiben geschnitten
250 g frischer Spinat, gehackt
200 g ungegarter Langkornreis
600 ml salzarmer Hühnerfond
1 TL (5 ml) gekörnte Hühnerbrühe
Salz und frisch gemahlener schwarzer Pfeffer

Das Olivenöl in einer großen Auflaufform oder Pfanne auf mittlerer bis hoher Stufe erhitzen.

Zwiebeln, Knoblauch, Pilze und geräucherte Wurst hinzufügen und 5 Minuten braten, bis die Zwiebeln weich sind und die Wurst beginnt, golden zu werden.

Spinat, Reis, Hühnerfond und Hühnerbrühe hinzufügen und gut umrühren, dann nach Geschmack mit Salz und Pfeffer würzen.

Abgedeckt weitere 15 bis 20 Minuten köcheln, bis der Reis gar ist und die gesamte Flüssigkeit aufgenommen hat.

EINFACHER AUFLAUF MIT KÄSE-PIROGGEN

Piroggen sind Teigtaschen, die mit Kartoffeln gefüllt und in der Tiefkühlabteilung vieler Supermärkte zu haben sind. Normalerweise enthält die Füllung außerdem Käse oder Fleisch. Piroggen sind sehr leicht zuzubereiten. In meinem Fall werden sie von einer supercremigen Käsesoße bedeckt, dann gebacken, bis es blubbert, und danach mit frischen Tomatenstückchen und Frühlingszwiebeln bestreut. Ein sehr wohltuendes und einfaches Abendessen.

VORBEREITUNGSZEIT: 5 MINUTEN / GARZEIT: 23 MINUTEN / PORTIONEN: 4

- 2 EL (30 g) ungesalzene Butter
- 1 mittelgroße Zwiebel, gehackt
- 3 Knoblauchzehen, fein gehackt
- 30 g Allzweckmehl
- 240 ml Crème double
- 120 ml Hühnerfond
- 1 TL (0,3 g) getrocknete italienische Gewürzmischung
- Salz und frisch gemahlener schwarzer Pfeffer
- 900 g Käse-Piroggen aus dem Beutel (etwa 24)
- 250 g Mozzarella
- 120 g Parmesan
- 1 kleine Tomate, gehackt
- 2 Frühlingszwiebeln, gehackt
- 1 EL (4 g) gehackte frische Petersilie

Den Backofen auf 200 °C vorheizen. Die Butter in einer ofenfesten Auflaufform schmelzen. Zwiebeln und Knoblauch darin 5 Minuten anbraten, bis die Zwiebeln weich werden.

Das Mehl über die Zwiebeln streuen, umrühren und dann Crème double und Hühnerfond hinzufügen. Gut verquirlen, dann etwa 3 Minuten erhitzen, bis die Soße eindickt und das Mehl etwas gebunden ist. Die italienische Gewürzmischung unterrühren. Nach Geschmack mit Salz und Pfeffer würzen.

Piroggen hinzufügen und die Form schwenken, sodass sie komplett von der Soße benetzt werden.

Erst mit Mozzarella, dann mit Parmesan bestreuen und 12 Minuten backen, bis der Käse schmilzt. Dann die Grillfunktion des Backofens einschalten und den Käse für 3 Minuten bräunen, sofern gewünscht.

Mit den gehackten Tomaten, Frühlingszwiebeln und Petersilie bestreuen. Warm servieren.

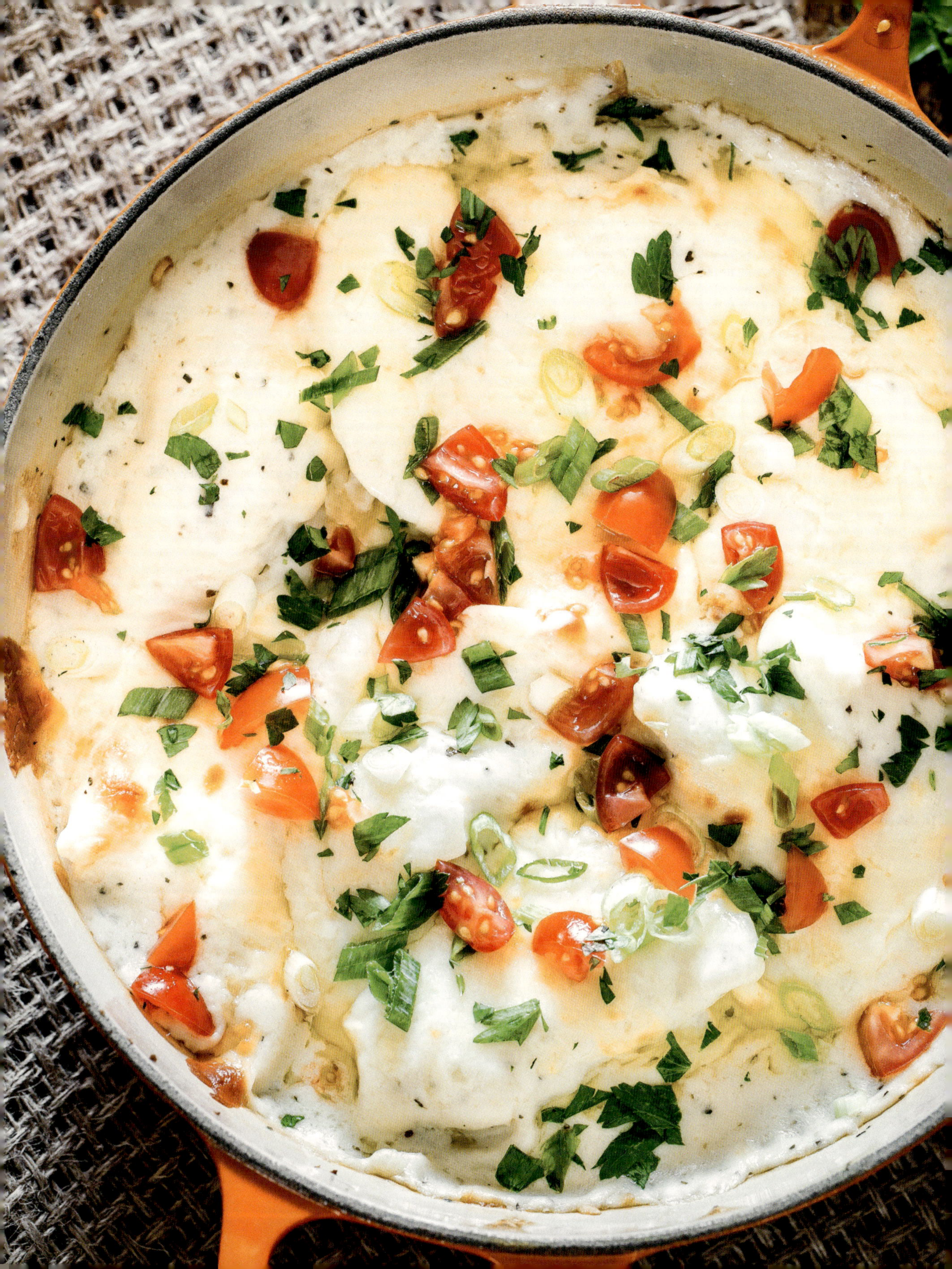

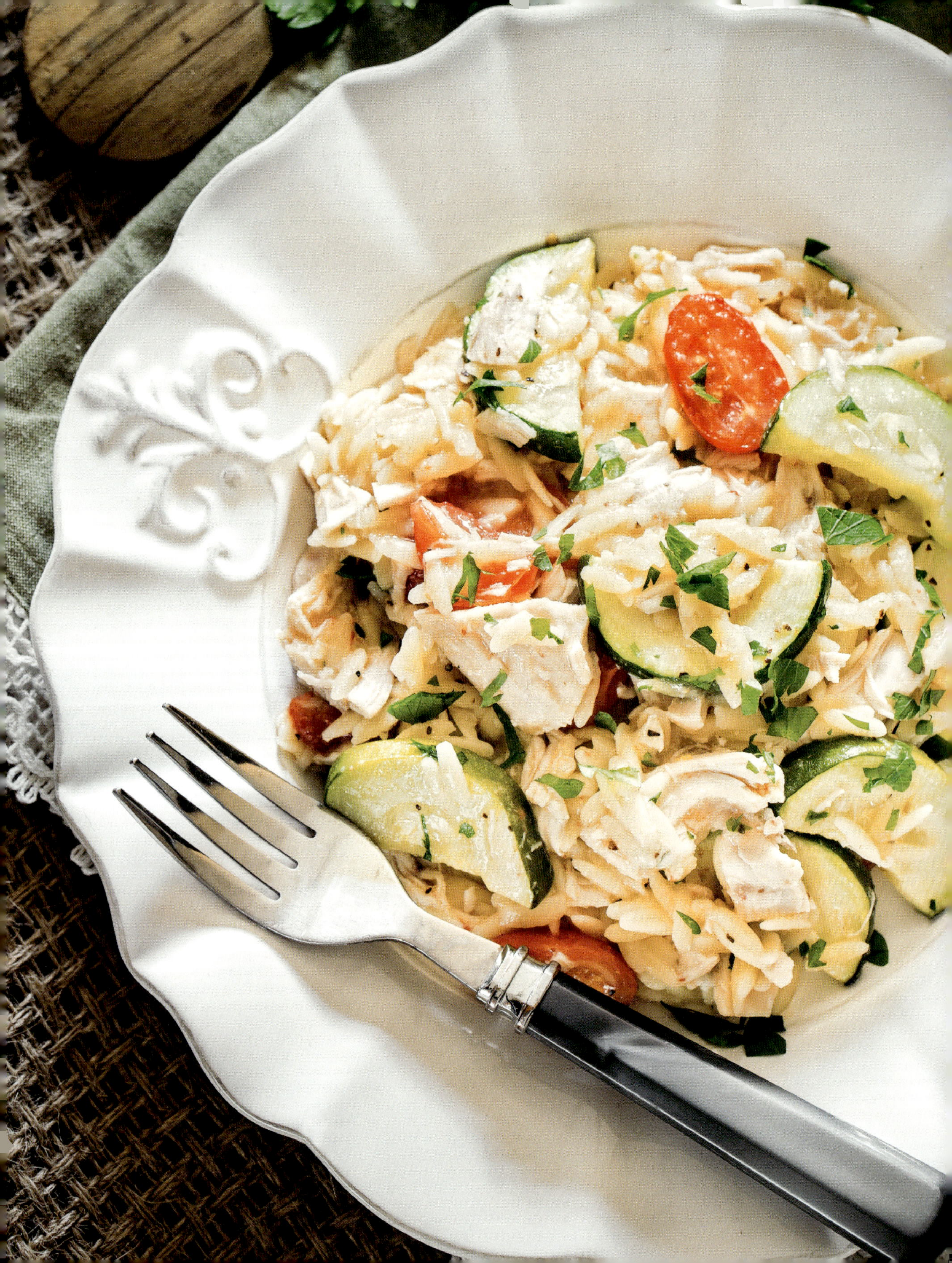

AUFLAUF MIT GRILLHÄHNCHEN UND GRIECHISCHEN NUDELN

In den Ofen schieben, fertig! Das ist alles, was Sie bei diesem unglaublichen Auflauf mit griechischen Nudeln tun müssen. Griechische Nudeln sind so eine tolle Zutat, insbesondere da sie wirklich schnell gar sind – deshalb eignen sie sich auch perfekt für Gerichte wie dieses. Ihr Abendessen könnte einfacher nicht zuzubereiten sein; im Grunde werfen Sie alle Zutaten zusammen in eine Auflaufform und vergessen sie, bis das Gericht fertig ist. Dieses One-Pot-Abendessen wird die ganze Familie lieben!

VORBEREITUNGSZEIT: 5 MINUTEN / GARZEIT: 25 MINUTEN / PORTIONEN: 6

---

2 EL (30 ml) Olivenöl
200 g ungegarte griechische Nudeln
1 kleine Zucchini, in dünne Scheiben geschnitten
1 TL (3 g) Knoblauchpulver
1 TL (3 g) Zwiebelpulver
250 ml Hühnerfond
300 g gebratene Hähnchenbrust, in kleine Stücke geschnitten
150 g halbierte Kirschtomaten
Salz und frisch gemahlener schwarzer Pfeffer

Den Backofen auf 230 °C vorheizen.

Alle Zutaten einschließlich Salz und Pfeffer nach Geschmack in eine 22 × 30 cm große Auflaufform füllen; dabei ist keine besondere Reihenfolge einzuhalten.

Alles gut mischen. Die Auflaufform in den Backofen stellen und 25 Minuten backen, dabei gegebenenfalls gelegentlich umrühren. Warm servieren.

TOMATEN-ZUCCHINI-AUFLAUF MIT KNOBLAUCH UND PARMESAN

Ein köstlicher Auflauf mit dünnen Zucchini- und Tomatenscheiben auf einem Bett aus in Scheiben geschnittenen Zwiebeln und Knoblauch, bestreut mit Parmesan und Kräutern, dann gebacken. Eine schnelle, gesunde und vegetarische Beilage – was will man mehr?

VORBEREITUNGSZEIT: 5 MINUTEN / GARZEIT: 25 MINUTEN / PORTIONEN: 6

---

1 EL (15 ml) Olivenöl

1 große Zwiebel, in Scheiben geschnitten

3 Knoblauchzehen, fein gehackt

3 große Tomaten, in dünne Scheiben geschnitten

1 große Zucchini, in dünne Scheiben geschnitten

Salz und frisch gemahlener schwarzer Pfeffer

120 g Parmesan, gerieben

1 EL (4 g) gehackter frischer Oregano

Den Backofen auf 230 °C vorheizen.

Den Boden einer Auflaufform (22 × 30 cm) mit dem Olivenöl beträufeln.

Die in Scheiben geschnittene Zwiebel gleichmäßig auf dem Boden der Form verteilen. Den Knoblauch darüberstreuen. Tomaten- und Zucchinischeiben überlappend auf den Knoblauch schichten. Nach Geschmack mit Salz und Pfeffer würzen. Parmesan und Oregano auf die Tomaten und Zucchini streuen.

Abgedeckt 15 Minuten backen, bis das Gemüse etwas weich ist; dann ohne Abdeckung weitere 10 Minuten backen, bis die Zucchini oben goldbraun zu werden beginnt.

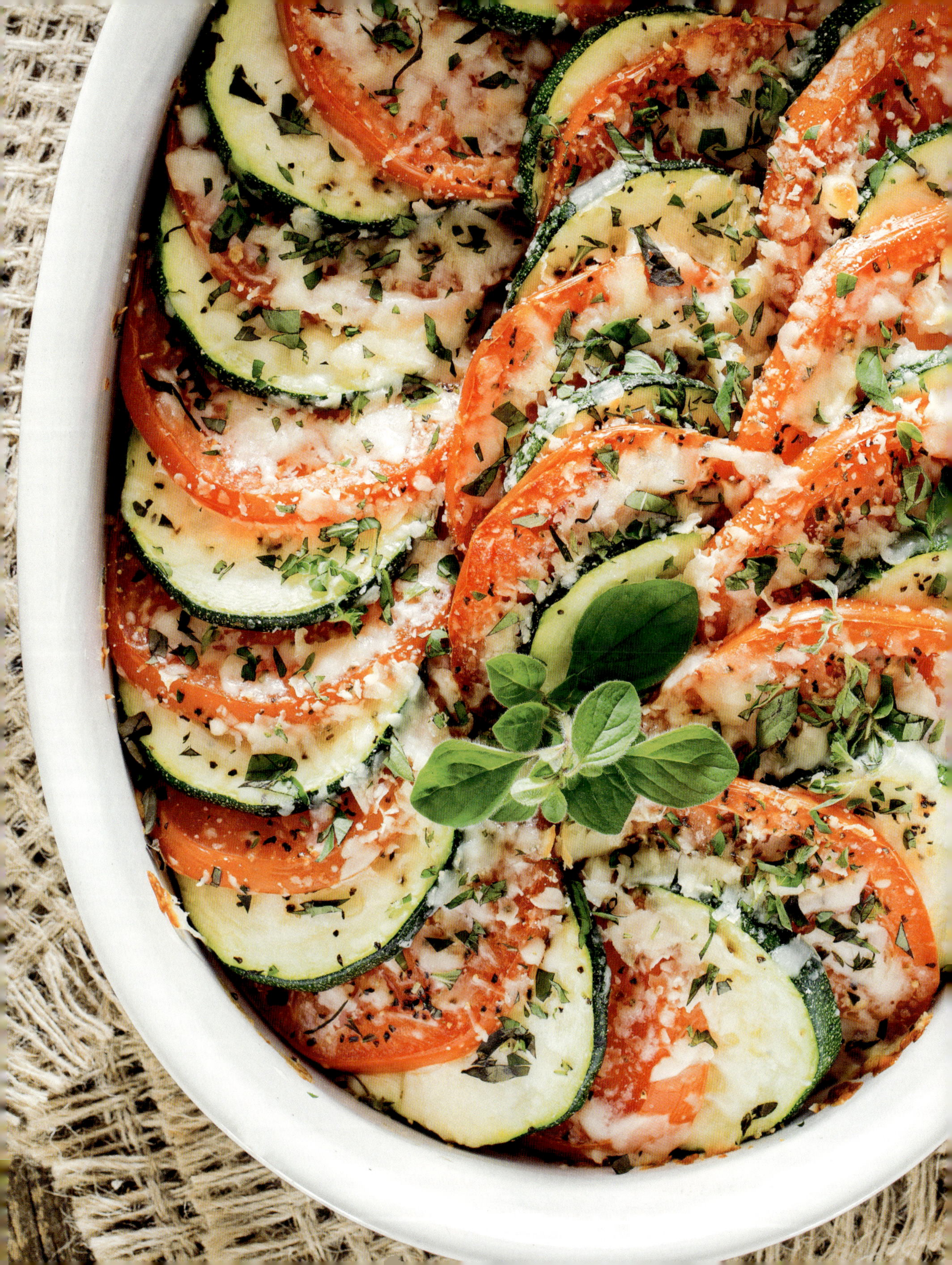

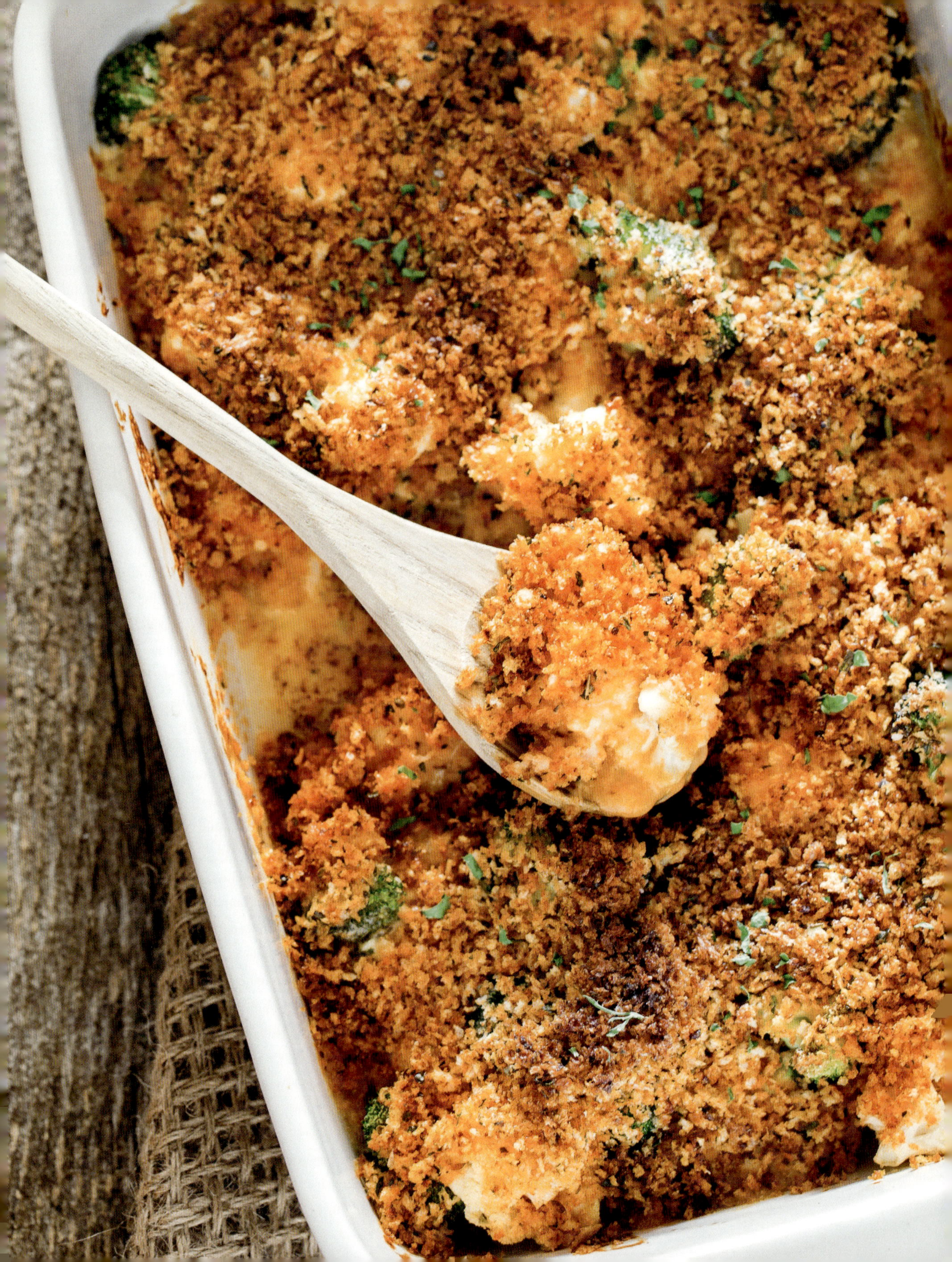

EINFACHER KÄSE-BLUMENKOHL-BROKKOLI-AUFLAUF

Dieser Auflauf mit Blumenkohl und Brokkoli ist unaufwendig, cremig und wunderbar käsig. Eine wohltuende Mahlzeit, die pur oder als Beilage genossen werden kann.

VORBEREITUNGSZEIT: 10 MINUTEN / GARZEIT: 20 MINUTEN / PORTIONEN: 4 BIS 6

- 120 ml Milch
- 220 g Cheddar
- 120 g Monterey-Jack-Käse
- 1 EL (15 ml) scharfe Soße
- 2 EL (30 g) ungesalzene Butter, geschmolzen
- 1 TL (2 bis 3 g) geräuchertes Paprikapulver
- 1 TL (1 g) getrockneter Oregano
- 1 TL (1 bis 2 g) getrocknetes Basilikum
- Salz und frisch gemahlener schwarzer Pfeffer
- 500 g Brokkoliröschen
- 500 g Blumenkohlröschen
- 100 g Paniermehl

Den Backofen auf 230 °C vorheizen.

Die Milch zusammen mit dem Käse in einem mikrowellenfesten Gefäß in einer Mikrowelle 3 Minuten erhitzen, bis der Käse geschmolzen ist. Scharfe Soße, geschmolzene Butter, geräuchertes Paprikapulver, Oregano, Basilikum sowie Salz und Pfeffer nach Geschmack hinzufügen und gut umrühren.

Brokkoli und Blumenkohl in eine Auflaufform füllen. Die Käsemischung über das Gemüse gießen, sodass alle Brokkoli- und Blumenkohlstückchen bedeckt sind, dann das Paniermehl darüberstreuen.

20 Minuten backen, bis das Paniermehl goldbraun wird und die Brokkoli- und Blumenkohlstückchen weich sind.

HÄHNCHEN-TORTILLA-AUFLAUF »SANTA FE«

Dies ist ein einfacher Schichtauflauf mit Tortillas, der auch direkt in einer Pfanne gebacken werden kann. Schichten von Tortillas, Hähnchen, Käse, schwarzen Bohnen und Mais werden zu einem unvergesslichen und köstlichen Gericht kombiniert, das mit Kreuzkümmel, Chilipulver und scharfer Soße gewürzt wird.

VORBEREITUNGSZEIT: 10 MINUTEN / GARZEIT: 20 MINUTEN / PORTIONEN: 4

300 g Hähnchenbrust, gegart und in kleine Stücke geschnitten
150 g gefrorene Maiskörner
200 g schwarze Bohnen aus der Dose, abgespült und abgetropft
250 ml Tomatensuppe
1 TL (2 bis 3 g) gemahlener Kreuzkümmel
1 TL (2 bis 3 g) Chilipulver
1 EL (15 ml) scharfe Soße
Kochspray
4 große Tortillas
500 g mexikanische Käsemischung zum Überbacken, gerieben

Den Backofen auf 200 °C vorheizen.

Hähnchen, Mais, schwarze Bohnen, Tomatensuppe, Kreuzkümmel, Chilipulver und scharfe Soße in einer Schüssel mittlerer Größe gut miteinander verrühren.

Eine runde Auflaufform oder eine ofenfeste Pfanne mit Kochspray einsprühen.

Die Form mit einer Tortilla auslegen. Ein Viertel der Hähnchenmischung darauf verteilen, dann ein Viertel des Käses darüberstreuen. Als nächste Schicht folgt eine Tortilla, ein weiteres Viertel der Hähnchenmischung, ein Viertel des Käses und so weiter, bis alle Zutaten aufgebraucht sind.

Die Form in den Ofen stellen und 20 Minuten backen, bis der Käse geschmolzen ist und beginnt, ein wenig golden zu werden.

In Stücke schneiden und warm servieren.

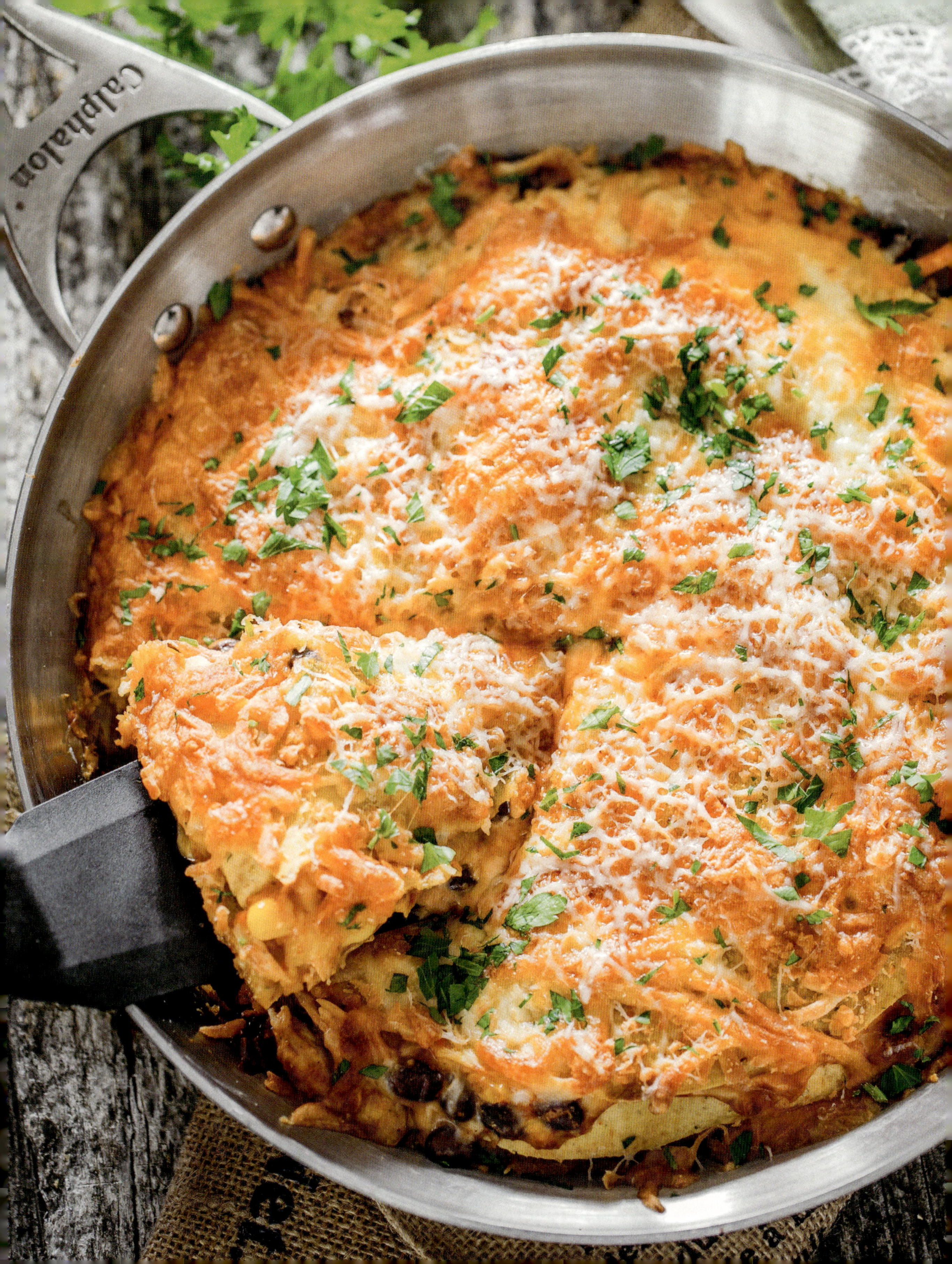
Calphalon

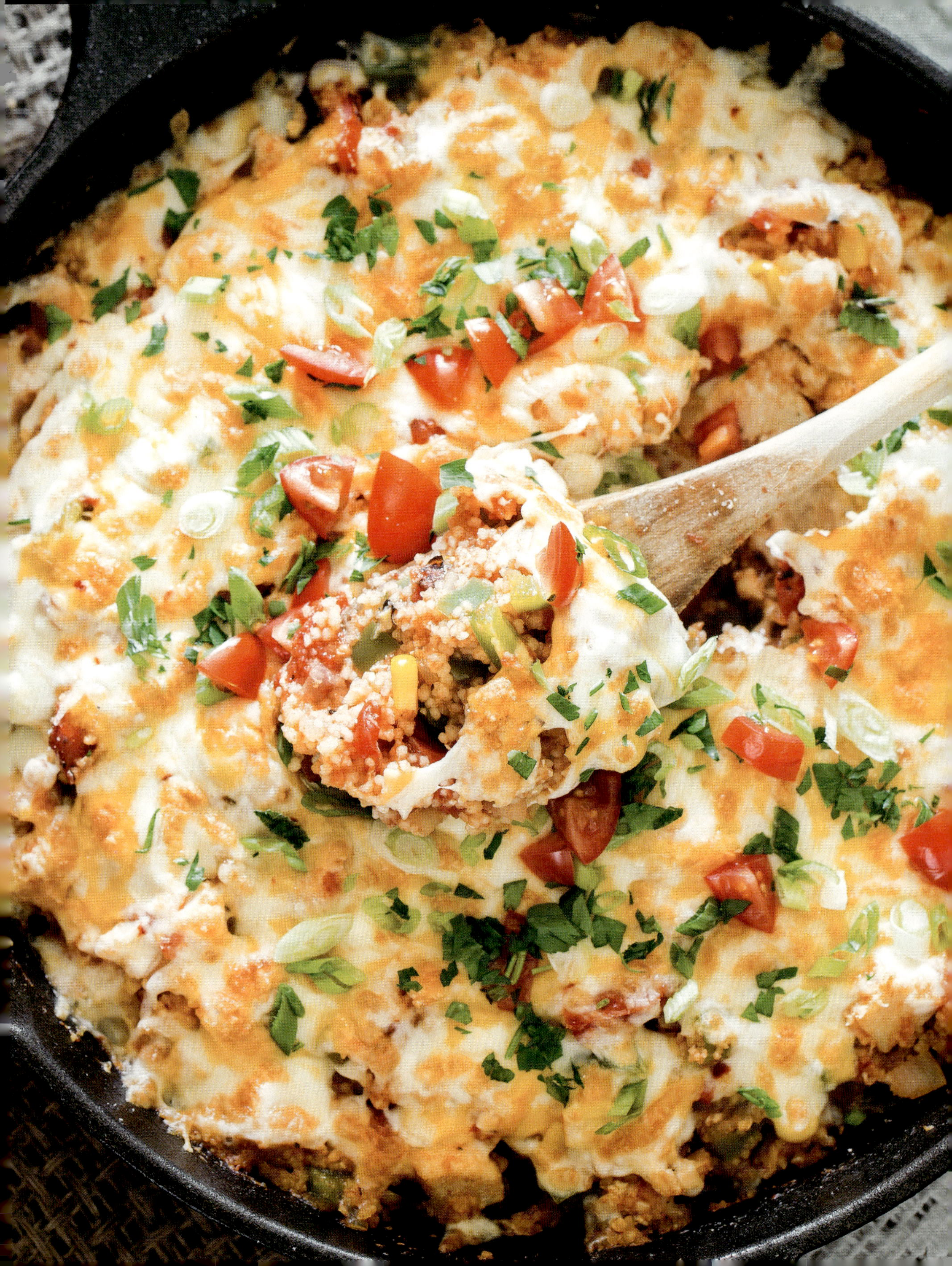

EINFACHER MEXIKANISCHER HÄHNCHEN-COUSCOUS-AUFLAUF MIT KÄSE

Dieser einfache Hähnchen-Couscous-Auflauf kombiniert alle Aromen der mexikanischen Küche. Er ist käsig, scharf, enthält eine Menge Hähnchen und Gemüse und ist in 30 Minuten fertig. Für dieses wohltuende Gericht wird Couscous verwendet, damit die Zubereitung schneller geht, und über dem Feuer geröstete Tomaten verleihen ihm ein besonderes, rauchiges Aroma.

VORBEREITUNGSZEIT: 5 MINUTEN / GARZEIT: 21 BIS 25 MINUTEN / PORTIONEN: 6

1 EL (15 ml) Olivenöl
1 kleine Zwiebel, gehackt
3 Knoblauchzehen, fein gehackt
500 g Hähnchenbrust ohne Haut und Knochen, in kleine Stücke geschnitten
1 grüne Paprikaschote, entkernt und klein geschnitten
70 g gefrorener Mais
1 TL (2 bis 3 g) gemahlener Kreuzkümmel
½ TL Cayennepfeffer
Salz und frisch gemahlener schwarzer Pfeffer
150 g ungegarter Couscous
250 ml Hühnerfond
400 g geröstete und gewürfelte Tomaten aus der Dose
250 g mexikanische Käsemischung zum Überbacken, gerieben
gehackte frische Korianderblätter zum Garnieren

Das Olivenöl in einer Auflaufform oder in einer ofenfesten, großen Pfanne auf mittlerer bis hoher Stufe erhitzen.

Zwiebeln, Knoblauch und Hähnchen darin 5 Minuten braten, bis die Zwiebeln weich werden und das Hähnchenfleisch nicht mehr rosa ist.

Paprika, gefrorenen Mais, Kreuzkümmel und Cayennepfeffer hinzufügen, dann mit Salz und schwarzem Pfeffer nach Geschmack würzen. 3 weitere Minuten braten, bis die Paprika beginnt, weich zu werden.

Couscous, Hühnerfond und Tomaten unterrühren. 10 bis 15 Minuten erhitzen, bis der Couscous gar ist und die gesamte Flüssigkeit aufgenommen hat.

Die Grillfunktion des Ofens auf hoher Stufe einschalten.

Den geriebenen Käse über den Auflauf streuen. Unter dem Grill 2 Minuten überbacken, bis der Käse schmilzt und beginnt, golden zu werden. Gut aufpassen, damit der Käse nicht anbrennt.

Mit gehacktem Koriander bestreuen und servieren.

EINE KASSEROLLE

SCHNELLER UND EINFACHER HÄHNCHEN-ENCHILADA-AUFLAUF MIT GRÜNEM CHILI

Ohne Zweifel gehören Hähnchen-Enchiladas zu den Lieblingsgerichten der Mexikaner – und hier ist der Beweis, dass Sie diese Mahlzeit auch in nur 30 Minuten auf den Tisch bringen können. Es geht nicht einfacher als mit diesem Rezept. Die Enchiladas sind cremig, käsig und einfach perfekt.

VORBEREITUNGSZEIT: 5 MINUTEN / GARZEIT: 25 MINUTEN / PORTIONEN: 5

---

300 g Hähnchenbrust, gegart und in kleine Stücke geschnitten
500 g grüne Chili-Enchilada-Soße
120 g gehackte grüne Chilischoten aus der Dose
350 g Monterey-Jack-Käse
250 g saure Sahne
10 mittelgroße Tortillas
3 Stängel Koriander, gehackt
3 Frühlingszwiebeln, gehackt
1 mittelgroße Tomate, gehackt

Den Backofen auf 220 °C vorheizen.

Das Hähnchenfleisch mit 250 g der grünen Chili-Enchilada-Soße, den grünen Chilischoten und der Hälfte des Monterey-Jack-Käses mischen.

In einer anderen Schüssel die restliche Enchilada-Soße und die saure Sahne verrühren. Die Hälfte der Soße in eine Auflaufform füllen.

Eine Tortilla mit ein paar Esslöffeln der Hähnchenmischung bestreichen, dann aufrollen und auf die Soße in der Auflaufform legen. Mit den anderen Tortillas auf dieselbe Weise verfahren, bis alle gefüllt und aufgerollt sind.

Die restliche Soße über die Tortillas gießen, dann mit dem restlichen Käse bestreuen.

Die Auflaufform in den Backofen schieben, 25 Minuten backen.

Vor dem Servieren mit gehacktem Koriander, Frühlingszwiebeln und Tomaten bestreuen.

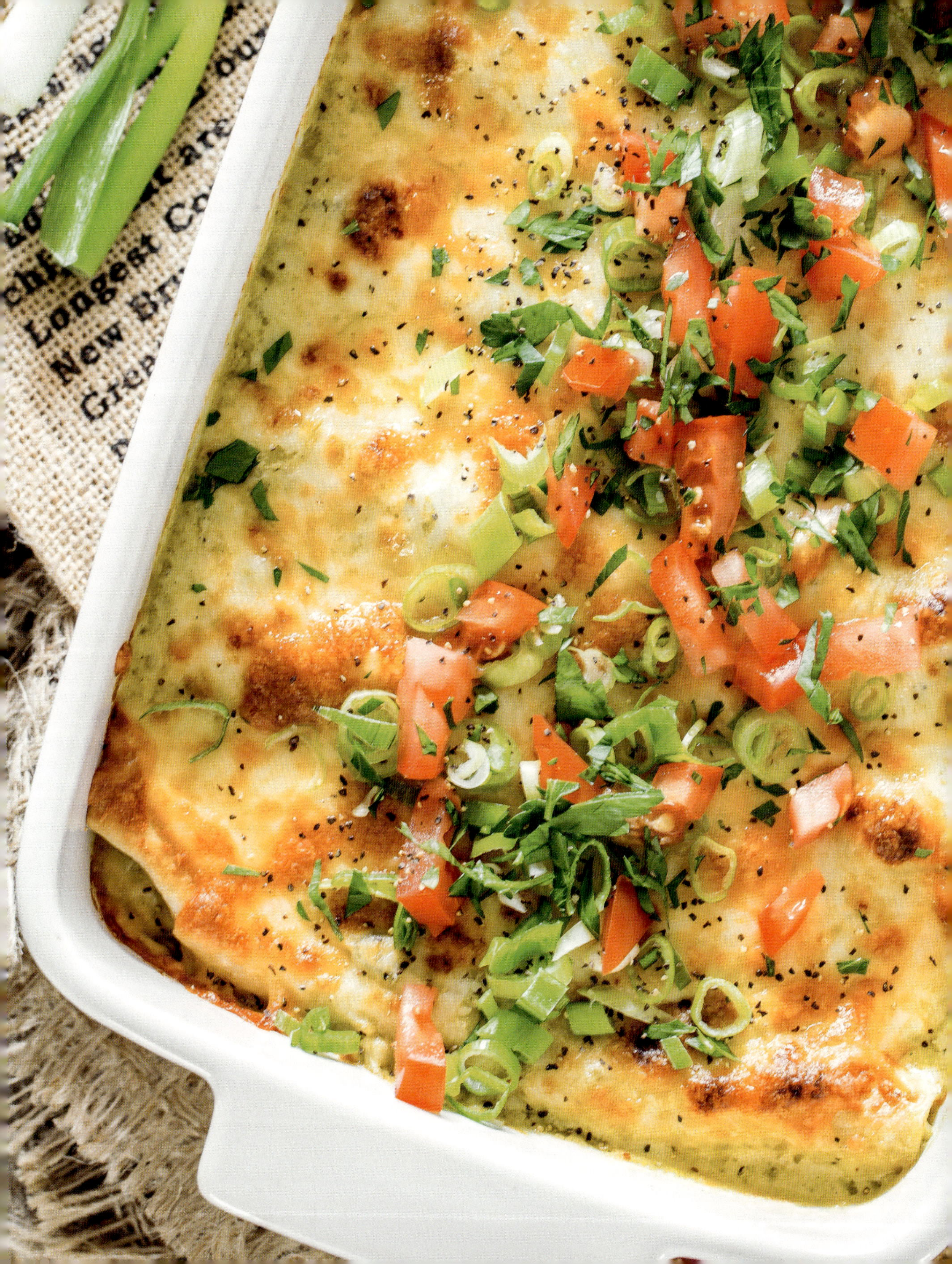
Longest
New

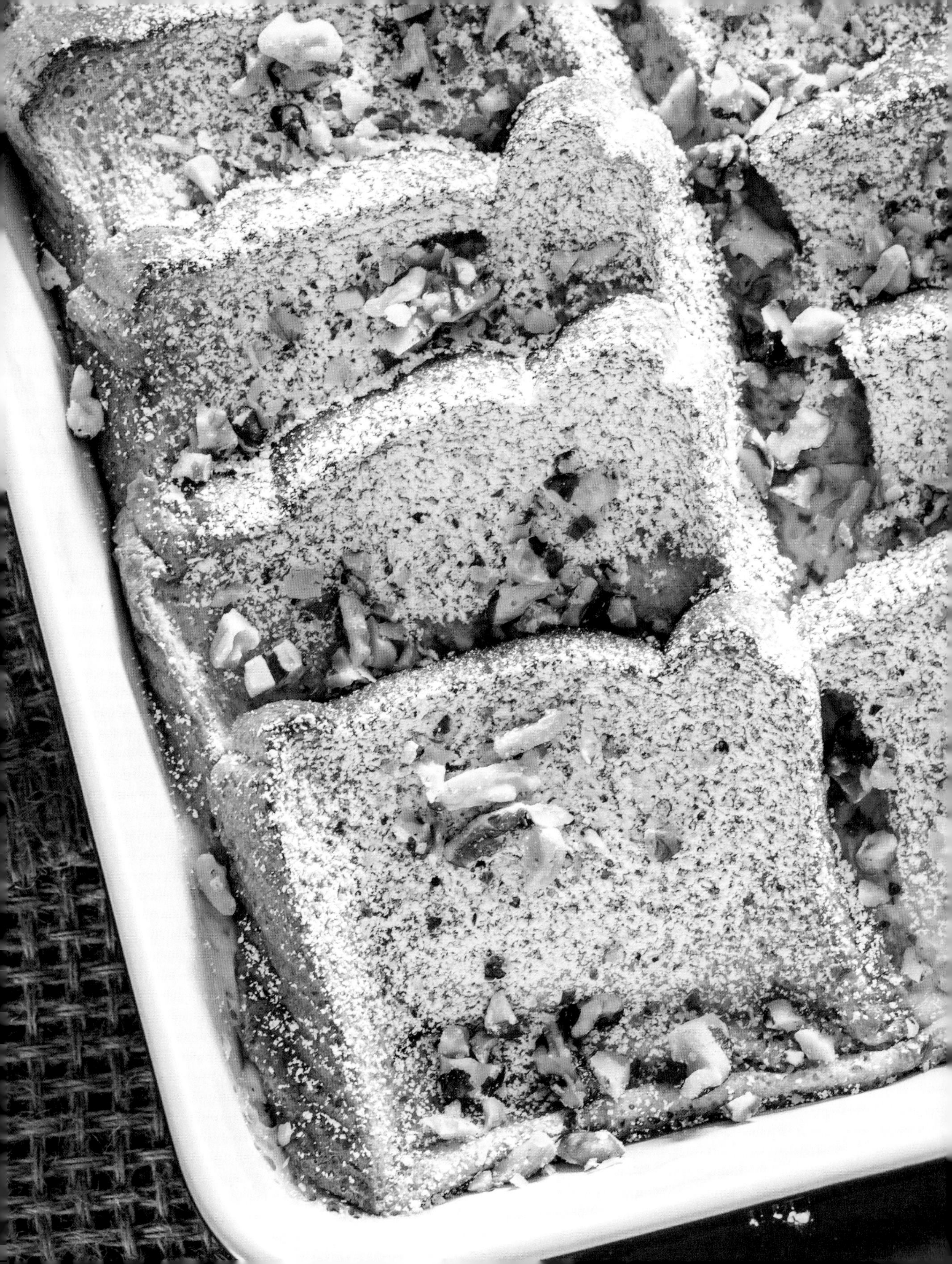

ARME RITTER AUS DEM OFEN

Dieser köstliche süße Brotauflauf erhält durch Rum ein ganz besonderes Aroma und ist perfekt für ein Wochenendfrühstück oder einen Brunch geeignet. Er ist unglaublich einfach zuzubereiten und schmeckt mit seiner knackigen Nussschicht ganz besonders lecker.

VORBEREITUNGSZEIT: 5 MINUTEN / GARZEIT: 25 MINUTEN / PORTIONEN: 8

---

ungesalzene Butter für die Auflaufform
8 dicke Scheiben Toastbrot
8 große Eier
500 ml Crème double
500 ml Milch
60 ml reiner Ahornsirup
60 ml brauner Rum
1 EL (15 ml) reiner Vanilleextrakt
½ TL Salz
2 EL (15 g) Puderzucker zum Bestäuben
50 g Pekannüsse, gehackt

Den Backofen auf 220 °C vorheizen. Eine Auflaufform großzügig mit Butter einfetten. Die Brotscheiben in Reihen in die Auflaufform einschichten, sodass sie einander überlappen, sofern erforderlich.

In einer großen Schüssel Eier, Crème double, Milch, Ahornsirup, Rum, Vanille und Salz verquirlen.

Die Eiermischung über das Brot gießen. Dabei gegebenenfalls die Brotscheiben leicht anheben, damit die Eiermischung auch zwischen die Scheiben fließt.

25 Minuten backen, bis der Auflauf goldbraun wird. Er sollte insgesamt luftig und die Oberfläche etwas schwammig sein.

Vor dem Servieren mit Puderzucker bestäuben und mit gehackten Pekannüssen bestreuen.

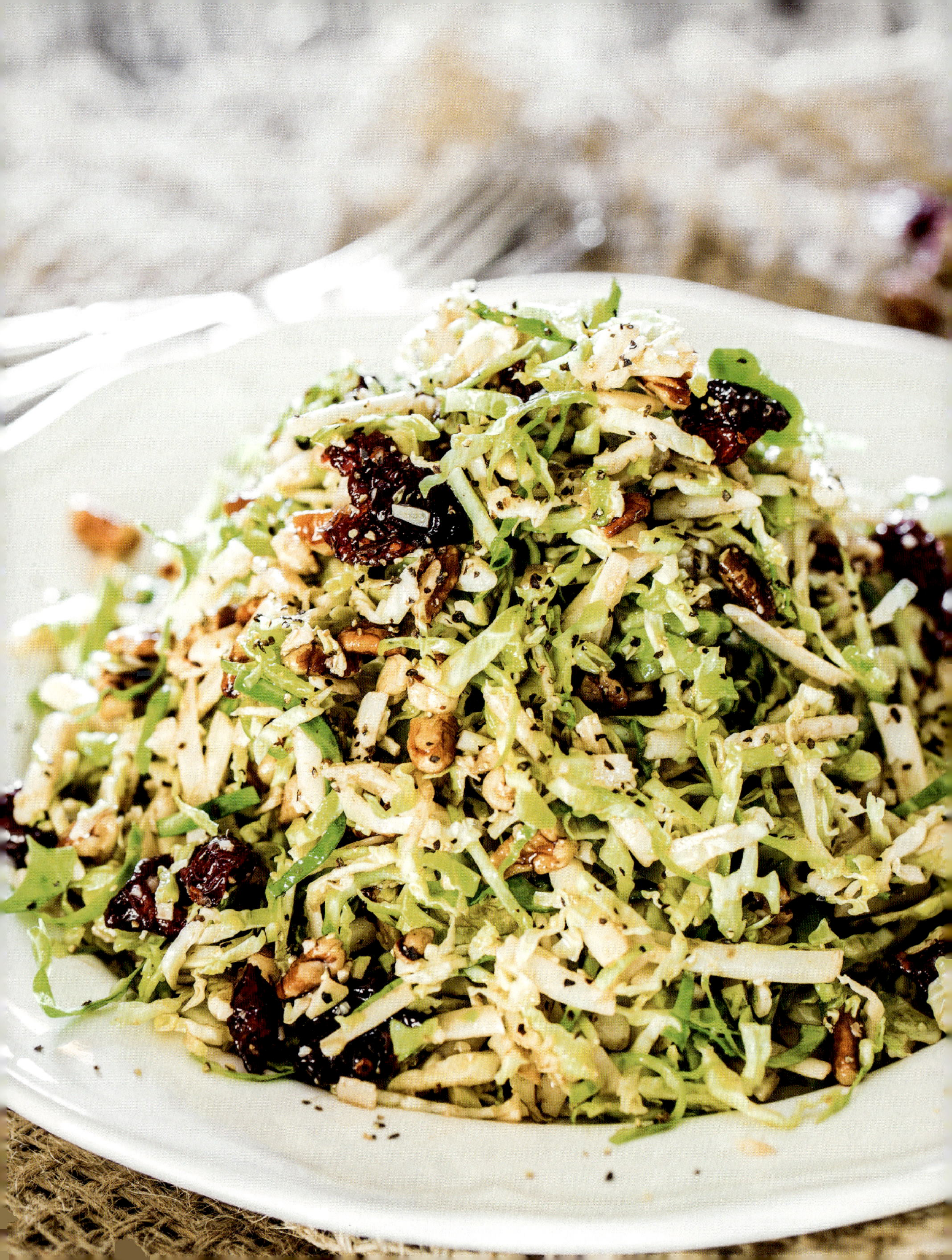

EINE SCHÜSSEL

Schüsseln gehören zur wichtigsten Grundausstattung in jeder Küche und sind ausgesprochen vielseitig verwendbar. Sie eignen sich perfekt zum Verquirlen und Mixen, Rühren, Unterheben und Schlagen. Es gibt sie aus verschiedenen Materialien, üblicherweise bestehen sie zumeist aus Edelstahl. Es ist wichtig, dass Sie eine gute Auswahl an Schüsseln unterschiedlicher Größe in Ihrer Küche haben.

Schüsseln sind das Gefäß, in dem ich alle Sorten von Salaten zubereite. Obwohl die meisten Menschen Salate für eine leichte Mittagsmahlzeit halten, können Sie daraus auch ein herzhaftes und sättigendes Gericht machen, das mit einer einzigen Schüssel auskommt, sodass der Abwasch wirklich supereinfach ist.

Ja, ich spreche nicht von einer Kleinigkeit zum Abendessen, sondern von etwas deutlich Gehaltvollerem, das aber dennoch gesund ist und satt macht. Legen Sie also los und decken Sie den Tisch, denn in maximal 30 Minuten könnten Sie bereits eine wunderbare Mahlzeit genießen.

HÄHNCHEN-TOMATILLO-SALAT

Dieser Salat besteht aus einer Fülle von Zutaten und ist wirklich eine vollständige Mahlzeit. Er steckt voller Eiweiß und Gemüse, und das Schöne ist, dass Sie lediglich 15 Minuten brauchen, um dieses tolle Mittag- oder Abendessen auf den Tisch zu bringen.

Tomatillos stammen aus Mexiko und sind grüne, säuerlich schmeckende Tomaten. Sie machen sich hervorragend in Salsas, sind aber auch roh in einem Salat wie diesem sehr lecker.

VORBEREITUNGSZEIT: 15 MINUTEN / GARZEIT: 0 MINUTEN / PORTIONEN: 4

FÜR DAS DRESSING
- 60 ml Olivenöl
- 2 EL (30 ml) frisch gepresster Limettensaft
- ½ TL Chilipulver
- Salz und frisch gemahlener schwarzer Pfeffer

FÜR DEN SALAT
- 500 g Tomatillos, geschält und in kleine Stücke geschnitten
- 150 g gegarte Hähnchenbrust, in kleine Stücke geschnitten
- 120 g Maiskörner aus der Dose
- 1 rote Paprikaschote, entkernt und klein geschnitten
- 250 g Pintobohnen aus der Dose, abgespült und abgetropft
- ¼ Tasse (4 g) frische Korianderblätter, gehackt
- 50 g Kürbiskerne ohne Schale
- 2 rote Chilischoten, gehackt (optional)

Für das Dressing alle Zutaten in einer großen Schüssel verrühren. Mit Salz und Pfeffer nach Geschmack würzen.

Für den Salat alle Salatzutaten in beliebiger Reihenfolge in die Schüssel geben. Die Schüssel gut schwenken, damit alles von dem Dressing benetzt wird.

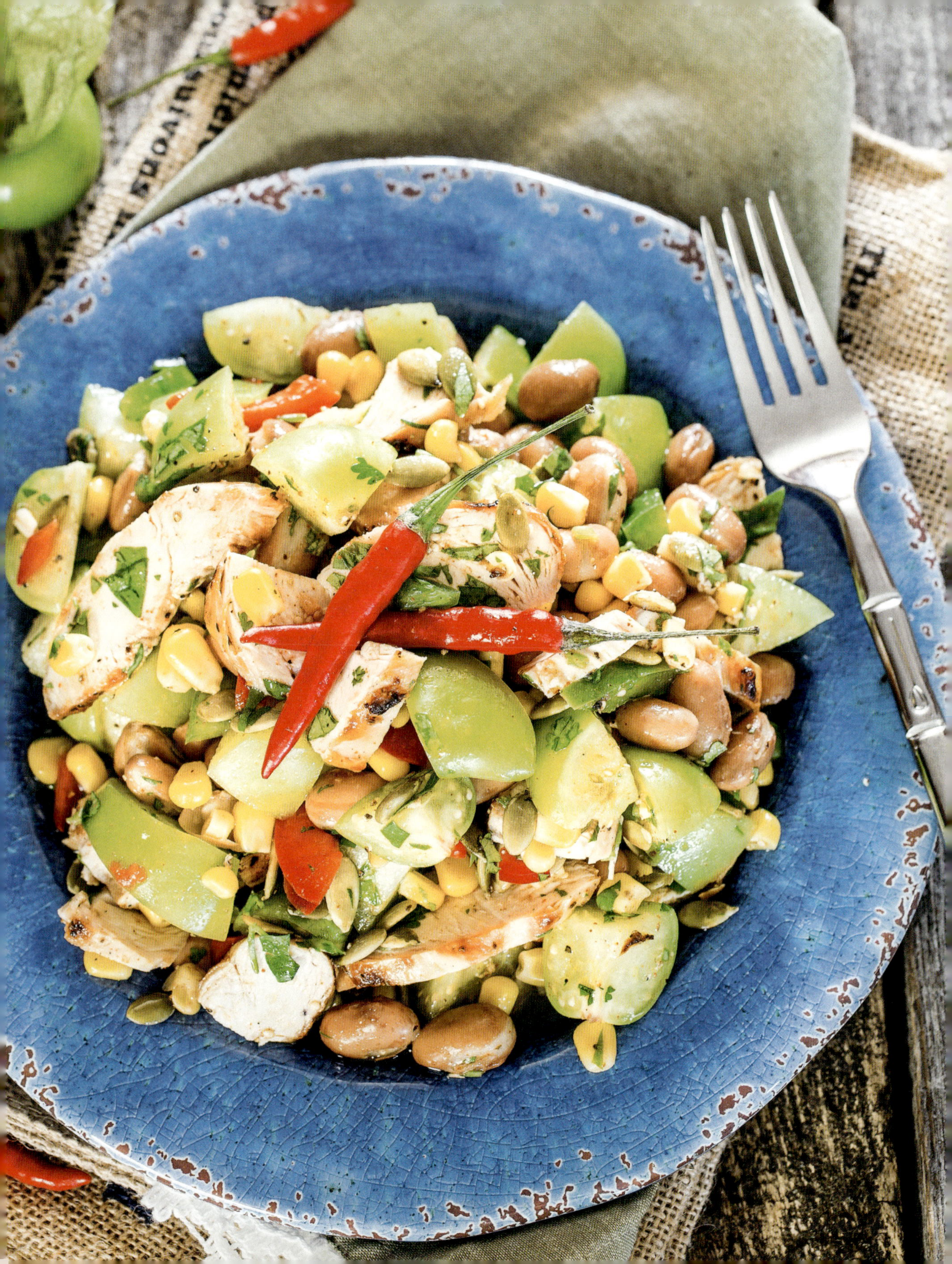

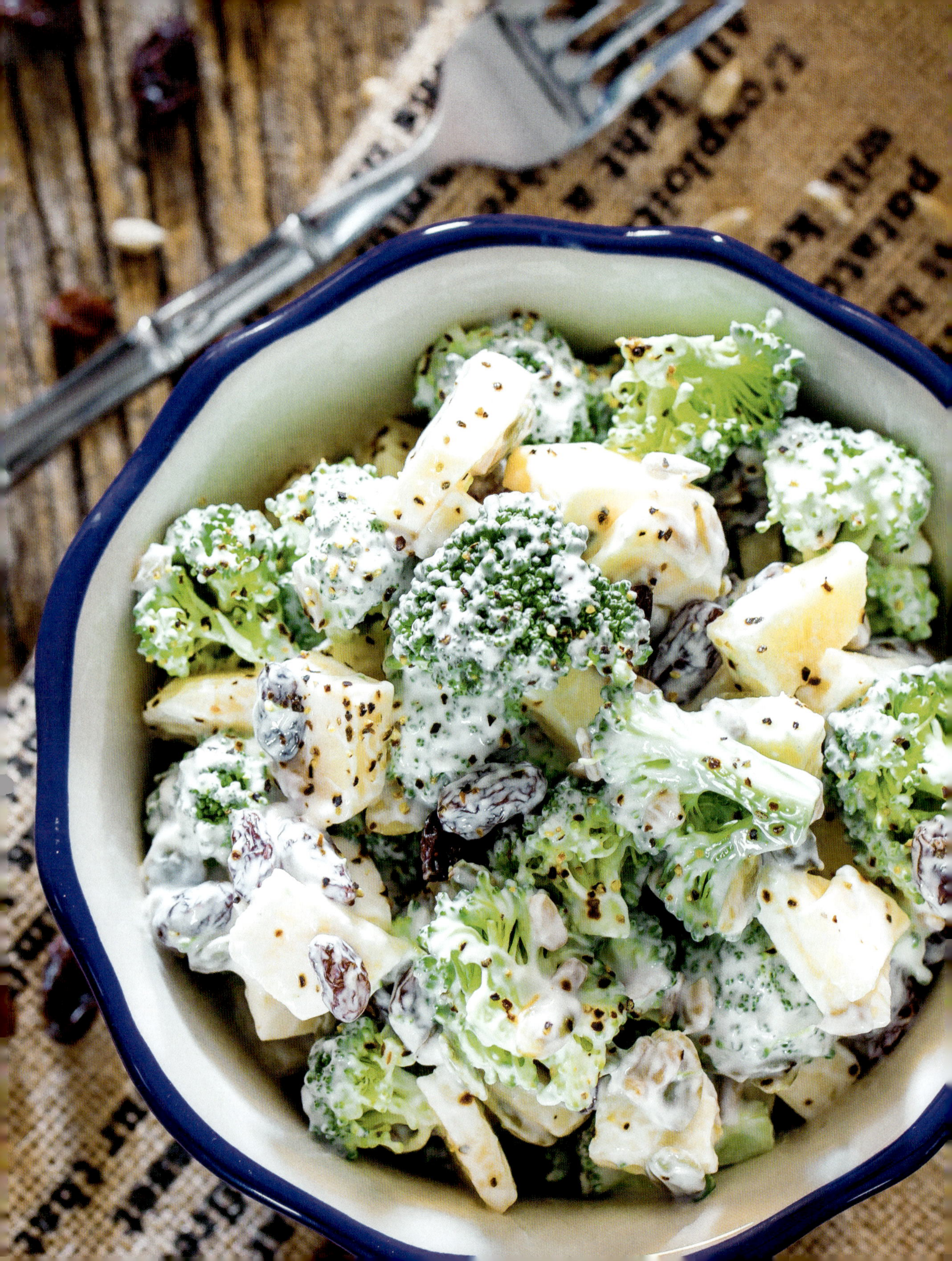

APFEL-BROKKOLI-SALAT MIT ROSINEN UND KÄSE

Das ist einer meiner Lieblingssalate, den ich eine Zeit lang mehrmals pro Woche als Mittagessen bei der Arbeit genossen habe. Und das, obwohl ich kein Brokkoli-Fan bin, aber dieser Salat lässt mich vergessen, dass es sich um Brokkoli handelt. Es sind so viele gute Zutaten enthalten, dass ich gar nicht weiß, wo ich mit der Aufzählung beginnen soll: von den süßen Rosinen und dem Schweizer Käse bis hin zum einfachen Joghurt-Honig-Dressing. Und das Beste ist, dass dieser Salat in 15 Minuten fertig ist und am nächsten Tag sogar noch besser schmeckt.

VORBEREITUNGSZEIT: 15 MINUTEN / GARZEIT: 0 MINUTEN / PORTIONEN: 2 BIS 4

---

200 g Joghurt

2 EL (30 ml) Honig

200 g Brokkoliröschen, in kleine Stücke geschnitten

1 großer Apfel, geschält, entkernt und in kleine Stücke geschnitten

40 g Rosinen

40 g Sonnenblumenkerne

120 g Schweizer Käse, in kleine Würfel geschnitten

Salz und frisch gemahlener schwarzer Pfeffer

In einer großen Schüssel Joghurt und Honig verquirlen.

Brokkoli, Apfel, Rosinen, Sonnenblumenkerne und Schweizer Käse hinzufügen und gut umrühren, damit der gesamte Brokkoli von der Joghurtmischung benetzt ist.

Nach Wunsch mit Salz und Pfeffer würzen.

HINWEIS: Bewahren Sie etwaige Reste in einem luftdicht abschließenden Gefäß im Kühlschrank auf. Dieser Salat hält sich gekühlt bis zu 5 Tage.

EINFACHER FÜNF-ZUTATEN-KRAUTSALAT

Dieser Krautsalat ist eine Abwandlung des Rezepts meiner Schwiegermutter. Ich erinnere mich, dass sie ihn zubereitet hatte, als ich sie das erste Mal traf, und seitdem gehört er zu meinen bevorzugten Weißkohlrezepten. Toll ist, wie einfach er sich zubereiten lässt: Sie benötigen lediglich fünf Zutaten, und er schmeckt wirklich klasse.

VORBEREITUNGSZEIT: 10 MINUTEN / GARZEIT: 0 MINUTEN / PORTIONEN: 4

---

1 Kopf Weißkohl, geraspelt (siehe Hinweis)

60 ml Olivenöl

1 EL (15 ml) frisch gepresster Zitronensaft

1 EL (3 g) getrockneter Dill

Salz und frisch gemahlener schwarzer Pfeffer

Den geraspelten Kohl in eine große Schüssel füllen und die restlichen Zutaten einschließlich Salz und Pfeffer nach Geschmack hinzufügen. Sehr gut umrühren.

HINWEIS: Sie können einen Gemüsehobel verwenden, um den Weißkohl zu raspeln, oder ihn mit einem Messer so klein wie möglich schneiden.

Dieser Krautsalat schmeckt besser, wenn er länger durchziehen kann – Sie können ihn also gut schon am Vortag zubereiten. Bewahren Sie ihn in einem luftdicht abschließenden Gefäß im Kühlschrank auf.

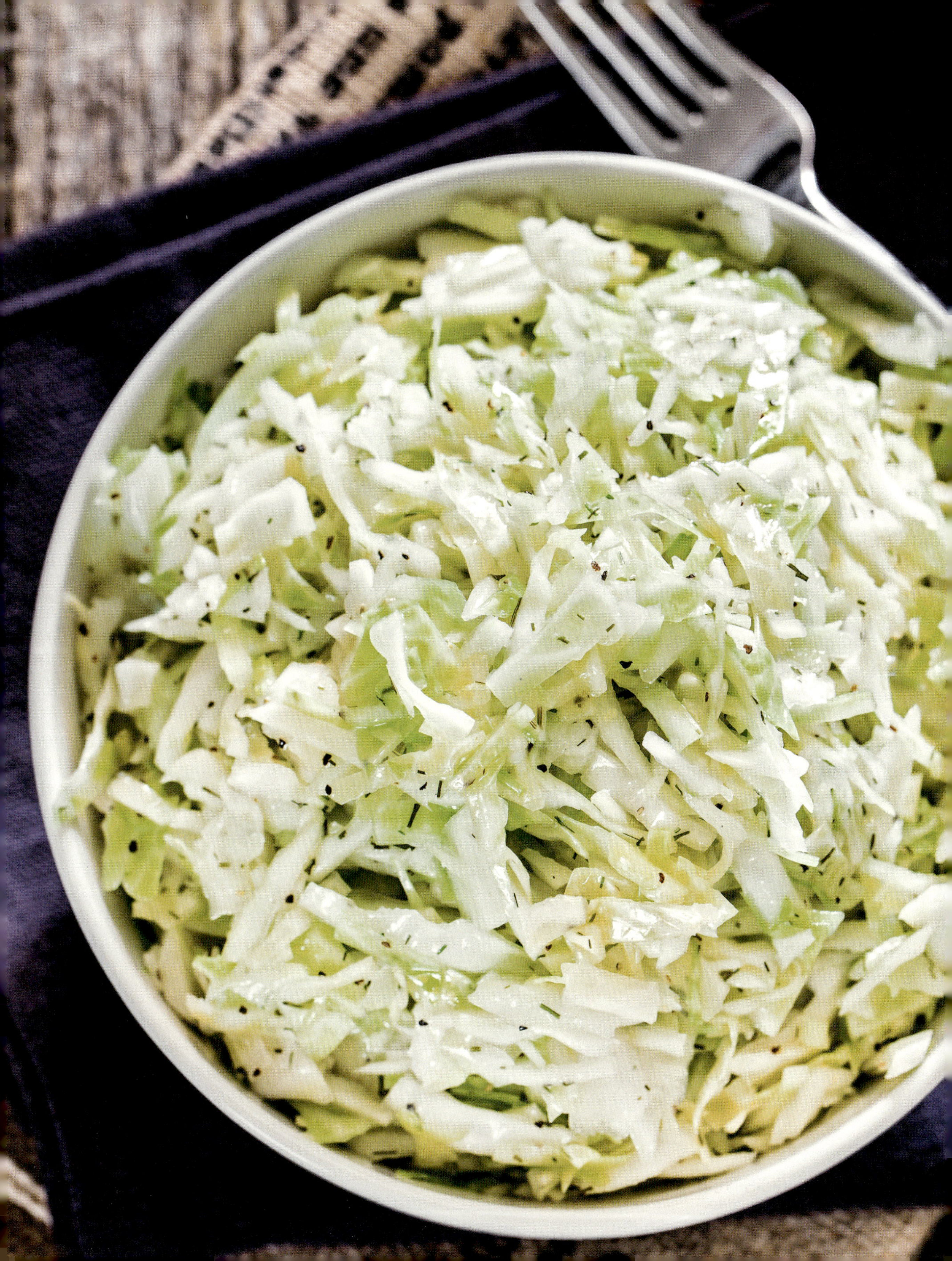

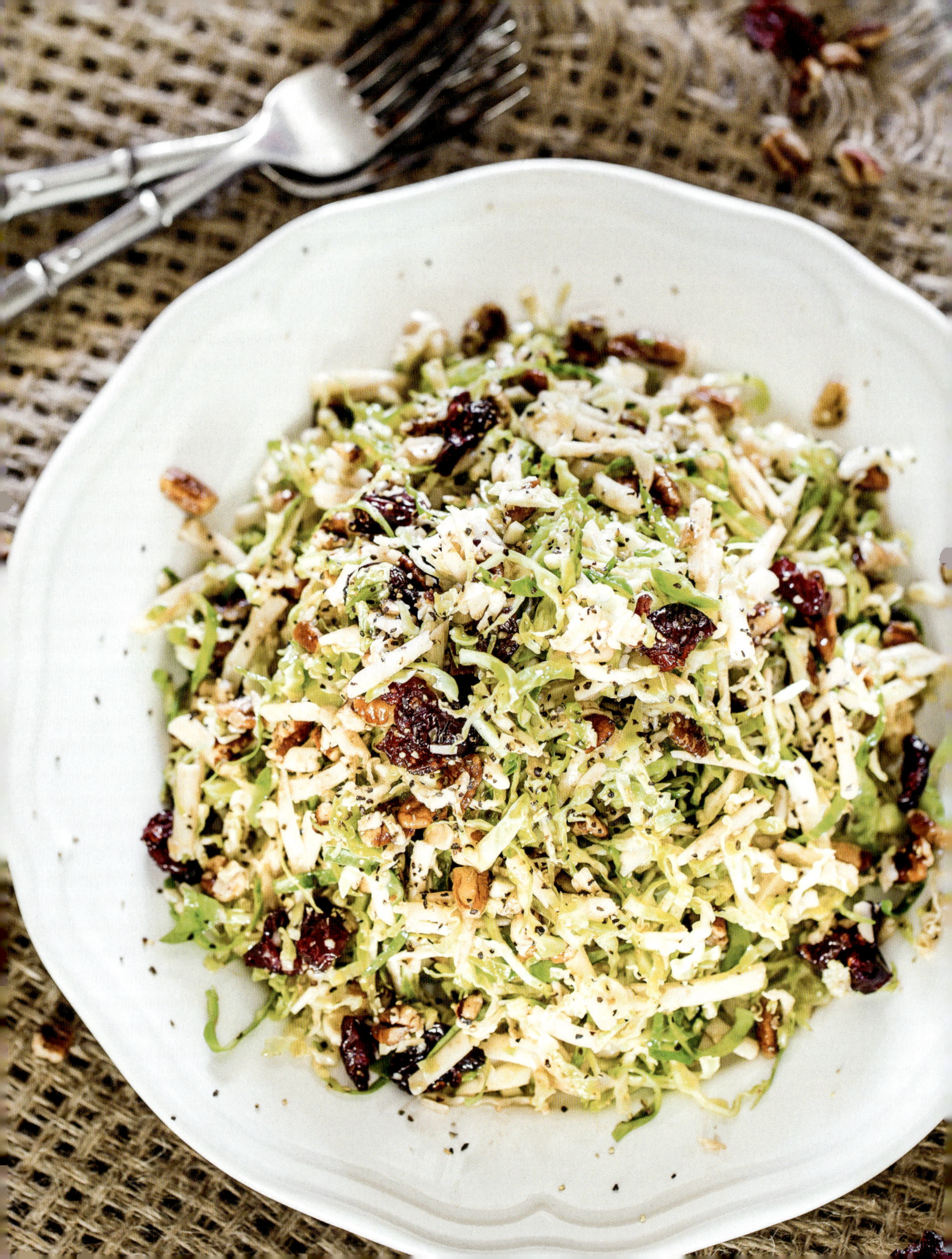

ROSENKOHLSALAT MIT CRANBERRYS UND PECORINO

Dieser köstliche Salat eignet sich perfekt für die Ferien. Besonders schön ist, dass Sie ihn schon am Vortag zubereiten können, denn je länger er ziehen kann, desto besser schmeckt er, da dann alle Aromen die Möglichkeit haben, sich zu mischen. Wenn Sie keinen Rosenkohl mögen, sollten Sie diesem Salat trotzdem eine Chance geben: Er könnte Sie zu einem Fan werden lassen.

VORBEREITUNGSZEIT: 10 MINUTEN / GARZEIT: 0 MINUTEN / PORTIONEN: 4

---

700 g Rosenkohl, geputzt, gewaschen und fein gehobelt (siehe Hinweis)

30 g getrocknete Cranberrys

60 g Pekannüsse, gehackt

120 g geriebener Pecorino

1 Knoblauchzehe, fein gehackt

60 ml Olivenöl

2 EL (30 ml) Balsamico-Essig

Salz und frisch gemahlener schwarzer Pfeffer

In einer Schüssel mittlerer Größe den fein gehobelten Rosenkohl, getrocknete Cranberrys, Pekannüsse, Pecorino und Knoblauch mischen.

Olivenöl und Balsamico-Essig über den Salat träufeln und nach Geschmack mit Salz und Pfeffer würzen. Gut mischen.

HINWEIS: Sie können einen Gemüsehobel verwenden, um den Rosenkohl zu raspeln, oder ihn mit einem Messer so klein wie möglich schneiden.

Bewahren Sie etwaige Reste in einem luftdicht abschließenden Gefäß bis zu 3 Tage im Kühlschrank auf.

MEDITERRANER ZUDEL-SALAT

Zucchininudeln werden auch »Zudeln« genannt und haben nicht nur fast keine Kalorien, sondern können herkömmliche Pasta in beinahe jedem Gericht wunderbar ersetzen. Und als wäre das noch nicht genug: Sie müssen nicht separat gekocht werden. Gießen Sie einfach Ihre Lieblingsnudelsoße darüber oder – wie ich hier – vermischen Sie die Zudeln mit einigen frischen Zutaten, sodass ein überraschender und köstlicher Salat mit mediterranem Flair entsteht.

VORBEREITUNGSZEIT: 15 MINUTEN / GARZEIT: 0 MINUTEN / PORTIONEN: 4

---

2 große Zucchini, mit dem Spiralschäler in Streifen geschnitten oder geraspelt (siehe Hinweis)

2 Knoblauchzehen, fein gehackt

150 g geviertelte Kirschtomaten

150 g zerkrümelter Feta

50 g Kalamata-Oliven, in Scheiben geschnitten

½ TL Gewürzsumach (siehe Hinweis)

60 g Pistazien, gehackt

4 frische Basilikumblätter, gehackt

2 EL (12 g) gehackte frische Minzblätter

2 EL (8 g) gehackter frischer Dill

Salz und frisch gemahlener schwarzer Pfeffer

Die in feine Streifen geschnittenen Zucchini in eine große Schüssel füllen. Knoblauch, Kirschtomaten, Feta und Kalamata-Oliven hinzufügen. Vorsichtig mischen.

Gewürzsumach, Pistazien, gehacktes Basilikum, Minze und Dill hinzufügen. Vorsichtig mischen.

Gegebenenfalls mit Salz und Pfeffer würzen und servieren.

HINWEIS: Wenn Sie keinen Spiralschneider zur Herstellung der Zucchininudeln haben, können Sie die Zucchini auch mit einer Vierkantreibe raspeln.

Gewürzsumach kommt aus dem Mittleren Osten und wird verwendet, um Salaten oder Fleisch eine zitronige Note zu verleihen. Wenn Sie Gewürzsumach nicht finden können, verwenden Sie stattdessen einfach 1 Esslöffel (15 ml) frisch gepressten Zitronensaft.

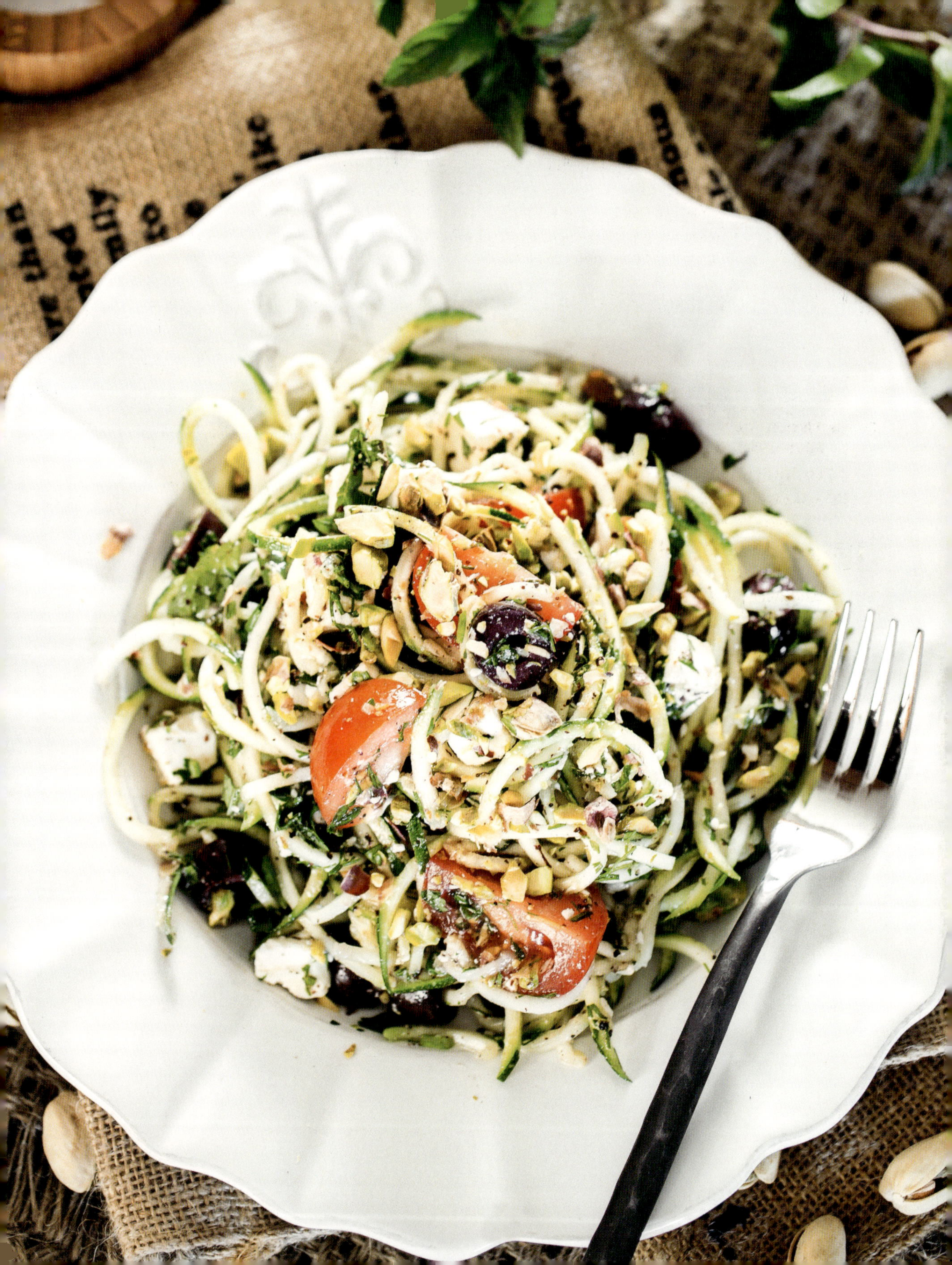

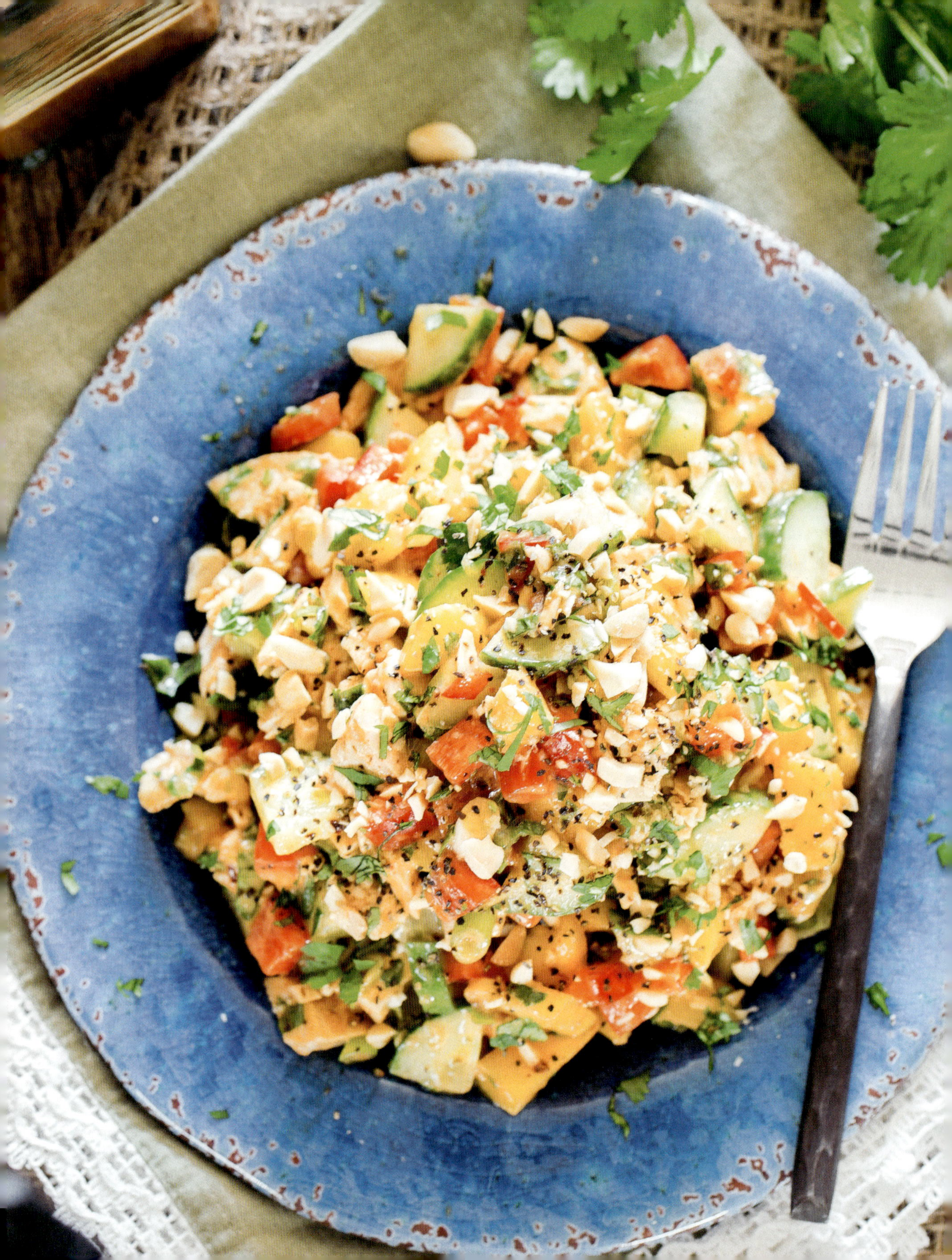

THAI-HÄHNCHENSALAT MIT WÜRZIGEM ERDNUSSDRESSING

Dieser erfrischende und knackige Hähnchensalat mit einem würzigen Erdnussdressing eignet sich perfekt als leichtes Mittagessen. Wer hat behauptet, dass Salate langweilig sind? Dieser Salat steckt voller Aromen, von süßer Mango bis zu knackiger Salatgurke und scharfem Dressing. Schnell gemacht, lecker und sättigend.

VORBEREITUNGSZEIT: 15 MINUTEN / GARZEIT: 0 MINUTEN / PORTIONEN: 4

---

150 g klein geschnittene gegarte Hähnchenbrust

1 Mango, entsteint und in kleine Würfel geschnitten

½ Salatgurke, in Würfel geschnitten

3 Frühlingszwiebeln, gehackt

1 rote Paprikaschote, entkernt und in dünne Streifen geschnitten

¼ TL Chiliflocken

6 Stängel Koriander, gehackt

6 Basilikumblätter, gehackt

FÜR DAS DRESSING

60 ml frisch gepresster Limettensaft

2 EL (30 ml) Kokosöl

2 EL (30 g) Erdnussbutter

2 EL (30 ml) salzarme Sojasoße

2 EL (30 ml) Honig

1 TL (5 ml) asiatische Fischsoße (siehe Hinweis)

¼ TL Chiliflocken

1 EL (15 ml) scharfe Soße

Hähnchenfleisch, Mango, Salatgurke, Frühlingszwiebeln, Paprikastreifen, Chiliflocken, Koriander und Basilikum in eine große Schüssel füllen und vorsichtig mischen.

Für das Dressing alle Zutaten in einer kleinen Schale verquirlen.

Das Dressing über den Salat gießen und alles vorsichtig mischen. Sofort servieren.

HINWEIS: Asiatische Fischsoße wird oft aus Sardellen, Salz und Wasser gemacht. Sie kommt in der thailändischen Küche häufig zum Einsatz und schmeckt sehr kräftig, sodass sie in der Regel nur in kleinen Mengen verwendet wird.

Wenn Sie den Salat nicht sofort servieren, sollten Sie das Dressing in einem luftdicht abgeschlossenen Behältnis aufbewahren und vor dem Servieren vorsichtig schütteln.

BRATHÄHNCHEN-FEIGEN-SALAT

Ich liebe frische Feigen und kann es jedes Jahr kaum erwarten, bis sie wieder Saison haben, sodass ich sie auf dem Markt kaufen kann. Ich kann dann einen tollen Käsekuchen mit frischen Feigen machen oder eine unglaubliche Feigentorte mit Ziegenkäse, doch am allerbesten ist, dass frische Feigen wunderbar in Salate passen. Dieser Salat ist köstlich, nährstoffreich und frisch. Durch den jungen Rucola und die Walnüsse schmeckt er ein bisschen nussig, während die Feigen Süße und der Blauschimmelkäse etwas Salziges beisteuern. Eine tolle Kombination! Wenn Sie keinen Blauschimmelkäse mögen, können Sie ihn durch Ziegenkäse ersetzen.

VORBEREITUNGSZEIT: 10 MINUTEN / GARZEIT: 0 MINUTEN / PORTIONEN: 4

---

60 ml Olivenöl
3 EL (45 ml) frisch gepresster Zitronensaft
1 EL (15 ml) Honig
200 g junger Rucola
8 frische Feigen, geviertelt
150 g gebratene Hähnchenbrust, gewürfelt
25 g Walnüsse, gehackt
60 g gehackter Blauschimmelkäse
Meersalz und frisch gemahlener schwarzer Pfeffer

In einer großen Schüssel Olivenöl, Zitronensaft und Honig vermengen. Rucola, Feigen, Hähnchen, Walnüsse und Blauschimmelkäse hinzufügen. Alles vorsichtig mischen. Gegebenenfalls mit Salz und Pfeffer würzen.

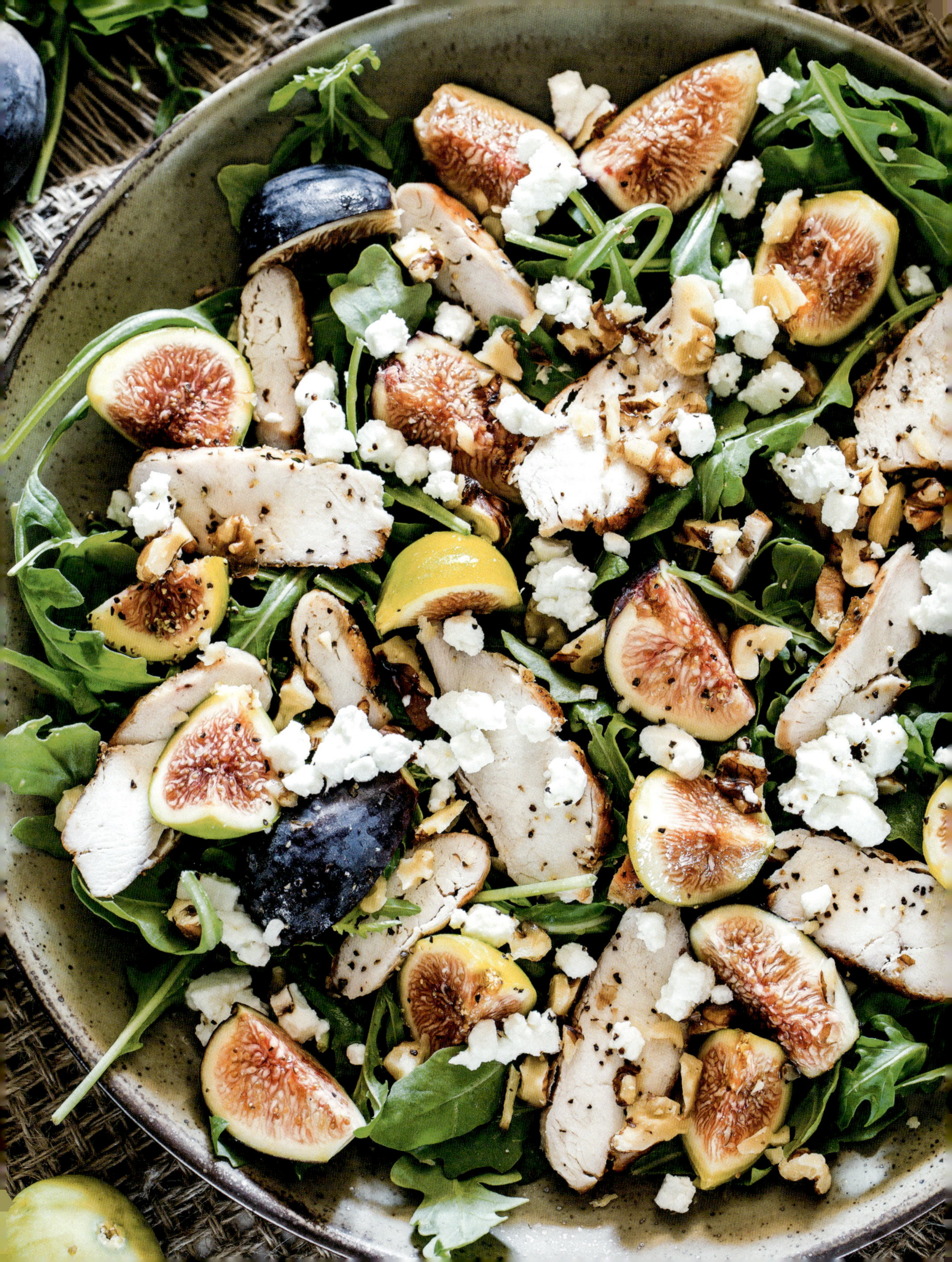

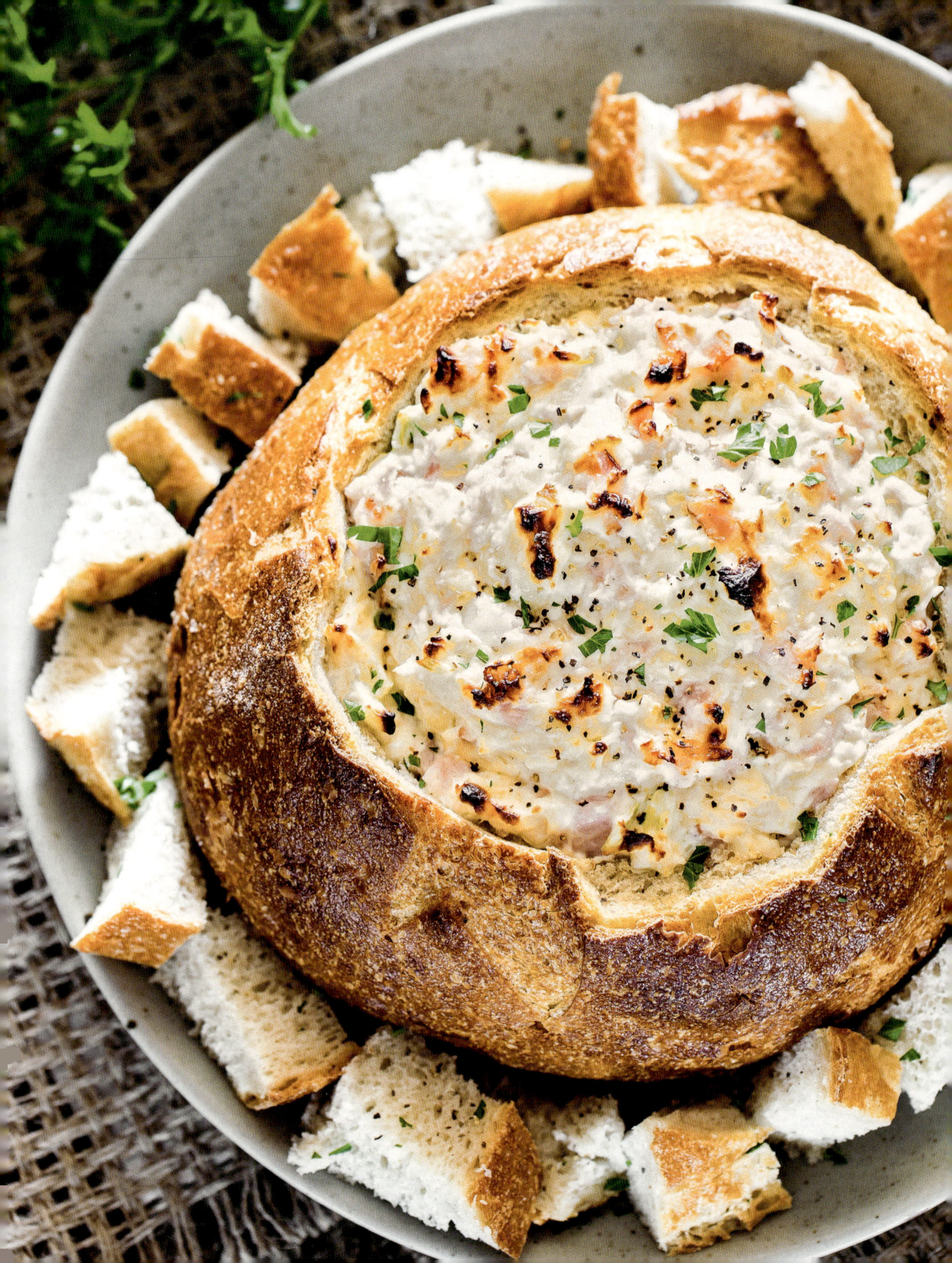

SCHINKEN-KÄSE-CREME IM BROTRAND

Dies ist eine wirklich tolle Vorspeise und besonders auf Partys sehr beliebt. Sie gehört zu jenen schnellen und einfachen Rezepten, die ich gerne vorbereite, wenn wir uns mit Freunden treffen. Außerdem ist das Rezept sehr vielseitig, da Sie problemlos allerlei Leckereien mit Käse kombinieren können – da kann nichts schiefgehen. In meinem Rezept habe ich mich für Schinken und Käse entschieden, die zu einer leichten, superkäsigen Creme kombiniert werden.

VORBEREITUNGSZEIT: 5 MINUTEN / GARZEIT: 15 MINUTEN / PORTIONEN: 8

---

120 g Frischkäse, leicht angewärmt
120 g klein geschnittener Mozzarella
60 g geriebener Asiago-Käse
60 ml Mayonnaise
120 g griechischer Joghurt
150 g Schinkenwürfel
1 runder Laib dunkles Sauerteigbrot
¼ TL frisch gemahlener schwarzer Pfeffer
frische Petersilie zum Garnieren (optional)

Den Backofen auf 200 °C vorheizen.

In einer Schüssel mittlerer Größe Frischkäse, Mozzarella, Asiago, Mayonnaise und Joghurt cremig rühren. Die Schinkenwürfel unterrühren.

Mit einem Brotmesser den oberen Teil des Brots abschneiden, das Innere herauslöffeln und aufbewahren.

Die Käsecreme in den ausgehöhlten Brotlaib füllen und mit Pfeffer würzen. 15 Minuten backen, bis der Käse geschmolzen ist und die Oberseite goldbraun wird.

Die Brotreste in kleine Stücke schneiden und zum Dippen rund um das Brot verteilt. Mit gehackter Petersilie garnieren.

BIRNEN-GRÜNKOHL-SALAT MIT ZIEGENKÄSE

Ich war noch nie ein Fan von Grünkohl, bis ich in einem Restaurant einen wunderbaren Grünkohlsalat aß. Ich mochte ihn, weil der Grünkohl in sehr kleine, dünne Streifen geschnitten war – nicht in große Stücke wie bei den meisten anderen Salaten. Seitdem habe ich viele Grünkohlsalate zubereitet und genossen. Dieser Salat mit seinem frischen und einfachen Zitronen-Honig-Dressing, Birnen, Grünkohl, Paprikaschoten und Ziegenkäse ist perfekt für ein leichtes, aber köstliches Mittagessen geeignet.

VORBEREITUNGSZEIT: 15 MINUTEN / GARZEIT: 0 / PORTIONEN: 4

- 150 g Grünkohl
- 60 ml Olivenöl
- 60 ml frisch gepresster Zitronensaft
- 1 EL (15 ml) Honig
- ½ TL gemahlener Kreuzkümmel
- Salz und frisch gemahlener schwarzer Pfeffer
- 2 große Birnen, entkernt und in dünne Streifen geschnitten
- 1 rote Paprikaschote, entkernt und in dünne Streifen geschnitten
- 40 g Sonnenblumenkerne
- 120 g Ziegenkäse, zerkrümelt

Den Grünkohl waschen, trocken schütteln und in kleine, dünne Streifen schneiden.

In einer großen Schüssel Olivenöl, Zitronensaft, Honig, Kreuzkümmel sowie Salz und schwarzen Pfeffer nach Geschmack verquirlen.

Grünkohl, Birnen, Paprikastreifen, Sonnenblumenkerne und Ziegenkäse hinzufügen und alles gut mischen.

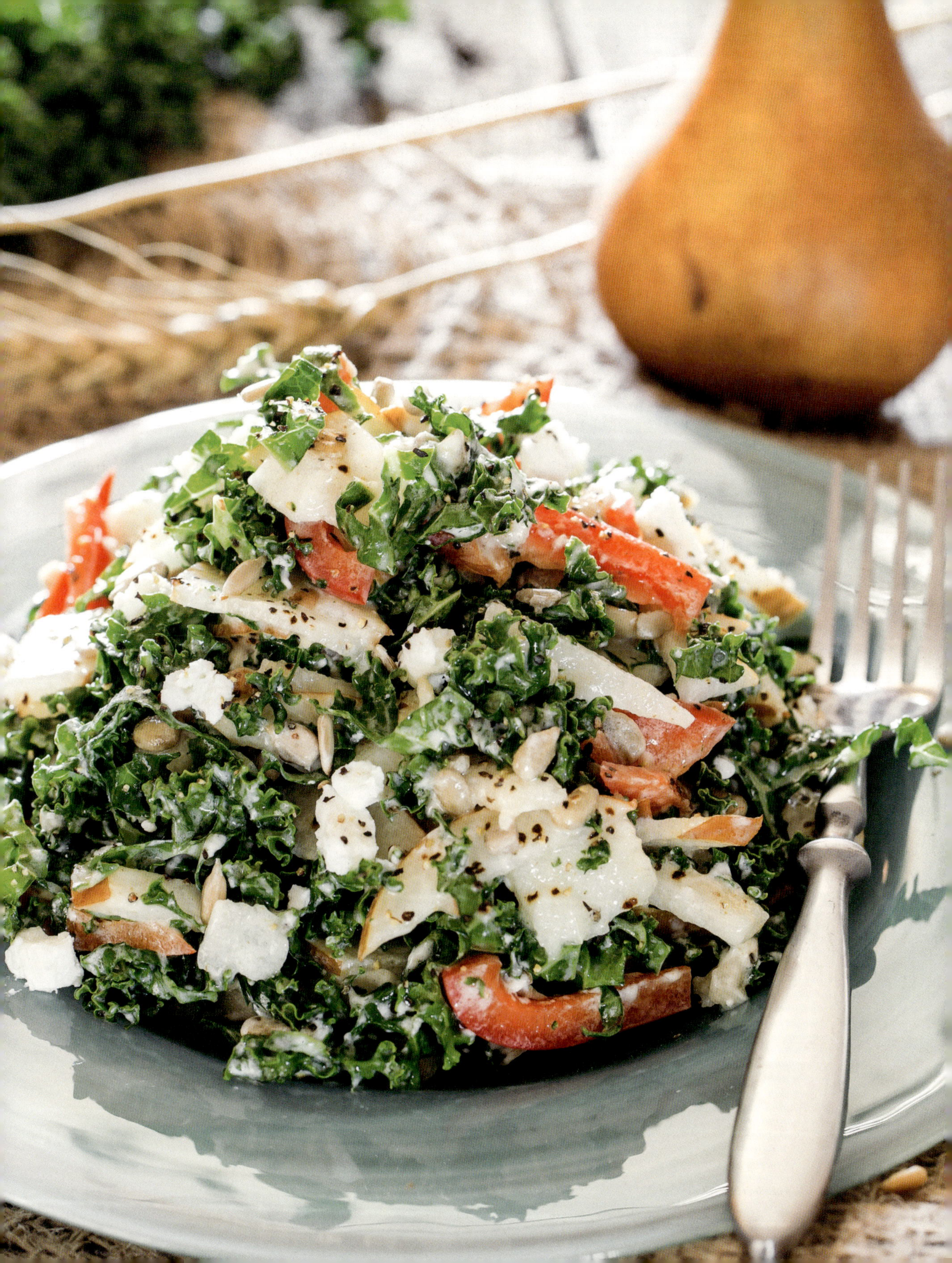

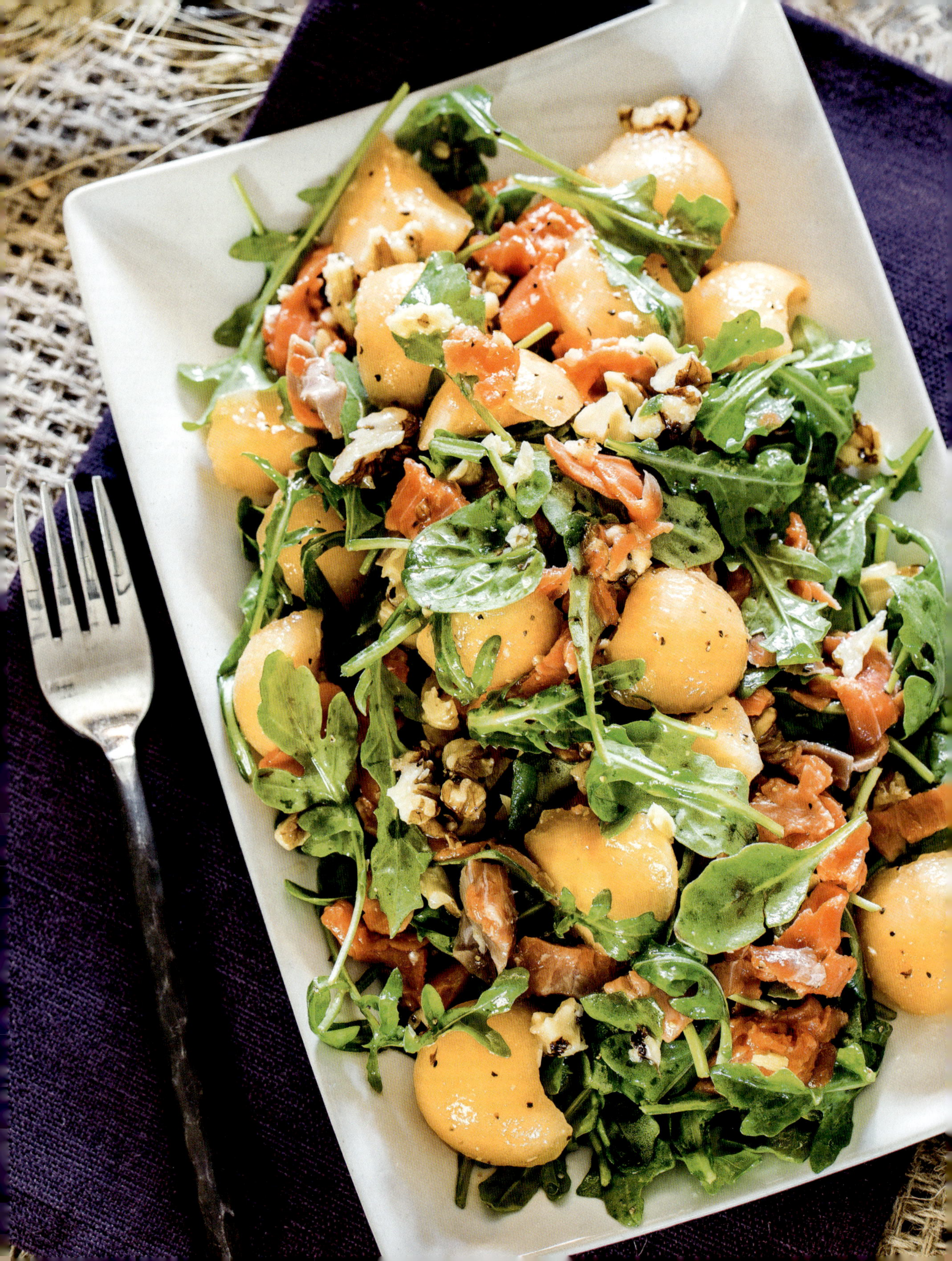

RUCOLA-MELONEN-SALAT MIT RÄUCHERLACHS

Räucherlachs und Cantaloupe-Melone sind eine ganz besondere, erfrischende und perfekte Kombination. Dieser Salat eignet sich hervorragend als leichtes, frisches und sättigendes Mittagessen. Das einfache Dressing wird aus Honig, Zitronensaft und Traubenkernöl gemacht. Auch zu einem Picknick passt dieser Salat ideal: einfach das Dressing separat mitnehmen und vor dem Servieren über den Salat träufeln.

VORBEREITUNGSZEIT: 15 MINUTEN / GARZEIT: 0 MINUTEN / PORTIONEN: 4

---

125 g Räucherlachs, gehackt
200 g Cantaloupe-Melone, gewürfelt
50 g junger Rucola
25 g Walnüsse, gehackt
2 EL (30 ml) Traubenkernöl
2 EL (30 ml) frisch gepresster Zitronensaft
1 TL (5 ml) Honig
Salz und frisch gemahlener schwarzer Pfeffer

In einer großen Schüssel Räucherlachs, Cantaloupe-Melone, jungen Rucola und Walnüsse mischen.

In einer kleinen Schale Traubenkernöl, Zitronensaft, Honig, Salz und Pfeffer nach Geschmack verquirlen. Vor dem Servieren über den Salat träufeln.

HINWEIS: Wenn Sie den Salat nicht sofort servieren, sollten Sie das Dressing in einem luftdicht abgeschlossenen Behältnis aufbewahren.

EINE SCHÜSSEL

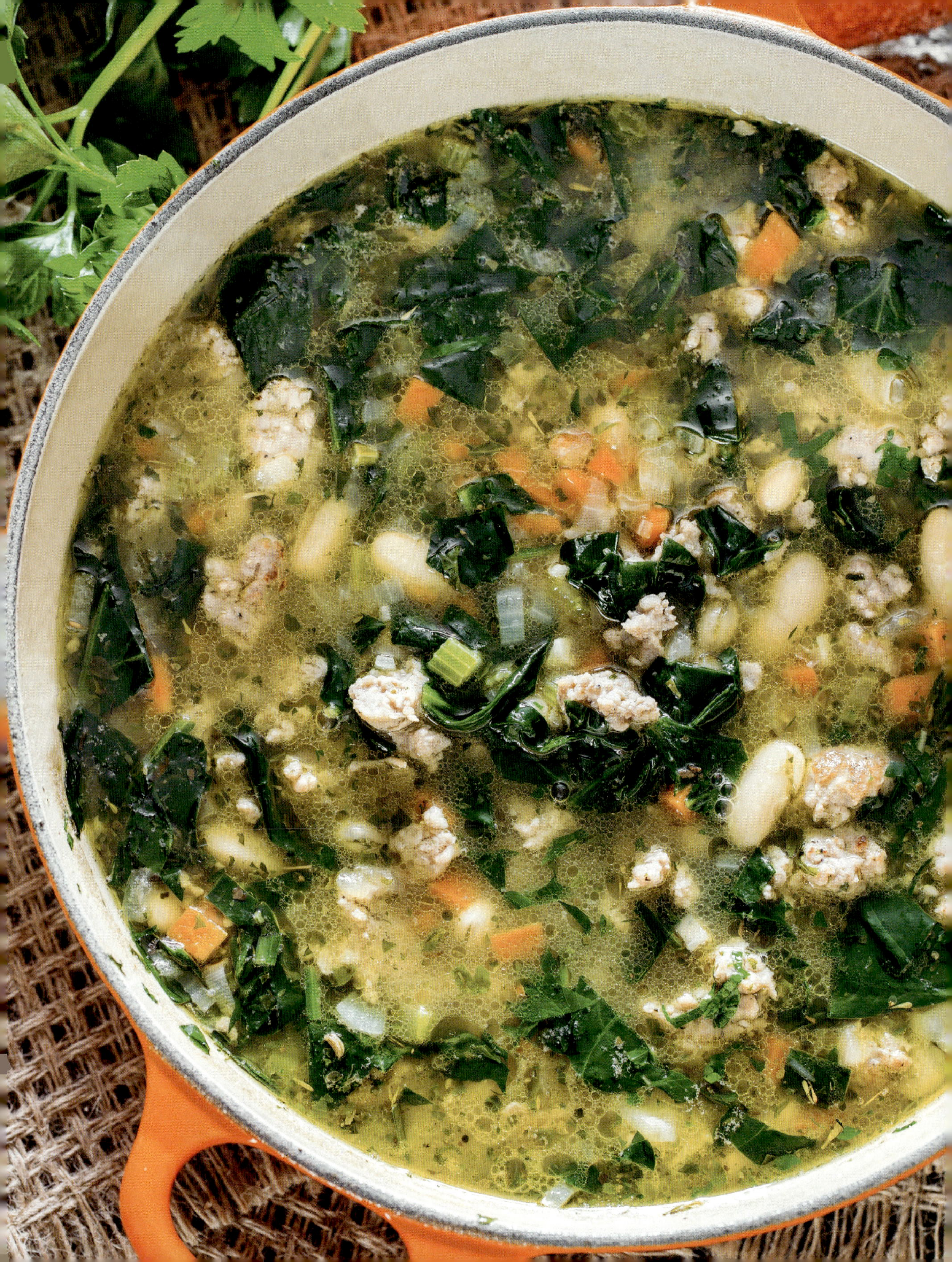

EIN SCHMORTOPF

Ein Schmortopf ist ein großer und schwerer, gusseiserner Kochtopf, den es schon seit Hunderten von Jahren gibt. Schmortöpfe eignen sich hervorragend für One-Pot-Gerichte, von Suppen über Eintöpfe bis hin zu Aufläufen, und passen perfekt für die Zubereitung von Winter- oder Herbstmahlzeiten. Sie können vom Herd in den Backofen geschoben werden und sind ideal für herzhafte Speisen.

Ein Schmortopf kann recht teuer sein, und in der Regel ist der Preis ein Hinweis auf die Qualität des Topfs. Ich empfehle Ihnen, den besten zu kaufen, den Sie sich leisten können. Schmortöpfe sind vielseitig einsetzbar, und Sie werden die Investition nicht bereuen.

Viele Menschen mögen von Schmortöpfen abgeschreckt sein, da sie nicht nur kostspielig, sondern auch schwer sind (definitiv nicht in einer Hand allein zu tragen), doch sie sind es wirklich wert, und außerdem können sie ziemlich leicht gereinigt werden. Wenn Sie einen Schmortopf aussuchen, sollten Sie weise wählen. Schmortöpfe sind in der Regel emailliert, und schlechte Emaille kann leicht abplatzen, sodass eine Reparatur kaum möglich ist. Außerdem sollten Sie darauf achten, ein Exemplar mit einem Deckel zu kaufen, der gut passt.

Jeder Koch muss unbedingt einen Schmortopf haben, und wenn Sie ihn erst einmal benutzen, werden Sie ihn nicht mehr hergeben wollen.

Als Alternative kann auch ein schwerer, tiefer Topf oder ein ofenfester Suppentopf verwendet werden.

EINFACHER UND SCHNELLER SPARGEL-HÄHNCHEN-REISTOPF

Ich erinnere mich, dass bei uns zu Hause, als ich ein Kind war, häufig ein Hähnchen-Reistopf auf den Tisch kam. Meine Mutter bereitete ihre »Pilaw«-Version mindestens einmal pro Woche zu. Es handelt sich dabei um eine preiswerte Mahlzeit, die aber aromatisch und köstlich sein kann. Die Variante meiner Mutter war ziemlich einfach und enthielt Zwiebeln, Karotten und Sellerie sowie das Hähnchenfleisch, das sie gerade zur Hand hatte, also Hähnchenober- oder -unterkeulen – das war's. Obwohl ein solcher Reistopf ein einfaches Gericht ist, gehörte es zu meinen Lieblingsessen.

Meine Version hier unterscheidet sich nicht allzu sehr, wird aber mit grünem Spargel und roten Paprikaschoten zubereitet und bietet darüber hinaus die Aromen von Zwiebeln, Knoblauch und Hühnerfond.

VORBEREITUNGSZEIT: 5 MINUTEN / GARZEIT: 23 MINUTEN / PORTIONEN: 6

---

2 EL (30 g) ungesalzene Butter

500 g Hähnchenbrust ohne Haut und Knochen, in kleine Würfel geschnitten

1 Zwiebel, gehackt

1 rote Paprikaschote, entkernt und klein geschnitten

3 Knoblauchzehen, fein gehackt

Salz und frisch gemahlener schwarzer Pfeffer

150 g ungegarter Langkornreis

500 ml Hühnerfond

2 Brühwürfel (vom Hähnchen) à 10 g

1 Bund grüner Spargel (etwa 12 Stangen), in 2 bis 3 cm lange Stücke geschnitten

frische Petersilie zum Garnieren

Die Butter in einem Schmortopf auf mittlerer Stufe schmelzen. Das gewürfelte Hähnchenfleisch hinzufügen und etwa 5 Minuten garen, bis es nicht mehr rosa ist.

Zwiebeln, rote Paprika und Knoblauch unterrühren. Mit Salz und schwarzem Pfeffer würzen und weitere 3 Minuten garen, bis die Zwiebeln weich sind.

Reis, Hühnerfond und Brühwürfel hinzufügen und umrühren. Den Topf abdecken und 10 Minuten garen, dann den Spargel hinzufügen und weitere 5 Minuten kochen, bis der Reis gar ist und die gesamte Flüssigkeit aufgenommen hat.

Gegebenenfalls mit Salz und Pfeffer würzen und mit Petersilie garnieren.

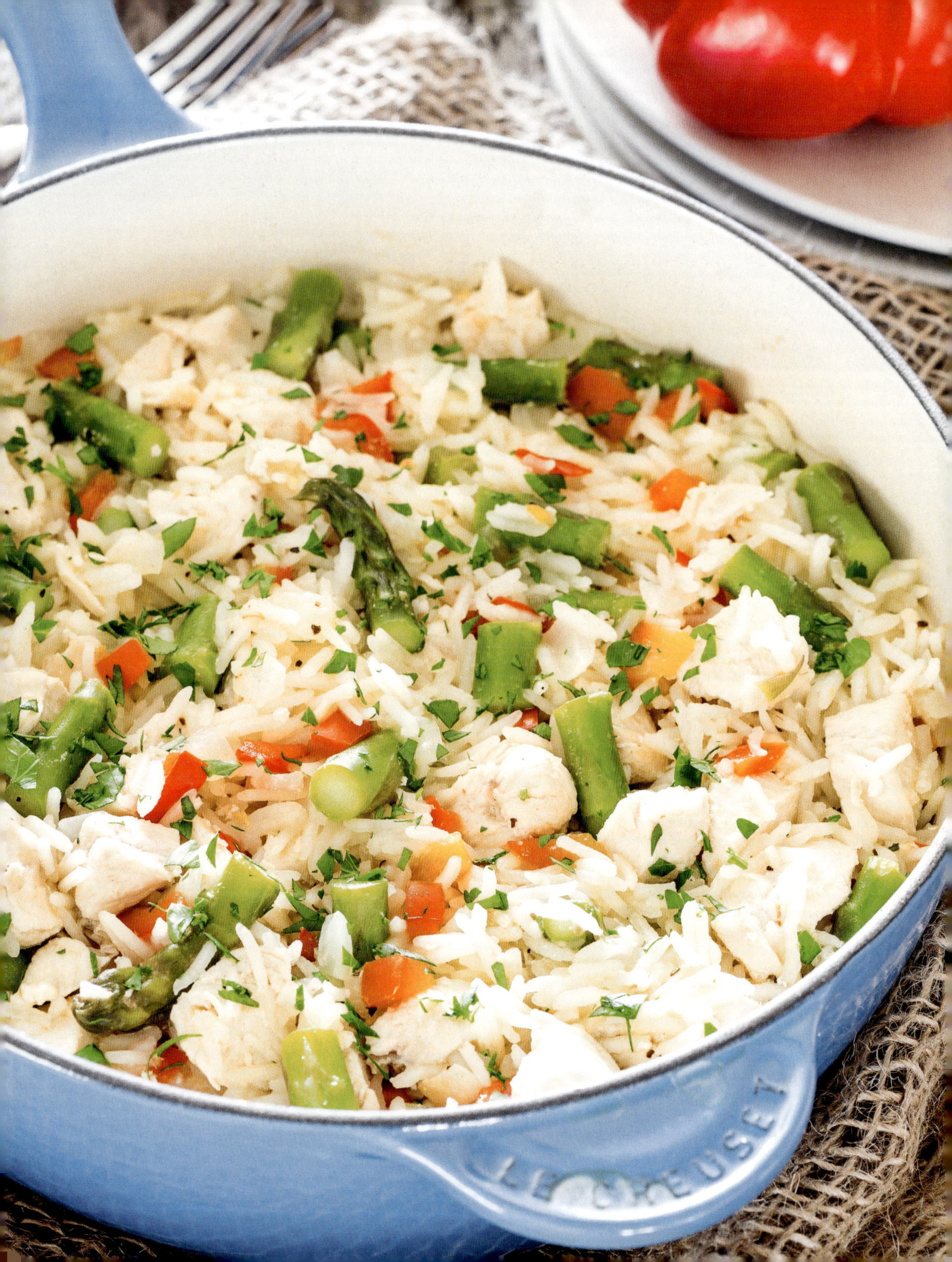
LE CREUSET

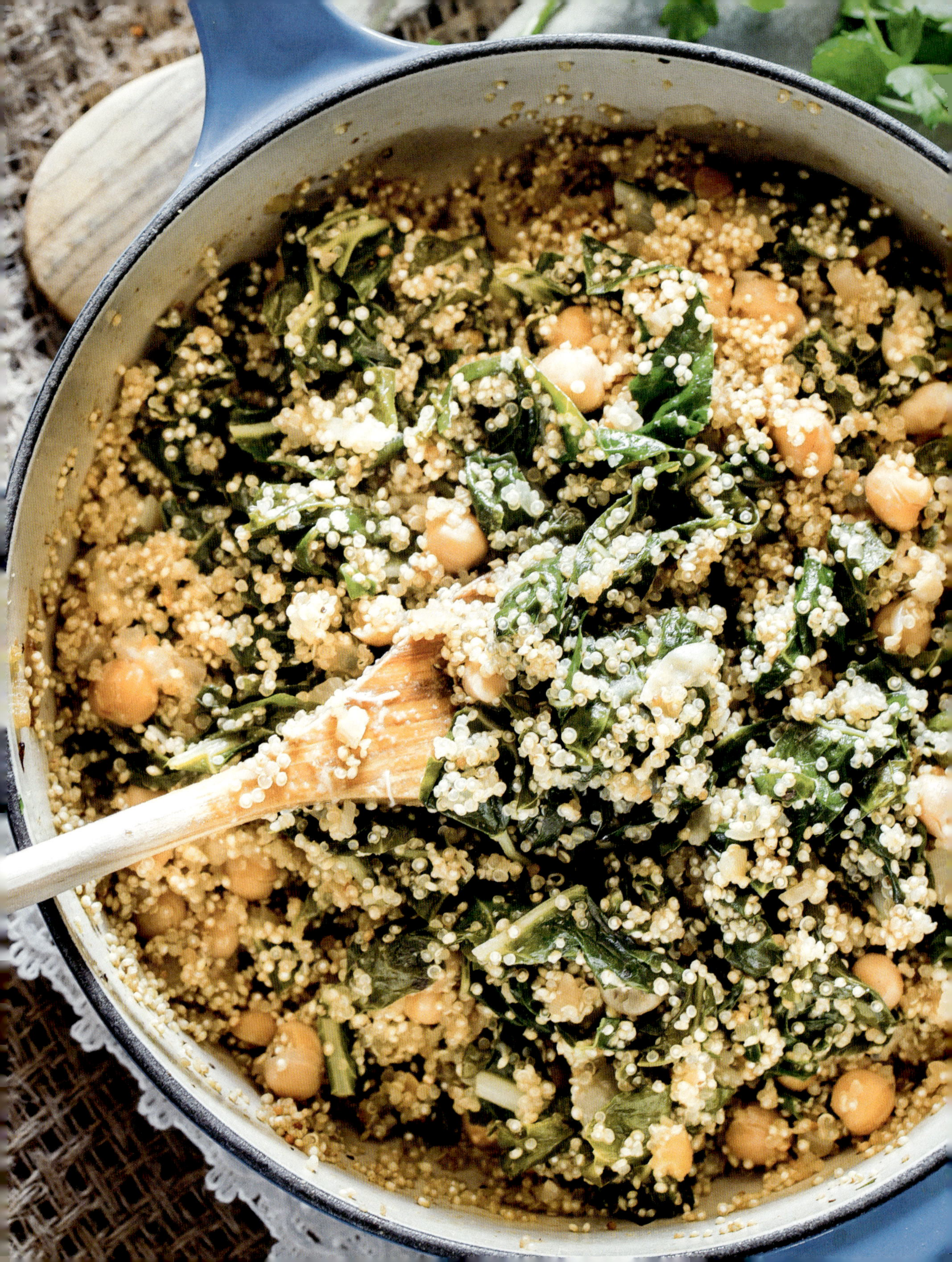

MANGOLD-KICHERERBSEN-QUINOA

Das ist ein einfaches Gericht mit mediterraner Anmutung, das als Beilage oder Hauptgericht serviert werden kann. Es ist sehr wohltuend und obendrein gesund, also gut für Sie. Mangold und Kichererbsen gehen hier eine perfekte Kombination ein und liefern einen tollen Gegensatz im Hinblick auf ihre Konsistenz.

VORBEREITUNGSZEIT: 5 MINUTEN / GARZEIT: 18 BIS 23 MINUTEN / PORTIONEN: 4

2 EL (30 ml) Olivenöl
1 Zwiebel, gehackt
400 g Kichererbsen aus der Dose
1 Bund Mangold, Stiele entfernt, grob gehackt
1 TL (2 bis 3 g) gemahlener Kreuzkümmel
1 TL (3 g) Knoblauchpulver
Salz und frisch gemahlener schwarzer Pfeffer
500 ml Hühnerfond
120 g ungegarte Quinoa

In einem Schmortopf das Olivenöl erhitzen. Zwiebeln hinzufügen und etwa 5 Minuten braten, bis die Zwiebeln weich zu werden beginnen.

Kichererbsen, Mangold, Kreuzkümmel, Knoblauchpulver, Salz und Pfeffer nach Geschmack hinzufügen und 3 Minuten braten, bis der Mangold in sich zusammenzufallen beginnt.

Hühnerfond und Quinoa unterrühren. Weitere 10 bis 15 Minuten garen, bis die Quinoa weich ist. Abschmecken und gegebenenfalls mit Salz und Pfeffer nachwürzen.

QUINOA-PILAW MIT PUTE UND PILZEN

Dieses Pilaw-Rezept ist eine Variante eines traditionelleren Pilaws, wobei der Reis durch Quinoa ersetzt wird, Putenbrust statt Hähnchen zum Einsatz kommt und Shiitake-Pilze das Hauptgemüse darstellen. Es ist ein sehr einfaches und schnell zubereitetes Gericht, nährstoffreich, köstlich und sättigend.

VORBEREITUNGSZEIT: 5 MINUTEN / GARZEIT: 20 BIS 25 MINUTEN / PORTIONEN: 4

---

1 EL (15 ml) Olivenöl

250 g Putenbrust, in 2 bis 3 cm lange Stücke geschnitten

1 Zwiebel, gehackt

2 Knoblauchzehen, fein gehackt

1 Stange Sellerie, gehackt

150 g Shiitake-Pilze, gehackt

¼ TL Kurkumapulver

120 ml Weißwein

Salz und frisch gemahlener schwarzer Pfeffer

200 g ungegarte Quinoa

500 ml salzarmer Hühnerfond

70 g tiefgefrorene Erbsen

1 EL (4 g) gehackte frische Petersilie

Das Olivenöl in einem Schmortopf auf mittlerer bis hoher Stufe erhitzen, dann das Putenfleisch hinzufügen und 5 Minuten braten, bis es nicht mehr rosa ist und beginnt, golden zu werden.

Zwiebeln, Knoblauch, Sellerie und Pilze hinzufügen und 5 Minuten braten, bis das Gemüse weich zu werden beginnt.

Kurkuma und Weißwein hinzufügen, nach Geschmack mit Salz und Pfeffer würzen.

Quinoa, Hühnerfond und tiefgefrorene Erbsen unterrühren. Die Hitze auf mittlere Stufe reduzieren, dann unter gelegentlichem Rühren weitere 10 Minuten kochen, bis die Quinoa gar ist.

Vor dem Servieren mit gehackter Petersilie bestreuen.

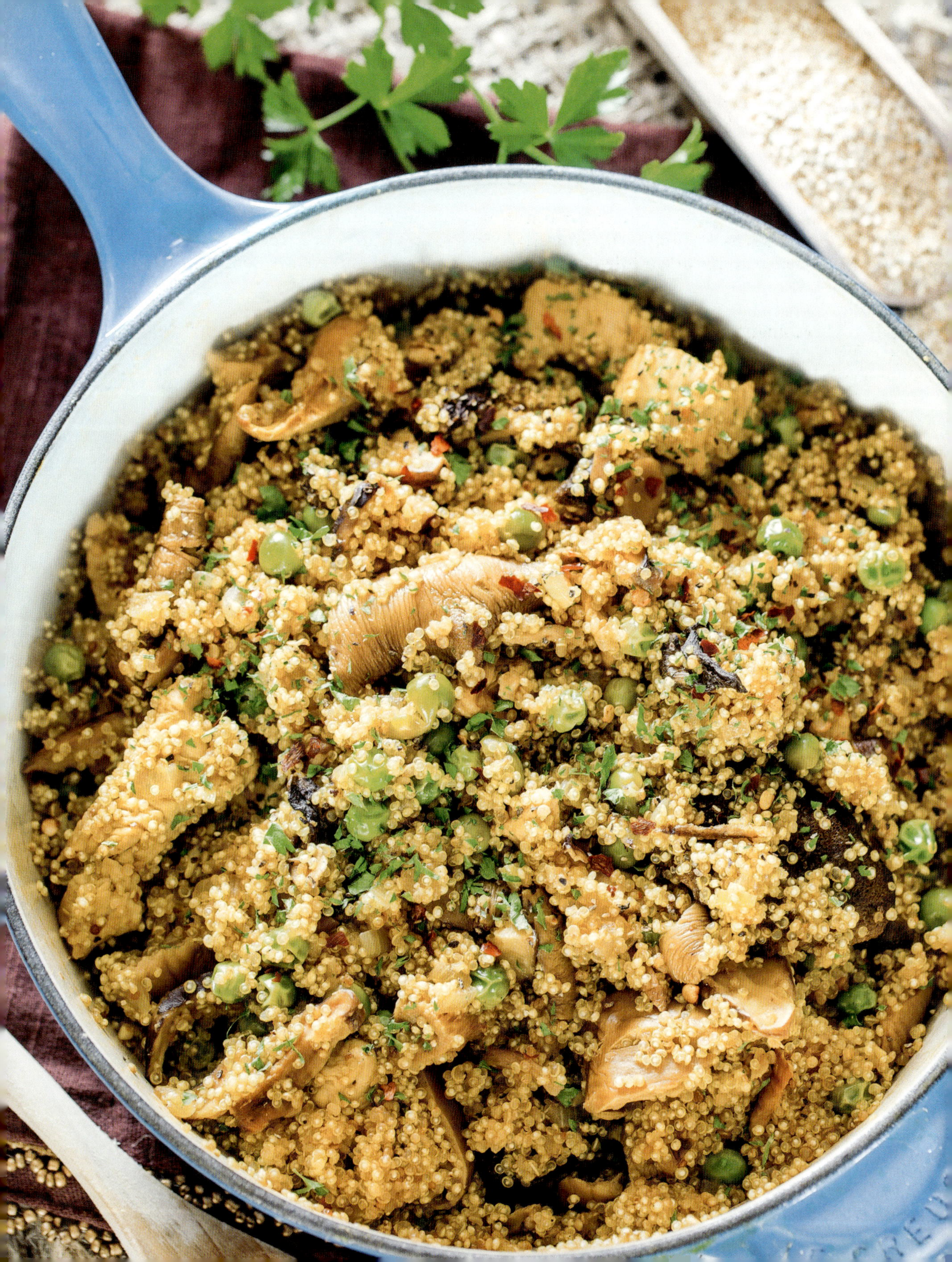

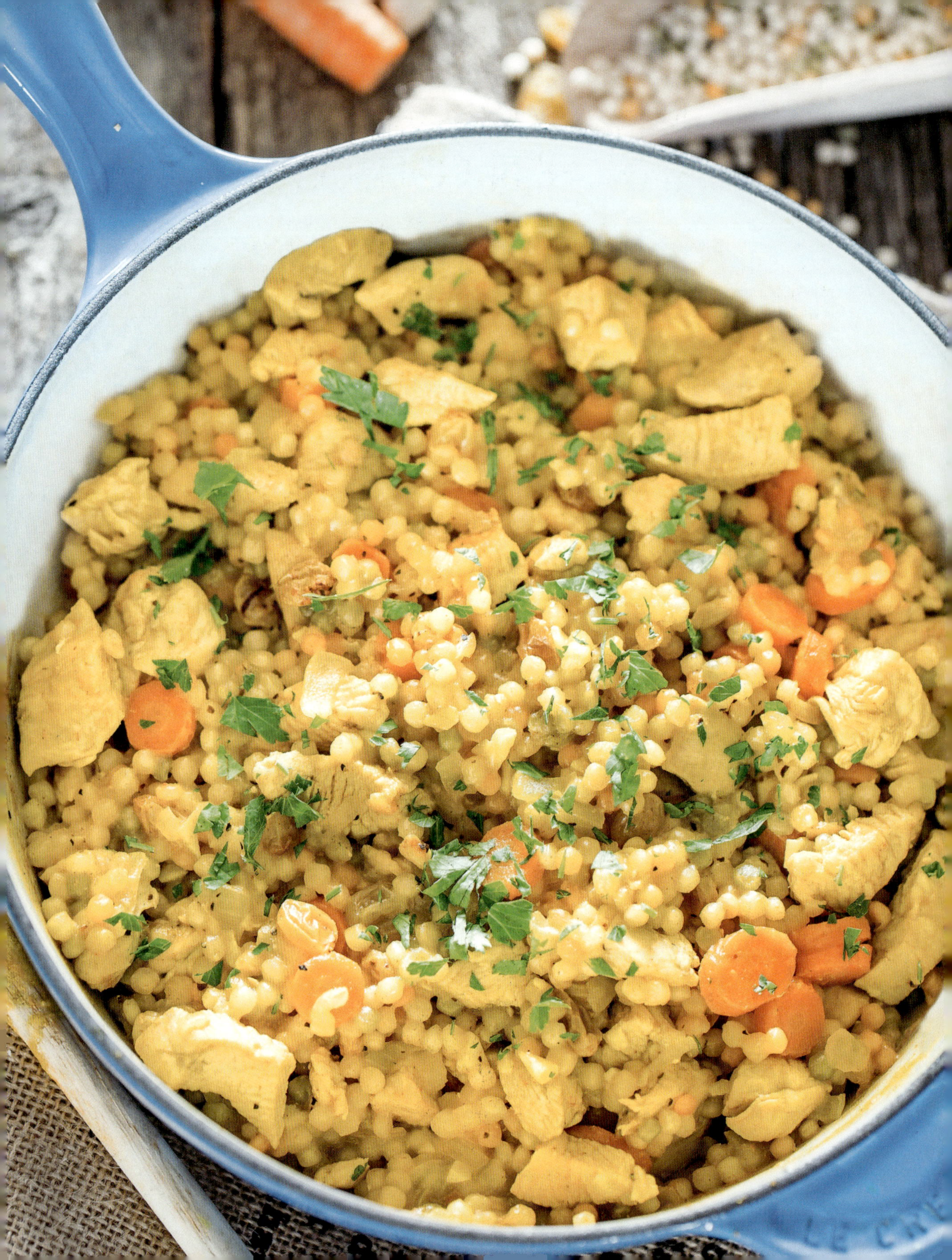

MAROKKANISCHER HÄHNCHEN-COUSCOUS

Es handelt sich hierbei um ein leckeres Hähnchengericht, das wirklich schnell gekocht und einfach zu machen ist, aber trotzdem voller toller Aromen steckt. Die marokkanische Küche lernte ich vor vielen Jahren kennen, und ich habe mich in all ihre Gewürze und Aromen verliebt. Zu den Gewürzen gehören Zimt, Kurkuma, Kreuzkümmel, Safran, Paprika, Gewürznelken, Kümmel und Fenchel, um nur einige zu nennen. Auch Kräuter kommen in der marokkanischen Küche häufig zum Einsatz, beispielsweise Minze, Petersilie und Koriander.

Dieses Hähnchengericht vereint einige der tollen Kräuter und verwendet Couscous, der bei marokkanischen Gerichten sehr häufig zum Einsatz kommt. Bei Couscous handelt es sich um zerkleinerten Hartweizengrieß, der sich perfekt für schnelle Speisen eignet, da er in ungefähr 5 Minuten gar ist.

VORBEREITUNGSZEIT: 5 MINUTEN / GARZEIT: 20 MINUTEN / PORTIONEN: 4 BIS 6

---

1 EL (15 ml) Olivenöl
2 Hähnchenbrustfilets ohne Haut und Knochen, in Würfel geschnitten
1 kleine Zwiebel, gehackt
4 Knoblauchzehen, fein gehackt
1 mittelgroße Karotte, gehackt
40 g Sultaninen
1 TL (2 bis 3 g) Kurkumapulver
1 TL (2 bis 3 g) gemahlener Kreuzkümmel
200 g ungegarter Couscous
500 ml Hühnerfond
Salz und frisch gemahlener schwarzer Pfeffer
1 EL (15 ml) frisch gepresster Zitronensaft
1 Lorbeerblatt
1 EL (4 g) gehackte frische Petersilie

In einem Schmortopf das Olivenöl auf mittlerer bis hoher Stufe erhitzen. Hähnchen, Zwiebeln, Knoblauch, Karotten und Sultaninen hinzufügen. Umrühren und etwa 8 Minuten garen lassen, bis das Hähnchen nicht mehr rosa ist.

Kurkuma und Kreuzkümmel unterrühren. Couscous und Hühnerfond hinzufügen und umrühren.

Gegebenenfalls mit Salz und Pfeffer würzen. Zitronensaft und Lorbeerblatt hinzufügen und zum Kochen bringen.

Die Hitze auf mittlere Stufe reduzieren und unter gelegentlichem Rühren 5 bis 10 Minuten köcheln lassen, bis der Couscous gar ist.

Das Lorbeerblatt entfernen und das Gericht vor dem Servieren mit Petersilie garnieren.

UNKOMPLIZIERTE BIER-CHEDDAR-SUPPE

Bierliebhaber aufgepasst! Ja, diese Suppe schmeckt nach Bier – wenn Sie also Bier lieben, werden Sie auch den intensiven Geschmack dieser sämigen Suppe mögen. Falls Sie kein Fan von Bier sind, könnte diese Suppe vielleicht Ihre Meinung ändern. Doch was ich an dieser Suppe am meisten liebe, ist, dass sie so einfach zuzubereiten ist: Es ist nur sehr wenig Vorbereitungszeit erforderlich, und im Grunde müssen Sie in erster Linie abwarten, bis die Suppe fertig gekocht ist. Es ist keine Plackerei am Herd erforderlich. Bringen Sie einfach nur einen gesunden Appetit mit.

VORBEREITUNGSZEIT: 5 MINUTEN / GARZEIT: 25 MINUTEN / PORTIONEN: 4 BIS 6

- 4 EL (60 g) ungesalzene Butter
- 1 Stange Sellerie, fein gehackt
- 1 kleine Zwiebel, gehackt
- 1 Paprikaschote, entkernt und klein geschnitten
- 2 Knoblauchzehen, fein gehackt
- 30 g Allzweckmehl
- 1 TL (1,4 g) getrockneter Thymian
- 333 ml Bier aus der Flasche (ein gutes Bier nach Wahl)
- 350 ml Hühnerfond
- 250 ml Crème double
- 120 g kräftiger gelber Cheddar plus etwas mehr zum Garnieren
- 120 g geräucherter Cheddar
- Salz und frisch gemahlener schwarzer Pfeffer
- frische Petersilie, gehackt
- 2 Scheiben gebratener Bacon, gehackt

Die Butter in einem großen Schmortopf oder einem Suppentopf auf mittlerer bis hoher Stufe schmelzen. Sellerie, Zwiebeln, Paprika und fein gehackten Knoblauch darin etwa 5 Minuten braten, bis das Gemüse weich und die Zwiebel glasig ist.

Das Mehl hinzufügen und verrühren, bis das Gemüse überzogen ist. Thymian, Bier, Hühnerfond und Crème double hinzufügen und gut verrühren. Zum Kochen bringen und dann die Hitze auf mittlere Stufe reduzieren. Etwa 15 Minuten kochen, damit das Gemüse weicher wird.

Den Topf vom Herd nehmen und die beiden Cheddarsorten unterrühren. Gegebenenfalls mit Salz und Pfeffer würzen. Der Käse schmilzt schnell.

Mit Petersilie garniert servieren, ein wenig zusätzlichen geriebenen Cheddar und etwas gebratenen Bacon darüberstreuen.

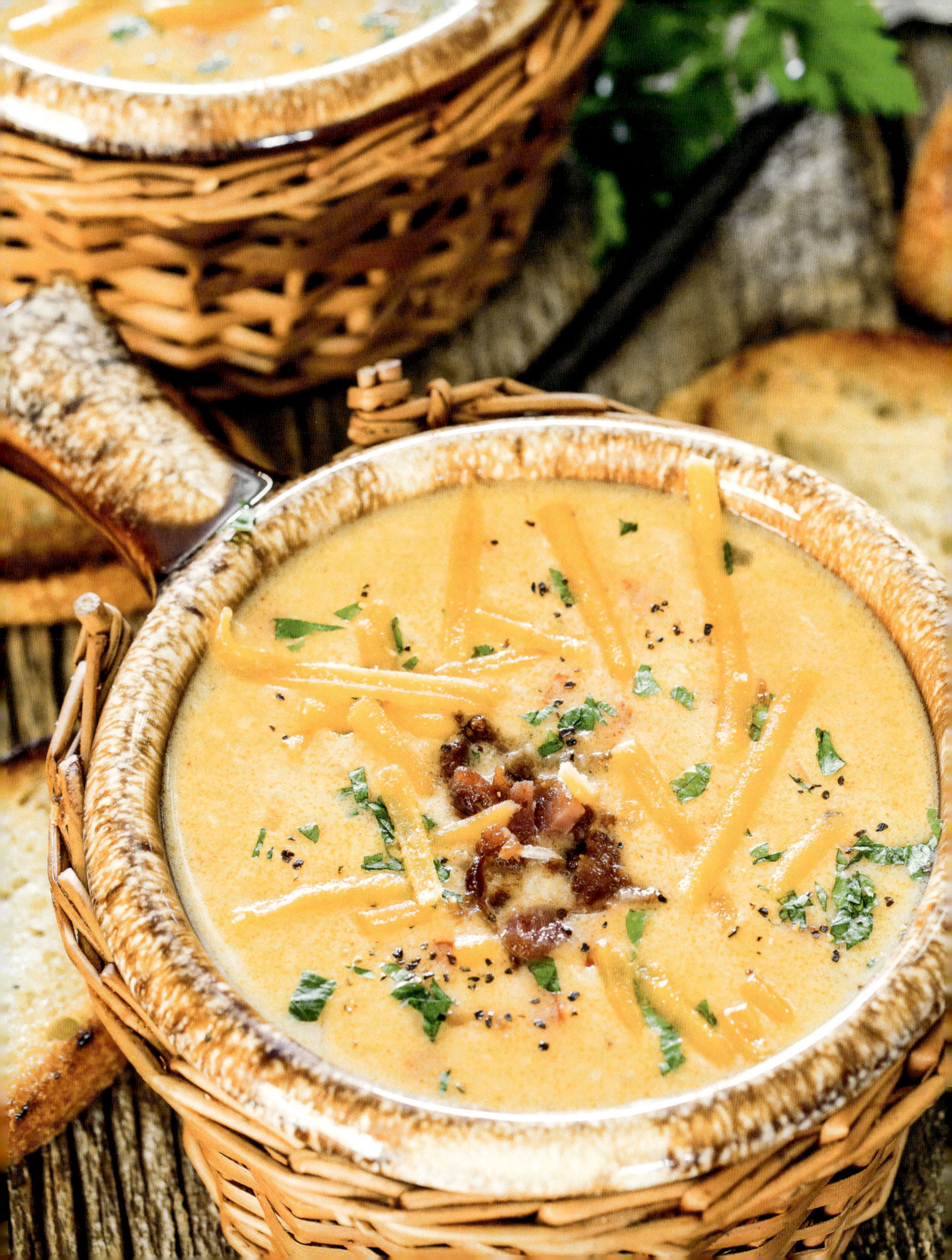

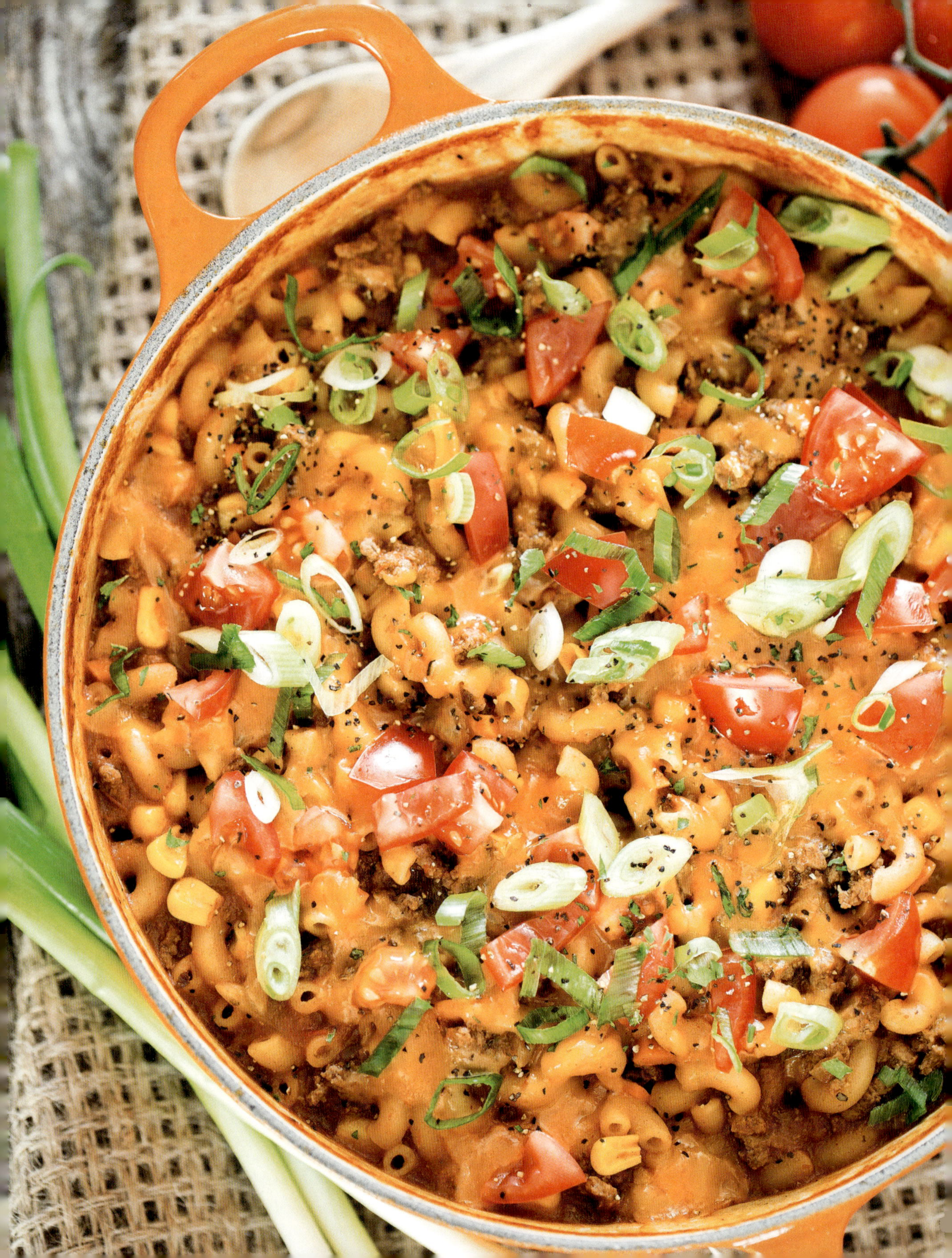

GENIALE HAMBURGER AUS DEM TOPF

Noch nie waren One-Pot-Gerichte einfacher oder leckerer. Dies ist die Gourmetvariante eines Hamburgers – äußerst aromatisch und kräftig gewürzt. Den Schärfegrad können Sie an Ihren Geschmack anpassen, indem Sie mehr oder weniger Sriracha-Soße und Chili verwenden. Nichts schmeckt besser als dieser amerikanische Klassiker! Meine Version steckt voller Rindfleisch, Käse und köstlichen Aromen.

VORBEREITUNGSZEIT: 10 MINUTEN / GARZEIT: 18 BIS 20 MINUTEN / PORTIONEN: 6

---

1 EL (15 ml) Olivenöl
1 Zwiebel, gehackt
1 kleine Karotte, gehackt
1 Stange Sellerie, gehackt
500 g mageres Rinderhackfleisch
350 g ungegarte Makkaroni
500 ml Wasser
70 g gefrorener Mais
500 ml salzarmer Hühnerfond
1 EL (15 ml) Sriracha-Soße (siehe Hinweis)
½ TL Chilipulver
1 TL (1 g) getrockneter Oregano
1 TL (3 g) Knoblauchpulver
300 g gewürfelte Tomaten aus der Dose
2 EL (30 ml) Tomatenmark
Salz und frisch gemahlener schwarzer Pfeffer
350 g Cheddar, gerieben
3 Frühlingszwiebeln, gehackt
1 Tomate, gehackt

Das Olivenöl in einem Schmortopf auf mittlerer bis hoher Stufe erhitzen.

Zwiebeln, Karotten und Sellerie hinzufügen und 5 Minuten braten, bis die Zwiebeln weich sind. Rinderhackfleisch hinzufügen und 3 Minuten braten, bis es nicht mehr rosa ist.

Wasser, Makkaroni, gefrorenen Mais, Hühnerfond, Sriracha-Soße, Chilipulver, Oregano, Knoblauchpulver, gewürfelte Tomaten und Tomatenmark hinzufügen und gut umrühren. Abschmecken und mit Salz und Pfeffer abschmecken.

Weitere 10 bis 12 Minuten kochen, bis die Makkaroni gar sind. Die gesamte Flüssigkeit sollte aufgenommen sein. Den Cheddar unterrühren.

Mit Frühlingszwiebeln und gewürfelter Tomate bestreuen.

HINWEIS: Sriracha-Soße ist eine scharfe Soße, die aus Chilischoten, Essig, Knoblauch, Zucker und Salz hergestellt wird. Wenn Sie keine Sriracha-Soße haben, können Sie stattdessen Ihre bevorzugte scharfe Soße verwenden.

UNGARISCHES SCHWEINEGULASCH

Ich wurde in Osteuropa geboren und wuchs mit Speisen wie diesem Gulasch auf. Meine Mutter bereitete es fast jede Woche zu. Im Grunde handelt es sich um einen Kartoffeleintopf, der normalerweise mit Rindfleisch gekocht wird, doch ich habe mich in meiner Version für Schweinekoteletts entschieden. Wichtig beim Gulasch ist das Paprikapulver. Meistens wird edelsüßes Paprika verwendet, doch ich habe geräuchertes Paprikapulver gewählt, weil ich das rauchige Aroma sehr mag.

Das Geheimnis, um dieses Gulasch in 30 Minuten fertig zu haben: Sie sollten zuerst alle Zutaten einschließlich der Kartoffeln vorbereiten, dann geht es schneller. Die Kartoffeln brauchen ein wenig, bis sie fertig sind, doch sie können auf jeden Fall in rund 20 Minuten gar sein, und je kleiner Sie sie schneiden, desto schneller werden sie weich. Die Kartoffeln müssen nicht breiig werden, denn sie nehmen auch weiterhin die Flüssigkeit des Gulaschs auf, wenn dieses schon fertig ist. Achten Sie also darauf, dass die Kartoffeln beim Hineinstechen noch etwas fest sind, damit sie am Ende nicht matschig werden. Ich verwende in meinem Rezept als optionale Zutat Kümmel, der normalerweise hinzugefügt wird, um dem Gulasch ein erdiges Anisaroma zu verleihen. Kümmelsamen sind äußerst aromatisch und schmecken überraschend kräftig, wenn man bedenkt, wie klein sie sind.

VORBEREITUNGSZEIT: 5 MINUTEN / GARZEIT: 20 BIS 25 MINUTEN / PORTIONEN: 6

---

2 EL (30 ml) Olivenöl
1 kleine Zwiebel, gehackt
1 TL (3 g) Knoblauch, fein gehackt
1 Stange Sellerie, klein geschnitten
1 kleine grüne Paprikaschote, entkernt und klein geschnitten
2 große Kartoffeln, in Würfel mit 2,5 cm Seitenlänge geschnitten
4 Schweinekoteletts (insgesamt 500 g), in Würfel mit 2,5 cm Seitenlänge geschnitten
1 TL (1 bis 2 g) getrockneter Thymian
1 Lorbeerblatt
1 TL (2 g) Kümmelsamen (optional)
2 EL (15 g) geräuchertes Paprikapulver
400 g gewürfelte Tomaten aus der Dose
350 ml Gemüsefond
Salz und frisch gemahlener schwarzer Pfeffer

Das Olivenöl in einem großen Schmortopf oder großem Suppentopf auf mittlerer bis hoher Stufe erhitzen.

Zwiebeln, Knoblauch, Sellerie, Paprikaschote und Kartoffeln hinzufügen und umrühren. 3 Minuten garen, bis die Zwiebeln etwas weicher werden.

Schweinefleischwürfel, Thymian, Lorbeerblatt, Kümmelsamen und geräuchertes Paprikapulver hinzufügen und umrühren. 2 Minuten garen.

Gewürfelte Tomaten und Gemüsefond unterrühren und zum Kochen bringen. Gegebenenfalls mit Salz und Pfeffer würzen.

Die Hitze auf mittlere Stufe reduzieren und alles 15 bis 20 Minuten köcheln lassen, bis die Kartoffeln gar sind. Das Lorbeerblatt vor dem Servieren entfernen.

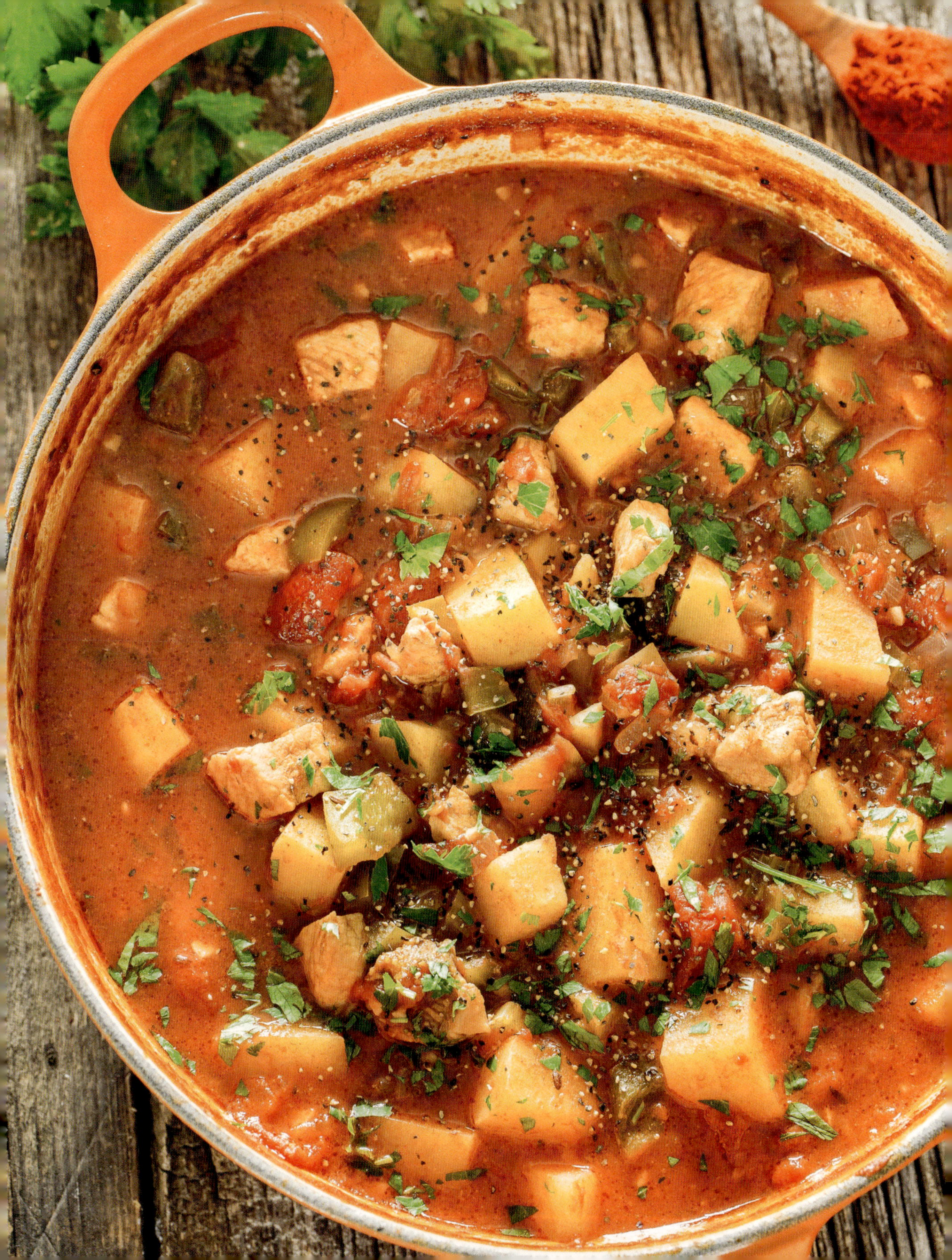

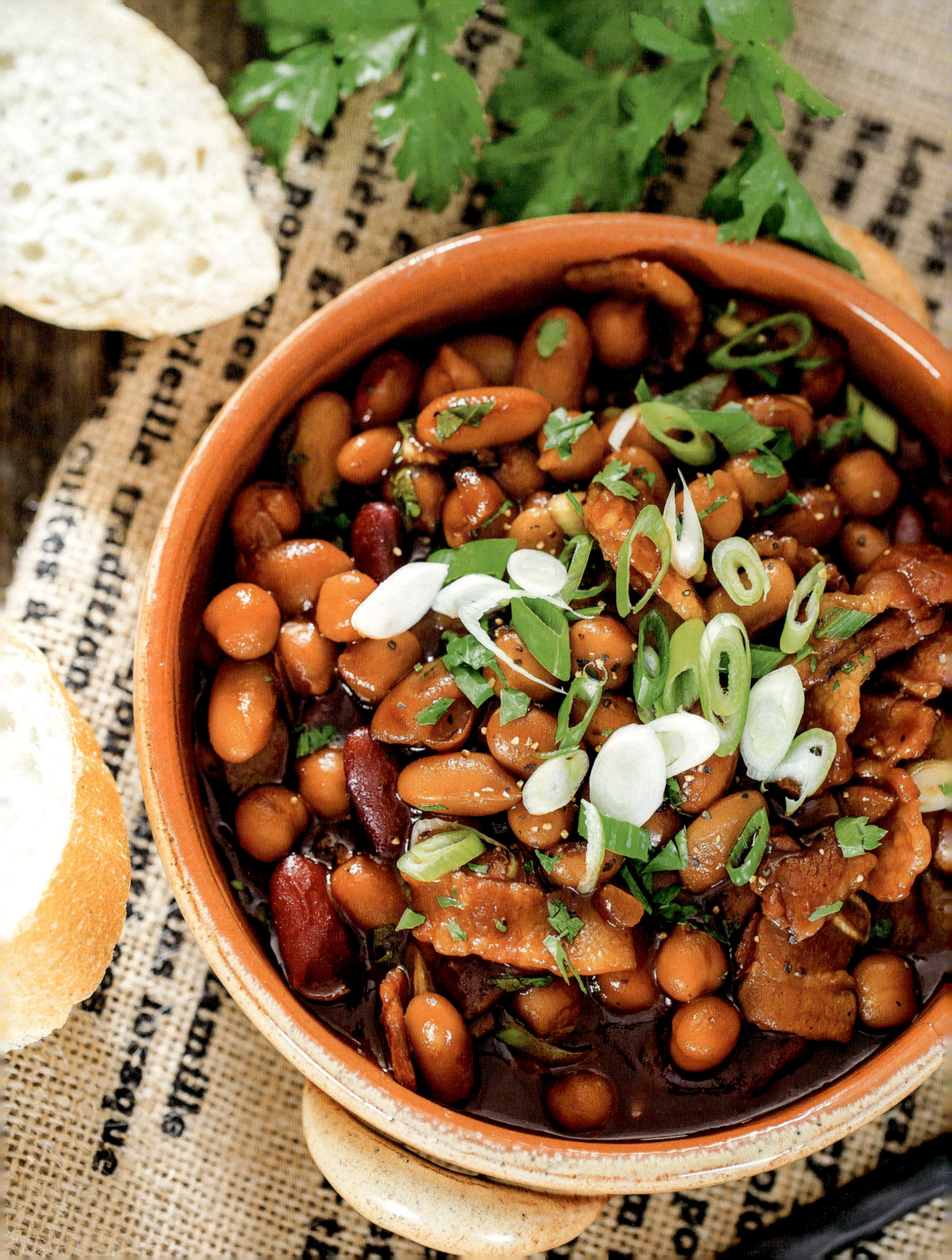

RAUCHIG-SCHARFER BOHNENEINTOPF MIT SPECK

Schweinefleisch und Bohnen gehören zu den besonders wohltuenden Speisen.
Es gibt viele Zubereitungsmöglichkeiten, doch die Grundzutaten sind immer dieselben:
Schweinefleisch und Bohnen.

In diesem Rezept wird Räucherspeck verwendet, der dem Gericht ein besonderes Aroma verleiht. Außerdem gebe ich Flüssigrauch hinzu, den Sie ebenso wie die Grillsoße in Ihrem Lebensmittelgeschäft finden. Die Zubereitung wird durch die Verwendung von gekaufter Grillsoße beschleunigt. Das Endergebnis ist beeindruckend: süße und würzige Bohnen mit köstlichem Speck und feinem Raucharoma, der von Speck und Flüssigrauch herrührt. Fertig ist das Ganze in 30 Minuten.

VORBEREITUNGSZEIT: 5 MINUTEN / GARZEIT: 25 MINUTEN / PORTIONEN: 6

---

4 Scheiben Räucherspeck, in kleine Stücke geschnitten

1 kleine Zwiebel, gehackt

120 ml dunkles Bier

120 ml Gemüsefond

240 ml fertige Grillsoße

1 EL (15 ml) Zuckerrübensirup

1 EL (15 g) brauner Zucker

2 TL (10 ml) Flüssigrauch

1 EL (15 ml) Sojasoße

2 EL (30 ml) scharfe Soße

1 EL (7 g) geräuchertes Paprikapulver

2 Dosen (à 500 g) gemischte oder weiße Bohnen

Salz und frisch gemahlener schwarzer Pfeffer

1 EL (4 g) gehackte frische Petersilie

2 Frühlingszwiebeln, gehackt

Den Speck in einem großen Schmortopf oder Suppentopf etwa 2 Minuten auslassen, dann die gehackten Zwiebeln hinzufügen und 3 weitere Minuten auf mittlerer bis hoher Stufe erhitzen, bis die Zwiebeln weich und glasig sind.

Bier, Gemüsefond, Grillsoße, Zuckerrübensirup, braunen Zucker, Flüssigrauch, Sojasoße, scharfe Soße und Paprika hinzufügen und gut umrühren. Bohnen unterrühren und gegebenenfalls mit Salz und Pfeffer würzen.

Zum Kochen bringen, die Hitze auf niedrige bis mittlere Stufe reduzieren und die Bohnen unter gelegentlichem Rühren 20 Minuten köcheln lassen.

Vom Herd nehmen und mit der frischen Petersilie und Frühlingszwiebeln garnieren.

GUINNESS-KRABBEN-SUPPE MIT CHEDDAR

Wenn Sie noch nie mit Bier gekocht haben, werden Sie überrascht feststellen, dass Bier eine tolle Zutat ist, insbesondere für Suppen. Hier verleiht das Guinness der Suppe ein tiefes, intensives Aroma. Doch lassen Sie uns nicht die Krabben und den Käse vergessen. Eine Schale dieser Suppe ist wohltuend und steckt voller köstlicher Aromen. Zum Servieren passen perfekt Sandwiches mit überbackenem Käse oder Toasts dazu.

VORBEREITUNGSZEIT: 5 MINUTEN / GARZEIT: 20 BIS 25 MINUTEN / PORTIONEN: 6

- 2 EL (30 g) ungesalzene Butter
- 1 Zwiebel, gehackt
- 1 Stange Sellerie, gehackt
- 3 Knoblauchzehen, fein gehackt
- 60 g Allzweckmehl
- 333 ml Guinness-Bier aus der Flasche
- 300 ml Milch
- 500 ml Hühnerfond
- 2 Dosen (ca. 250 g) Krabben
- 120 g Cheddar
- 340 g Schweizer Käse
- 1 Lorbeerblatt
- Salz und frisch gemahlener schwarzer Pfeffer
- 2 EL (8 g) gehackte Petersilie zum Garnieren

Die Butter in einem großen Schmortopf auf mittlerer bis hoher Stufe schmelzen. Zwiebeln, Sellerie und Knoblauch darin 5 Minuten unter Rühren braten, bis die Zwiebeln weich sind und glasig werden.

Das Mehl unterrühren, dann Bier, Milch und Hühnerfond hinzufügen. Alles vermengen, bis keine Mehlklümpchen mehr vorhanden sind.

Krabbenfleisch und beide Käsesorten hinzufügen. Lorbeerblatt hineingeben, mit Salz und Pfeffer nach Geschmack würzen.

15 bis 20 Minuten unter gelegentlichem Rühren auf mittlerer Stufe garen. Die Suppe sollte leicht eindicken.

Vor dem Servieren das Lorbeerblatt entfernen und die Suppe mit Petersilie garnieren.

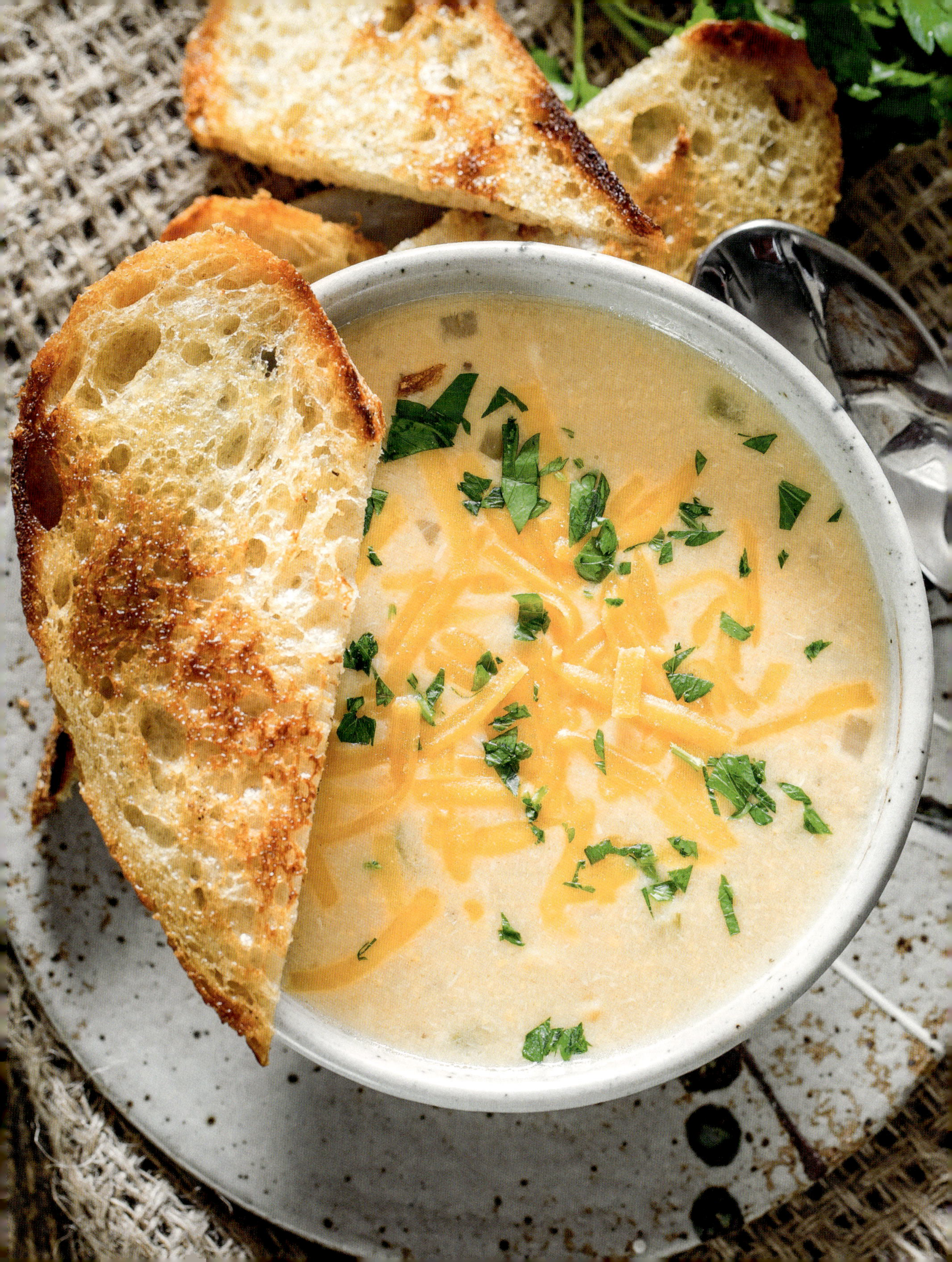

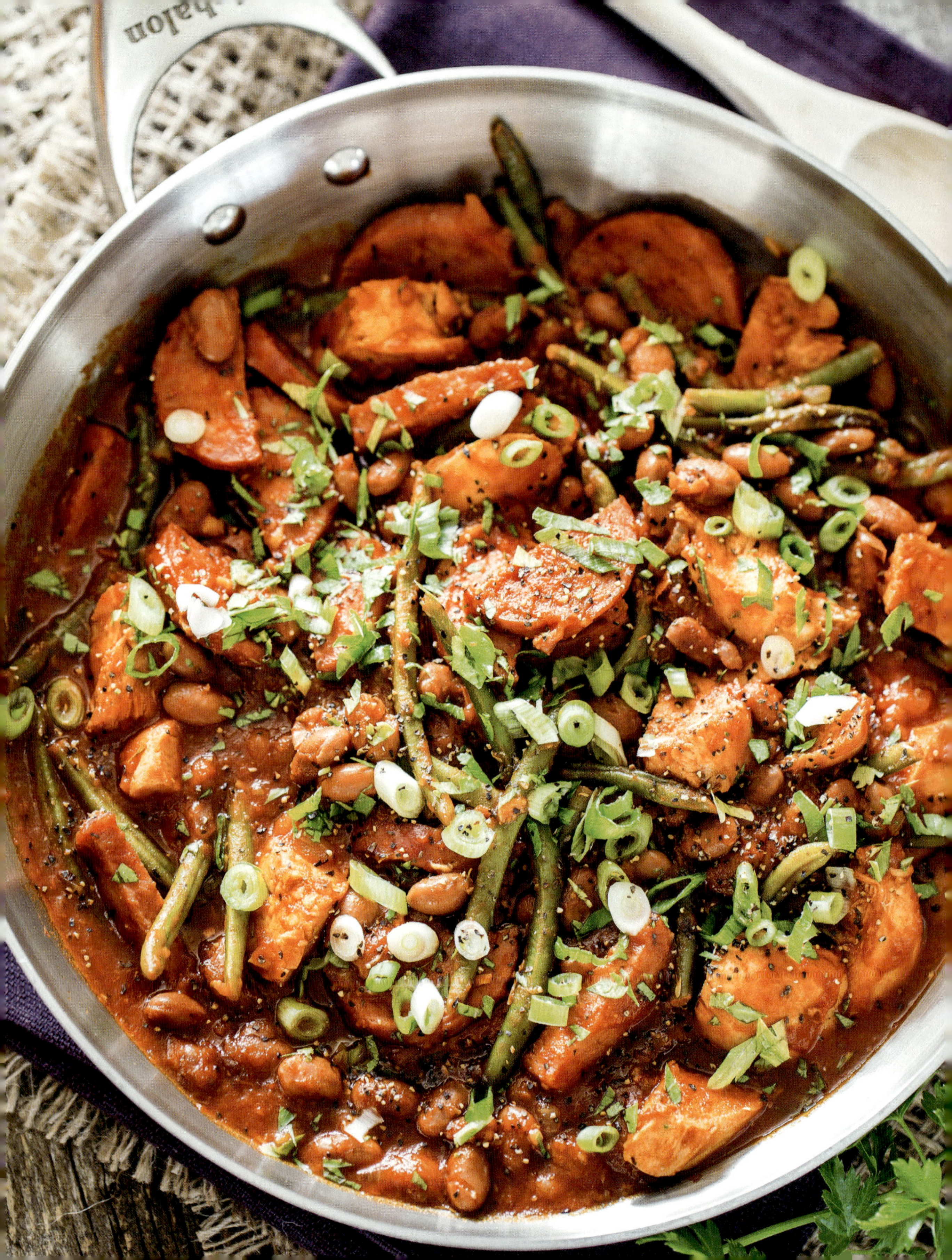

SCHNELLER HÄHNCHEN-WURST-EINTOPF

Krakauer, Hähnchen, Pintobohnen und grüne Bohnen – das ist ein herzhaftes, wärmendes und wohltuendes Mahl. Und ein perfektes schnelles Abendessen unter der Woche, wenn wenig Zeit ist. Dieser Eintopf ist unglaublich einfach zuzubereiten und schmeckt fantastisch. Gerichte wie diese hat meine Mutter häufig gekocht; es ist preiswert, macht satt und schmeckt lecker.

VORBEREITUNGSZEIT: 5 MINUTEN / GARZEIT: 25 MINUTEN / PORTIONEN: 6

- 1 EL (15 ml) Olivenöl
- 250 g Krakauer, in 5 mm lange Stücke geschnitten
- 500 g Hähnchenbrust ohne Haut und Knochen, in 2,5 cm lange Stücke geschnitten
- 1 kleine Zwiebel, gehackt
- 3 Knoblauchzehen, fein gehackt
- 400 g Pintobohnen aus der Dose, abgespült und abgetropft
- 150 g gefrorene grüne Bohnen
- ½ TL getrockneter Thymian
- ½ TL Cayennepfeffer
- 2 EL (30 g) brauner Zucker
- Salz und frisch gemahlener schwarzer Pfeffer
- 120 ml Weißwein
- 1 EL (7 g) geräuchertes Paprikapulver
- 200 ml Hühnerfond
- 250 g gewürfelte Tomaten
- 1 Frühlingszwiebel, gehackt
- 1 EL (4 g) gehackte frische Petersilie

Das Olivenöl in einem Schmortopf bei mittlerer bis hoher Stufe erhitzen. Krakauer und Hähnchen in den Schmortopf füllen und 5 Minuten garen, bis die Wurst goldbraun zu werden beginnt und das Hähnchen nicht mehr rosa ist; dabei gelegentlich umrühren.

Zwiebeln und Knoblauch hinzufügen und weitere 5 Minuten braten, bis die Zwiebeln weich sind.

Alle weiteren Zutaten außer der Frühlingszwiebel und der Petersilie in beliebiger Reihenfolge unterrühren.

Abdecken und 15 weitere Minuten auf mittlerer Stufe köcheln lassen, dabei ein oder zwei Mal umrühren.

Vor dem Servieren mit Frühlingszwiebeln und Petersilie garnieren.

GRIECHISCHES HÄHNCHEN MIT FETA-NUDELN

Dieses Nudelgericht schmeckt erfrischend und köstlich – mit Kalamata-Oliven und Kirschtomaten, mit einfachem Olivenöl und frisch gepresstem Zitronensaft. 20 Minuten – länger brauchen Sie nicht, um dieses beeindruckende und großartige Mittag- oder Abendessen auf den Tisch zu bringen.

VORBEREITUNGSZEIT: 5 MINUTEN / GARZEIT: 15 MINUTEN / PORTIONEN: 6

- 350 g ungegarte Penne
- 2 EL (30 ml) Olivenöl
- 350 g Kirschtomaten, halbiert oder geviertelt
- 300 g gegarte Hähnchenbrust, in kleine Stücke geschnitten
- 6 frische Basilikumblätter, gehackt
- 1 TL (1 bis 2 g) frischer Oregano
- 100 g Kalamata-Oliven, in Scheiben geschnitten
- 120 g Feta, zerkrümelt
- 1 EL (15 ml) frisch gepresster Zitronensaft
- Salz und frisch gemahlener schwarzer Pfeffer

In einen großen Schmortopf Nudeln, 1 Liter Wasser und das Olivenöl füllen. Auf hoher Stufe zum Kochen bringen. Die Nudeln unter häufigem Rühren kochen, bis sie bissfest sind. Das Wasser sollte fast ganz aufgenommen sein; das dauert etwa 10 Minuten (siehe Hinweis).

Tomaten, Hähnchen, Basilikum, Oregano, Kalamata-Oliven und Feta hinzufügen. Alles mischen, dann Zitronensaft hinzufügen, gegebenenfalls mit Salz und Pfeffer würzen.

HINWEIS: Wenn die Nudeln so weich sind, wie Sie es möchten, und noch Wasser übrig ist, gießen Sie dieses ab, bevor Sie die restlichen Zutaten hinzufügen.

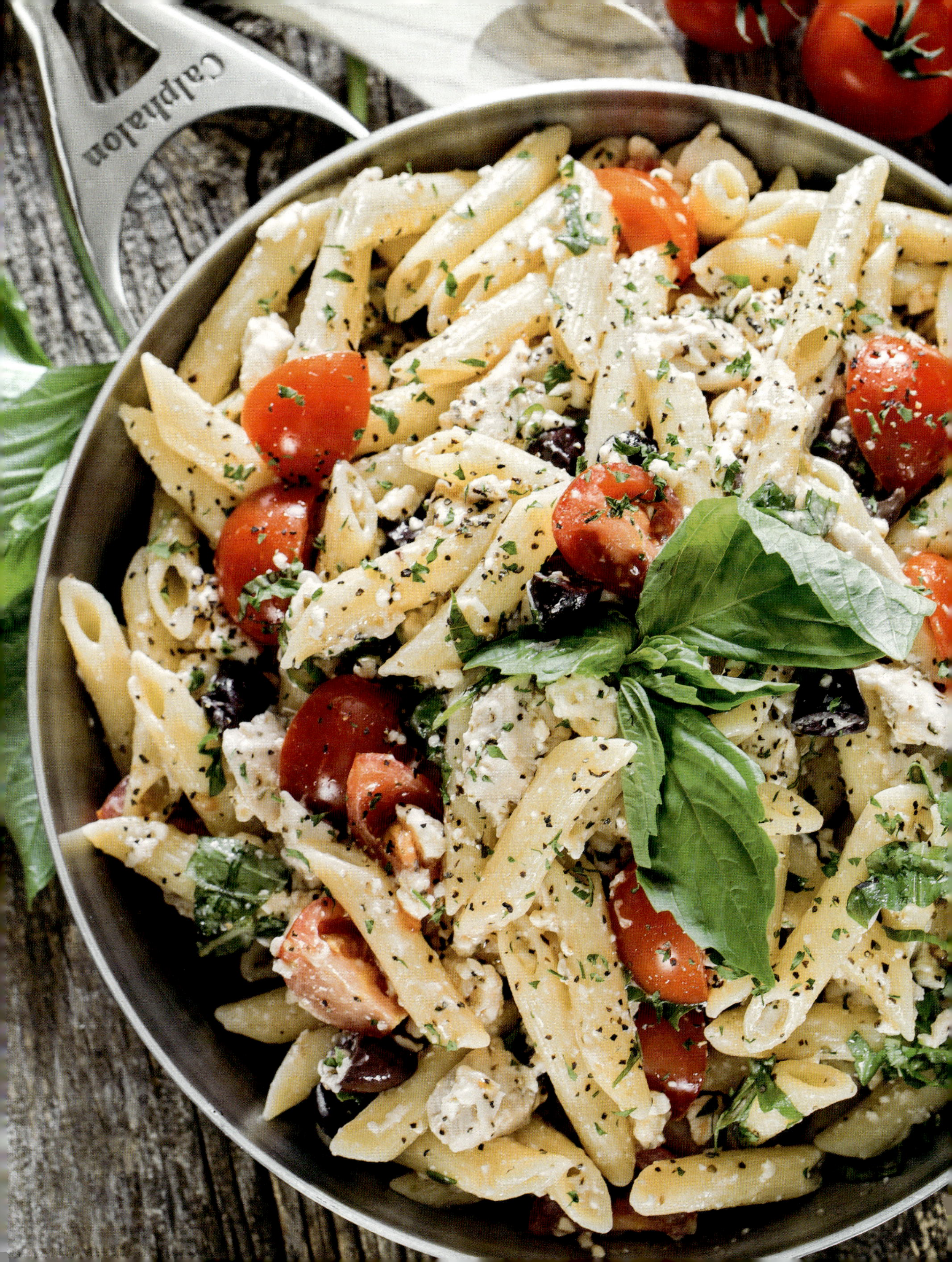

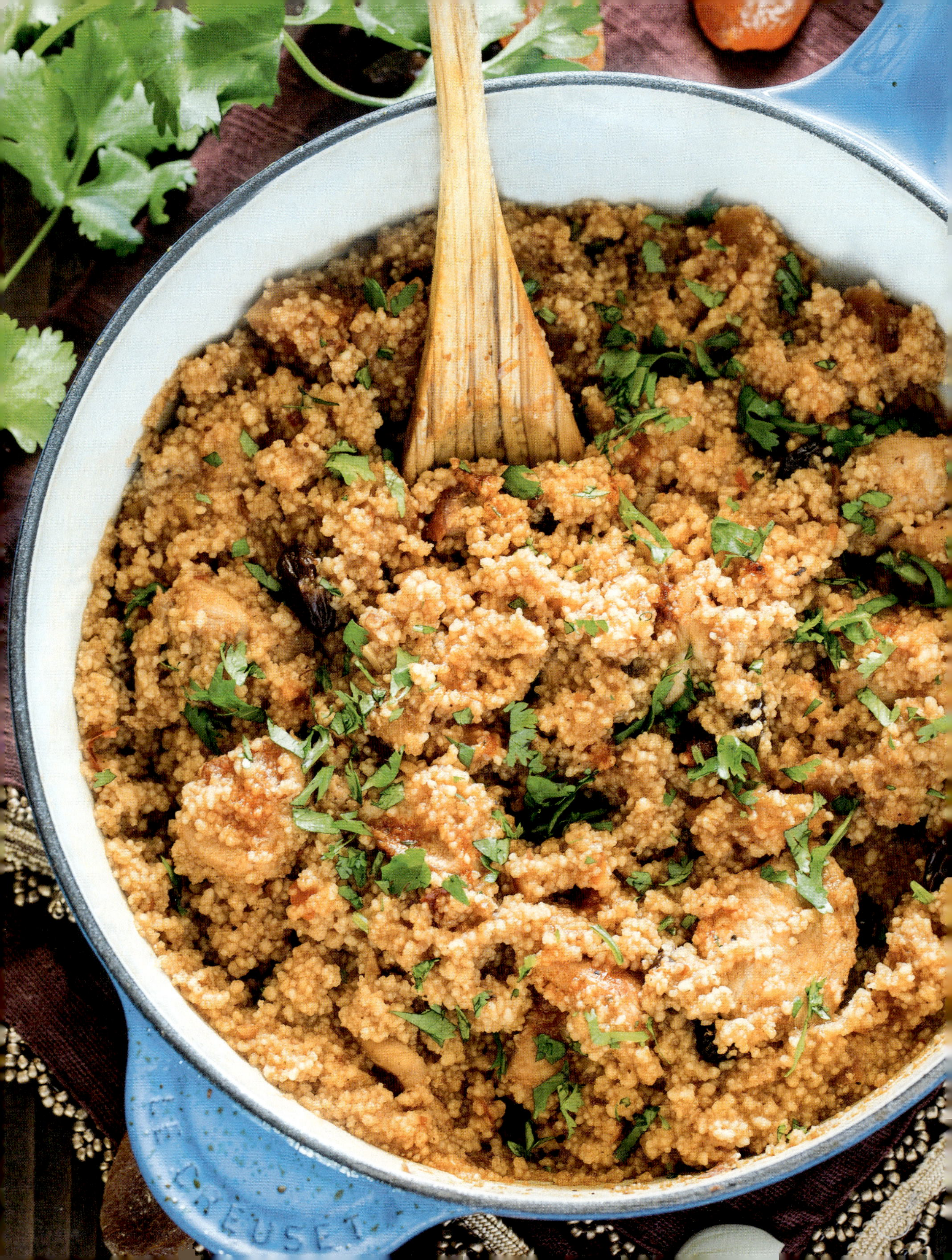
LE CREUSET

HARISSA-HÄHNCHEN MIT COUSCOUS

Harissa ist eine nordafrikanische scharfe Chilipaste, die auch in Pulverform erhältlich ist und aus verschiedenen gerösteten scharfen Chilischoten hergestellt wird. Natürlich handelt es sich um eine sehr würzige Paste, die diesem Hähnchen-Couscous-Gericht ein tolles Aroma verleiht. Den Schärfegrad können Sie ganz einfach dosieren, indem Sie mehr oder weniger Harissa-Paste verwenden.

VORBEREITUNGSZEIT: 5 MINUTEN / GARZEIT: 16 BIS 20 MINUTEN / PORTIONEN: 4

- 2 EL (30 ml) Olivenöl
- 500 g Hähnchenbrust, in Würfel mit 2,5 cm Seitenlänge geschnitten
- Salz und frisch gemahlener schwarzer Pfeffer
- 2 EL (30 ml) Harissa-Paste
- 4 Knoblauchzehen, fein gehackt
- 30 g gehackte getrocknete Aprikosen
- 35 g Rosinen
- 2 EL (30 ml) reiner Ahornsirup
- 200 g ungegarter Couscous
- 400 ml Hühnerfond
- 1 TL (2 bis 3 g) gemahlener Kreuzkümmel
- 1 EL (1 g) gehackte frische Korianderblätter

In einem mittelgroßen Schmortopf das Olivenöl bei mittlerer bis hoher Stufe erhitzen.

Das Hähnchenfleisch mit Salz und Pfeffer würzen und in den Topf füllen. Das Hähnchen innerhalb von 10 Minuten braten, bis es nicht mehr rosa ist und beginnt, golden zu werden. Harissa-Paste und Knoblauch unterrühren und 1 Minute garen.

Gehackte Aprikosen und Rosinen hinzufügen und umrühren. Ahornsirup, Couscous, Hühnerfond und Kreuzkümmel unterrühren. Die Hitze auf niedrige bis mittlere Stufe reduzieren und alles unter gelegentlichem Rühren etwa 5 Minuten garen, bis der Couscous die gesamte Flüssigkeit aufgenommen hat.

Mit dem gehackten Koriander garnieren und servieren.

SCHNELLE BOHNEN-NUDELN

»Pasta e fagioli« ist in Italien eine beliebte traditionelle Suppe, deren Hauptbestandteile Nudeln und Bohnen sind – daher der Name. Es handelt sich um ein sogenanntes bäuerliches Gericht, da die Zutaten preiswert sind. Wenn Sie also auf der Suche nach einem erschwinglichen, schnellen und leckeren Abendessen sind, ist diese Suppe perfekt. Normalerweise wird sie mit Nudeln wie klein geschnittenen Makkaroni zubereitet, doch ich habe beschlossen, stattdessen griechische Nudeln zu verwenden; immerhin handelt es sich dabei ja auch um Pasta.

VORBEREITUNGSZEIT: 5 MINUTEN / GARZEIT: 20 BIS 25 MINUTEN / PORTIONEN: 6

---

2 EL (30 ml) Olivenöl
1 kleine Zwiebel, gehackt
3 Knoblauchzehen, fein gehackt
1 Stange Sellerie, klein geschnitten
1 kleine Karotte, klein geschnitten
1 TL (1 bis 2 g) getrocknetes Basilikum
1 TL (1 g) getrockneter Oregano
1 (10 g) Brühwürfel (Hühnerbrühe)
450 g weiße Kidneybohnen oder Cannellini-Bohnen aus der Dose
50 g ungegarte griechische Nudeln
500 g Tomatensoße aus der Dose
600 ml Hühnerfond
Salz und frisch gemahlener schwarzer Pfeffer
1 EL (4 g) gehackte frische Petersilie zum Garnieren
geriebener Parmesan zum Garnieren

Das Olivenöl in einem großen Schmortopf oder einem großen Suppentopf auf mittlerer bis hoher Stufe erhitzen. Zwiebeln, Knoblauch, Sellerie und Karotten hinzufügen und 5 Minuten braten, bis das Gemüse weich und die Zwiebeln glasig sind.

Basilikum und Oregano unterrühren. Brühwürfel, Kidneybohnen, griechische Nudeln, Tomatensoße und Hühnerfond hinzufügen und gut umrühren. Zum Kochen bringen und gegebenenfalls mit Salz und Pfeffer würzen. Die Hitze auf niedrige bis mittlere Stufe reduzieren und 15 bis 20 Minuten köcheln lassen, bis die griechischen Nudeln gar sind.

Vor dem Servieren mit der frischen Petersilie und Parmesan garnieren.

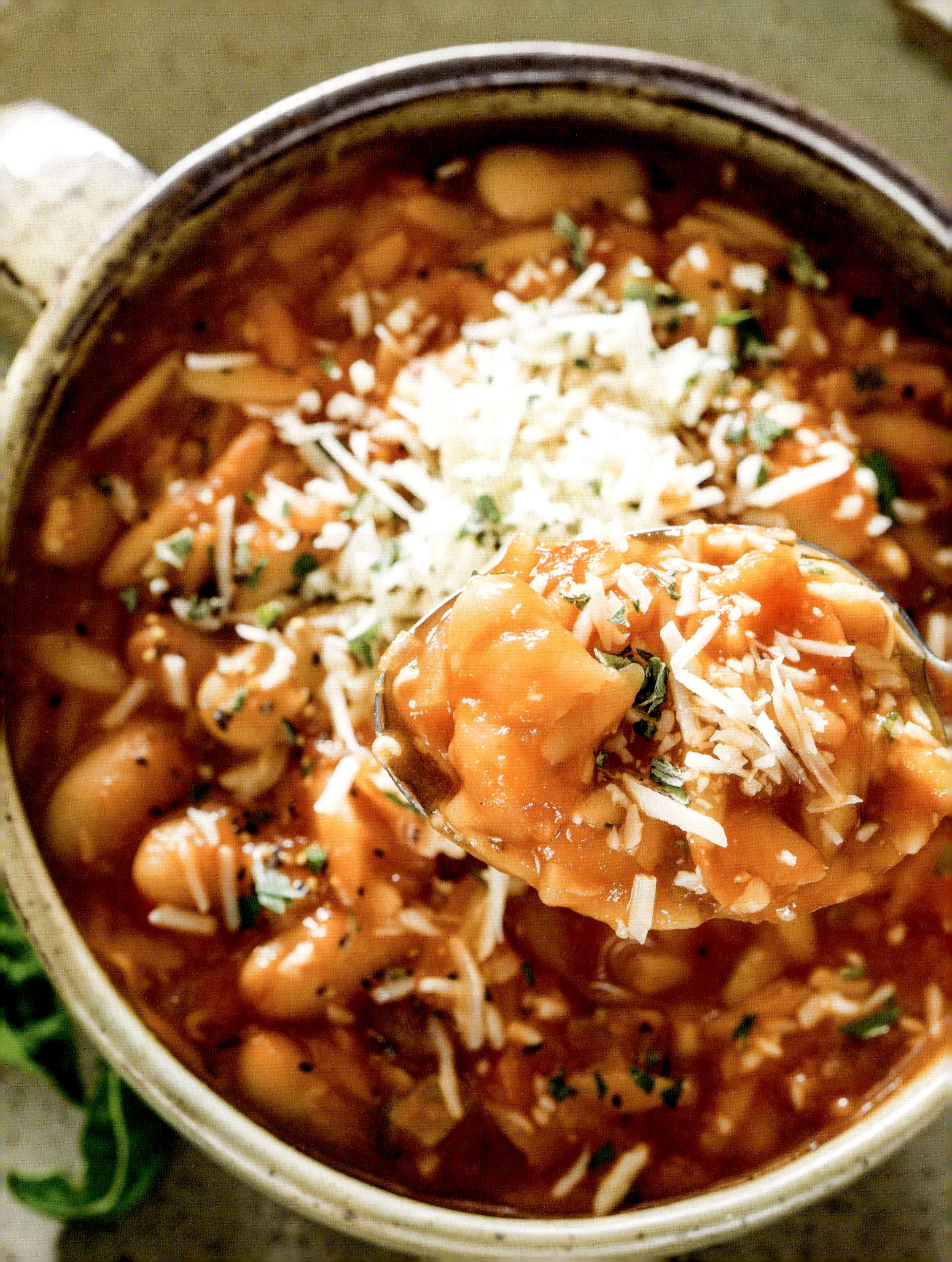

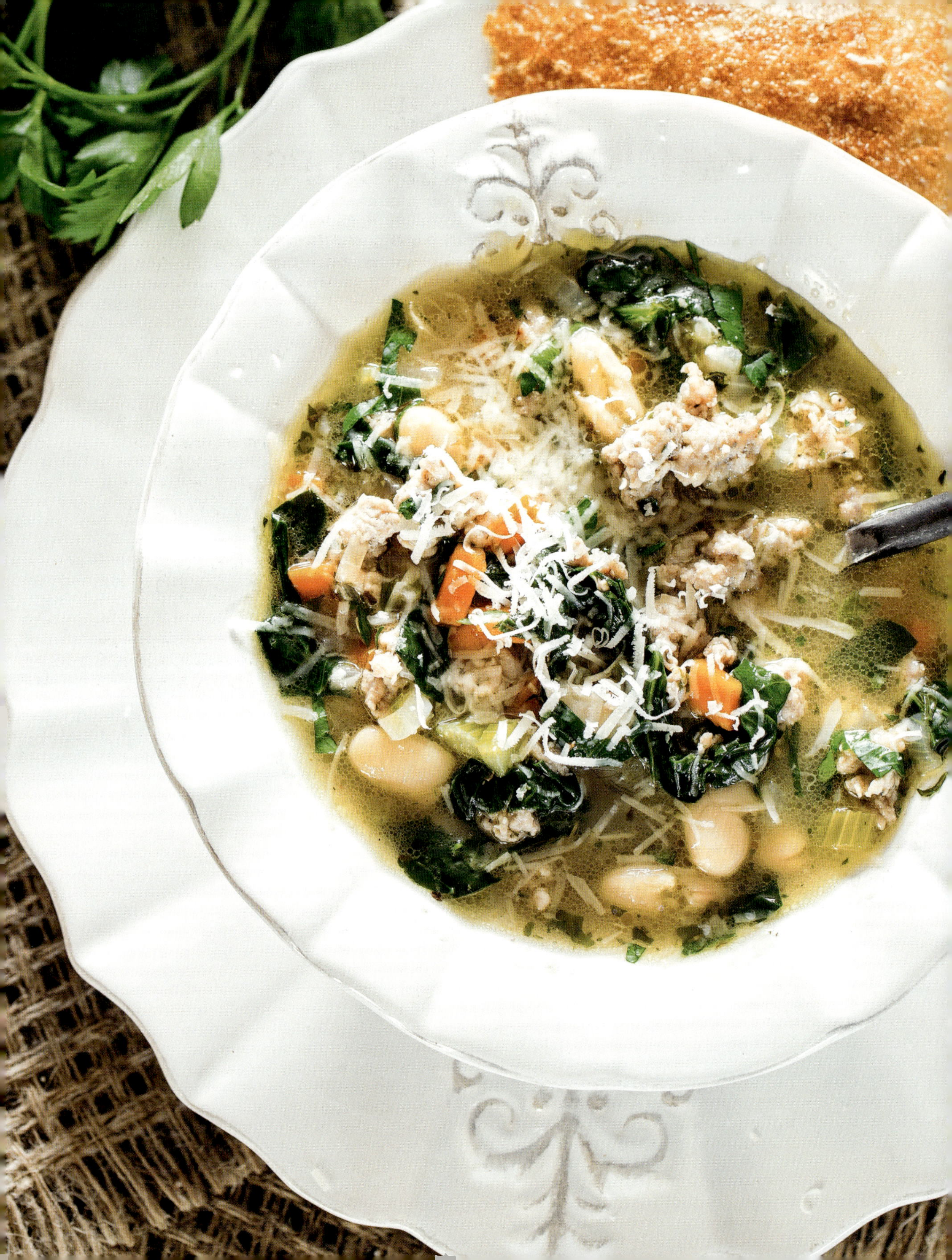

EINFACHE WURST-BOHNEN-SUPPE

Eine schnelle und wirklich sättigende Suppe mit italienischer Wurst und Bohnen – die perfekte Hausmannskost. Diese sehr aromatische Suppe steckt voller großer Wurststücke, Gemüse und Bohnen. Wenn Sie scharfe Speisen mögen, wählen Sie eine möglichst scharfe italienische Wurst, um dem Rezept einen besonderen Kick zu verleihen. Diese Suppe ist herzhaft, sättigend und schmeckt fantastisch.

VORBEREITUNGSZEIT: 5 MINUTEN / GARZEIT: 25 MINUTEN / PORTIONEN: 6

- 1 EL (15 ml) Olivenöl
- 2 milde italienische Würste, Haut entfernt
- 1 Zwiebel, gehackt
- 3 Knoblauchzehen, fein gehackt
- 1 mittelgroße Karotte, klein geschnitten
- 1 Stange Sellerie, klein geschnitten
- 1 TL (1 g) getrockneter Oregano
- 1 TL (1 bis 2 g) getrocknetes Basilikum
- ¼ TL getrockneter Thymian
- 450 g Cannellini-Bohnen aus der Dose, abgespült und abgetropft
- 1 l salzarmer Hühnerfond
- Salz und frisch gemahlener schwarzer Pfeffer
- 120 g roher Spinat, gehackt
- geriebener Parmesan zum Bestreuen

In einem großen Schmortopf das Olivenöl auf mittlerer bis hoher Stufe erhitzen. Wurst hinzufügen und mit einem hölzernen Kochlöffel zerkleinern. Es sollten große Stücke entstehen, kein Hackfleisch. Die Wurststücke etwa 5 Minuten braten, bis sie nicht mehr rosa sind und beginnen, goldbraun zu werden.

Zwiebeln, Knoblauch, Karotten und Sellerie unterrühren. Oregano, Basilikum und Thymian hinzufügen und umrühren. Weitere 5 Minuten braten, bis Zwiebeln und Karotten weich werden.

Cannellini-Bohnen und Hühnerfond hinzufügen. Die Hitze auf mittlere Stufe reduzieren. Nach Geschmack mit Salz und Pfeffer würzen. 10 Minuten kochen. Gehackten Spinat unterrühren und weitere 5 Minuten kochen.

Vor dem Servieren mit Parmesan bestreuen.

FIESTA-HÜHNERSUPPE MIT TORTILLA-CHIPS

Diese Suppe zählt zu meinen Favoriten aus der mexikanischen Küche. Sie ist dick und cremig, enthält eine Menge Hähnchen, grüne Chilischoten und Pintobohnen. Es dauert lediglich 30 Minuten, diese einfache und leckere Suppe zuzubereiten. Ein wohltuendes Essen, das mit knusprigen Tortilla-Chips serviert wird.

VORBEREITUNGSZEIT: 5 MINUTEN / GARZEIT: 20 BIS 25 MINUTEN / PORTIONEN: 4

- 1 EL (15 ml) Olivenöl
- 1 Zwiebel, gehackt
- 3 Knoblauchzehen, fein gehackt
- 450 g Pintobohnen aus der Dose
- 450 g passierte Tomaten
- 120 g gehackte grüne Chilischoten aus der Dose
- 500 ml salzarmer Hühnerfond
- 1 TL (2 bis 3 g) gemahlener Kreuzkümmel
- 1 TL (5 g) Chilipulver
- 1 TL (2 g) getrockneter Oregano
- 70 g gefrorener Mais
- 250 ml Salsa
- Salz und frisch gemahlener schwarzer Pfeffer
- 300 g gegarte Hähnchenbrust, fein gewürfelt
- 2 Frühlingszwiebeln, gehackt
- Tortilla-Chips als Beilage

Das Olivenöl in einem großen Schmortopf bei mittlerer bis hoher Stufe erhitzen.

Zwiebeln und Knoblauch darin 5 Minuten braten, bis die Zwiebeln weich sind.

Pintobohnen, passierte Tomaten, grüne Chilischoten, Hühnerfond, Kreuzkümmel, Chilipulver, Oregano, gefrorenen Mais und Salsa unterrühren.

Abschmecken und gegebenenfalls mit Salz und Pfeffer würzen.

Das Hähnchenfleisch in den Topf füllen und zum Kochen bringen. Die Hitze auf mittlere Stufe reduzieren und 15 bis 20 Minuten köcheln lassen, damit die Aromen sich entfalten können und das Gemüse gar wird. Mit Frühlingszwiebeln bestreuen und mit Tortilla-Chips servieren.

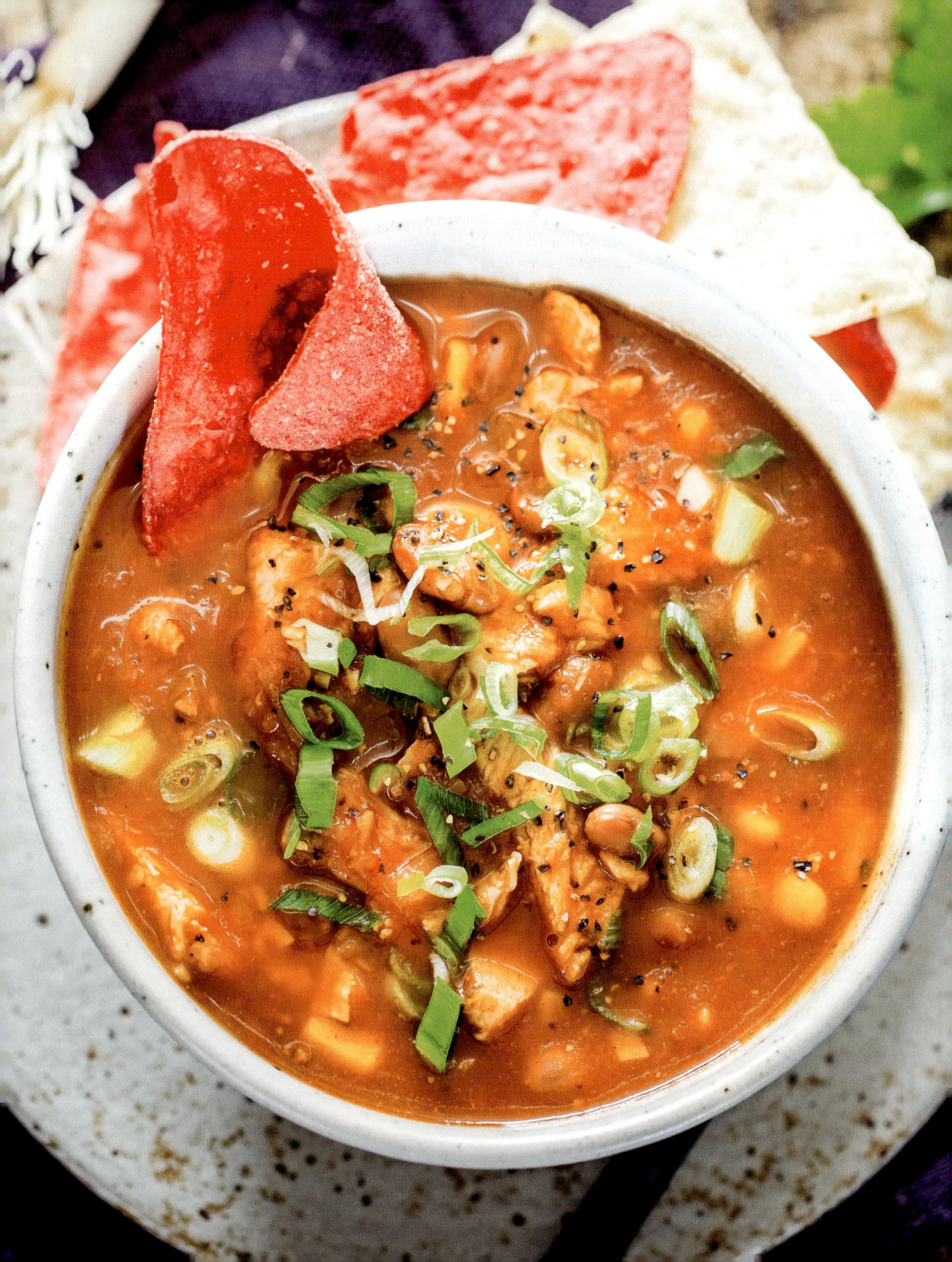

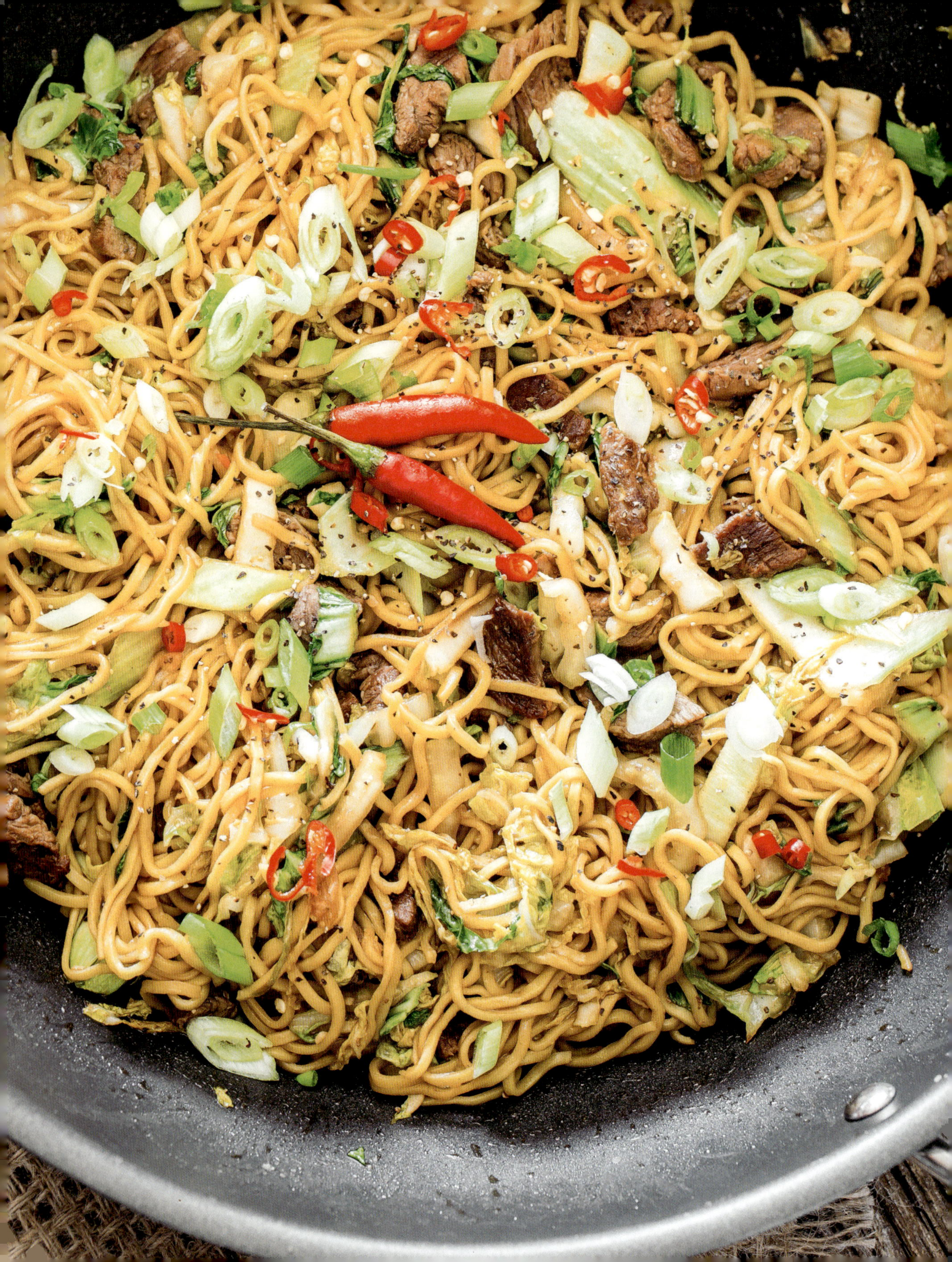

EIN WOK

Woks sind in allen Größen und in sehr vielen unterschiedlichen Ausführungen erhältlich. In der Regel haben sie eine schüsselähnliche Form, und die praktischste Größe für eine Familie ist ein Durchmesser von 36 Zentimetern. Dies bietet ausreichend Platz für die Zubereitung einer Mahlzeit.

Ursprünglich bestand ein Wok generell aus Gusseisen, doch heute werden Woks aus den verschiedensten Metallen hergestellt, wenn Gusseisen auch nach wie vor am beliebtesten ist, da es die Hitze hervorragend leitet.

Manche Woks bestehen aus Karbonstahl oder Edelstahl. Beschichtete Woks werden ebenfalls angeboten, doch sie sind nicht ganz so effizient, da sie keine hohen Temperaturen aushalten; doch für die meisten Gerichte, die in einem Wok zubereitet werden, sind hohe Temperaturen erforderlich, damit Sie Fleisch und Gemüse schnell anbraten können.

Wenn Sie Ihre Wahl getroffen und einen Wok gekauft haben, muss er richtig gelagert werden. Die passenden Lagerbedingungen hängen vom jeweiligen Metall ab, und jeder Wok wird normalerweise mit einer entsprechenden Anleitung geliefert.

BROKKOLI-UDON-WOKGERICHT MIT RINDFLEISCH

Vor einer Weile habe ich vorgekochte Udon-Nudeln entdeckt, die sich perfekt für ein schnelles Abendessen unter der Woche eignen. Im Grunde müssen Sie lediglich die Nudeln in etwas kochendem Wasser ein paar Minuten garen lassen, bis sie sich voneinander lösen; oder wenn das Gericht sehr viel Soße enthält, füge ich die Nudeln direkt der Soße hinzu und lasse sie die Soße aufnehmen.

Rindfleisch und Brokkoli gehören in einem asiatisch inspirierten Gericht zu meinen Favoriten. Die Aromen sind klasse, die Mahlzeit ist einfach zuzubereiten, und bevor ich gelernt habe, auf diese Weise zu kochen, hatte ich immer ein wenig Respekt vor solchen Speisen. Doch tatsächlich könnte das Gericht nicht einfacher sein. Mit einer Zubereitungsdauer von nur 20 Minuten ist es nicht zu schlagen – selbst Speisen zum Mitnehmen nehmen oft mehr Zeit in Anspruch.

VORBEREITUNGSZEIT: 10 MINUTEN / GARZEIT: 10 MINUTEN / PORTIONEN: 4

- 400 g vorgekochte Udon (siehe Hinweis)
- 2 EL (30 ml) salzarme Sojasoße
- 2 EL (15 g) Maisstärke
- 3 Knoblauchzehen, fein gehackt
- 1 TL (2 g) fein gehackter frischer Ingwer
- 2 EL (30 ml) Honig
- 2 EL (30 ml) Sesamöl
- 1 EL (15 ml) scharfe Soße
- ¼ TL Chiliflocken
- 120 ml Rinderfond
- 1 EL (15 ml) Olivenöl
- 500 g Flanksteak, in kleine dünne Stücke geschnitten
- 1 Brokkoli, in kleine Röschen geschnitten

Die Udon in kochendes Wasser geben. Darin 5 Minuten einweichen, während Rindfleisch und Brokkoli vorbereitet werden.

In einer Schüssel mittlerer Größe Sojasoße, Maisstärke, Knoblauch, Ingwer, Honig, Sesamöl, scharfe Soße, Chiliflocken und Rinderfond vermengen. Beiseitestellen, bis die Mischung verwendet wird.

Einen Wok auf hoher Stufe vorheizen. Das Olivenöl im vorgeheizten Wok erhitzen. Die Steakstücke im heißen Öl 5 Minuten braten, bis das Fleisch gar ist.

Die vorbereitete Soße hinzufügen und mit dem Steakfleisch verrühren; sie sollte sofort beginnen einzudicken. Die Brokkoliröschen hinzufügen und weitere 3 Minuten garen, bis der Brokkoli weich und die Soße eingedickt ist.

Die Udon abgießen, in den Wok füllen und unterheben. Sofort servieren.

HINWEIS: Vorgegarte Udon finden Sie in der Asia-Abteilung Ihres Lebensmittelladens. In der Regel werden sie in 200-g-Packungen verkauft.

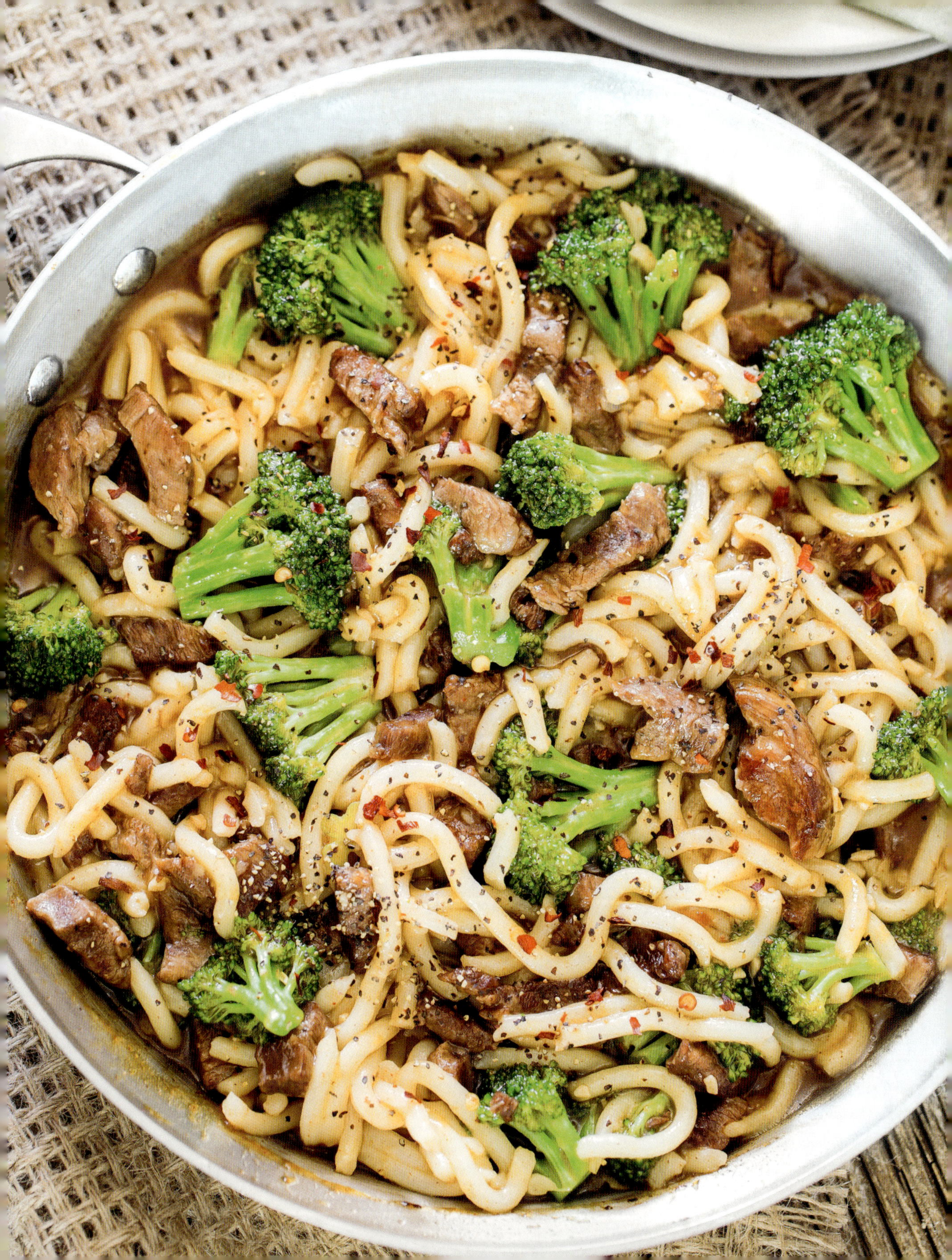

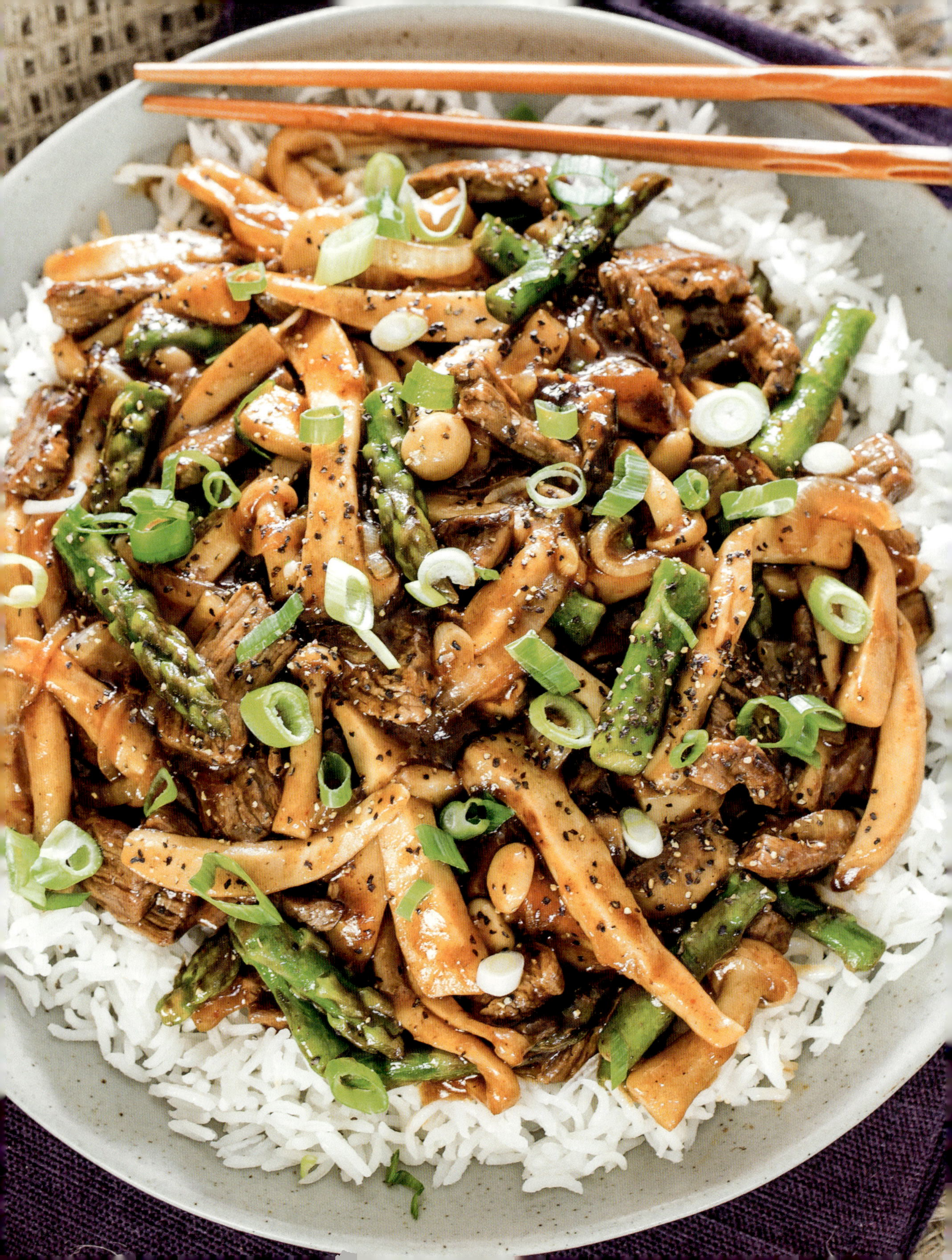

GRÜNER SPARGEL, PILZE UND STEAK IN SCHWARZE-BOHNEN-SOSSE

Ich liebe Pilze, und ich verwende sie, so oft ich sie bekomme. In diesem Rezept kommen Kräuterseitlinge zum Einsatz, die wirklich fleischig sind und beim Kochen fest bleiben. Sie schmecken waldig und süß und sind perfekt für Pfannen- und Wokgerichte geeignet. Wenn Sie von diesem Gericht Reste haben, können Sie sie für einen Burrito verwenden, indem Sie sie in Tortillas einwickeln und zum Mittagessen reichen.

VORBEREITUNGSZEIT: 10 MINUTEN / GARZEIT: 15 MINUTEN / PORTIONEN: 4

---

1 EL (15 ml) Sesamöl

500 g Flanksteak, in kleine dünne Streifen geschnitten

1 Zwiebel, gehackt

1 TL (2 g) fein gehackter frischer Ingwer

Salz und frisch gemahlener schwarzer Pfeffer

350 g grüner Spargel, Enden abgeschnitten, in 4 cm lange Stücke geschnitten

300 g Kräuterseitlinge (siehe Hinweis)

60 ml Schwarze-Bohnen-Paste

120 ml salzarmer Hühnerfond

2 EL (30 ml) Erdnussöl

1 EL (15 ml) Maisstärke

2 Frühlingszwiebeln, gehackt

gekochter Reis als Beilage

Einen Wok auf hoher Stufe vorheizen. Das Sesamöl im vorgeheizten Wok erhitzen.

Steakstücke, Zwiebeln und Ingwer in den Wok füllen und mit Salz und Pfeffer würzen. 5 Minuten braten, bis das Fleisch gar ist.

Spargel und Pilze unterrühren und 5 weitere Minuten braten.

Währenddessen Schwarze-Bohnen-Paste, Hühnerfond, Erdnussöl und Maisstärke verquirlen und über die Fleischmischung gießen. Verrühren und 3 weitere Minuten garen, bis die Soße durch die Maisstärke eindickt.

Mit den Frühlingszwiebeln garnieren und sofort mit Reis servieren.

HINWEIS: Statt der hier aufgeführten Kräuterseitlinge können Sie auch eine beliebige andere Pilzsorte verwenden.

SCHNELLES ANANAS-HÄHNCHEN

Das ist ein wirklich köstliches süß-saures Hähnchengericht mit Ananasstücken und Paprika. Es handelt sich um ein ganz schnelles und einfaches Wokgericht, das innerhalb von nur 20 Minuten auf dem Tisch stehen kann.

VORBEREITUNGSZEIT: 5 MINUTEN / GARZEIT: 15 MINUTEN / PORTIONEN: 4

- 2 EL (30 ml) Pflanzenöl
- 2 EL (30 ml) Allzweckmehl
- 500 g Hähnchenbrust ohne Haut und Knochen, in mundgerechte Stücke geschnitten
- 400 g Ananasstücke aus der Dose mit Saft
- 1 rote Paprikaschote, entkernt und gewürfelt
- 2 EL (30 ml) salzarme Sojasoße
- 1 EL (8 g) Maisstärke
- Salz und frisch gemahlener schwarzer Pfeffer
- 2 Frühlingszwiebeln, gehackt
- gekochter Reis als Beilage

Einen Wok auf hoher Stufe vorheizen. Das Pflanzenöl im vorgeheizten Wok erhitzen.

Die Hähnchenstücke mit dem Mehl bestäuben und in den Wok geben. Das Fleisch 7 Minuten braten, bis es gar ist und beginnt, goldbraun zu werden. Währenddessen gelegentlich mit einem hölzernen Kochlöffel umrühren und die Hähnchenstücke gegebenenfalls voneinander trennen (siehe Hinweis).

Die Ananasstücke abgießen und den Saft auffangen. Paprika und Ananasstücke in den Wok füllen und 3 Minuten braten.

Währenddessen Ananassaft, Sojasoße und Maisstärke verquirlen. Diese Mischung über das Hähnchen gießen und umrühren. Weitere 5 Minuten garen. Abschmecken und gegebenenfalls mit Salz und Pfeffer würzen.

Mit den Frühlingszwiebeln garnieren und sofort mit Reis servieren.

HINWEIS: Wenn Ihr Wok klein ist, müssen Sie die Hähnchenstücke möglicherweise in zwei Portionen nacheinander anbraten, damit sie goldbraun werden können und nicht aneinanderkleben.

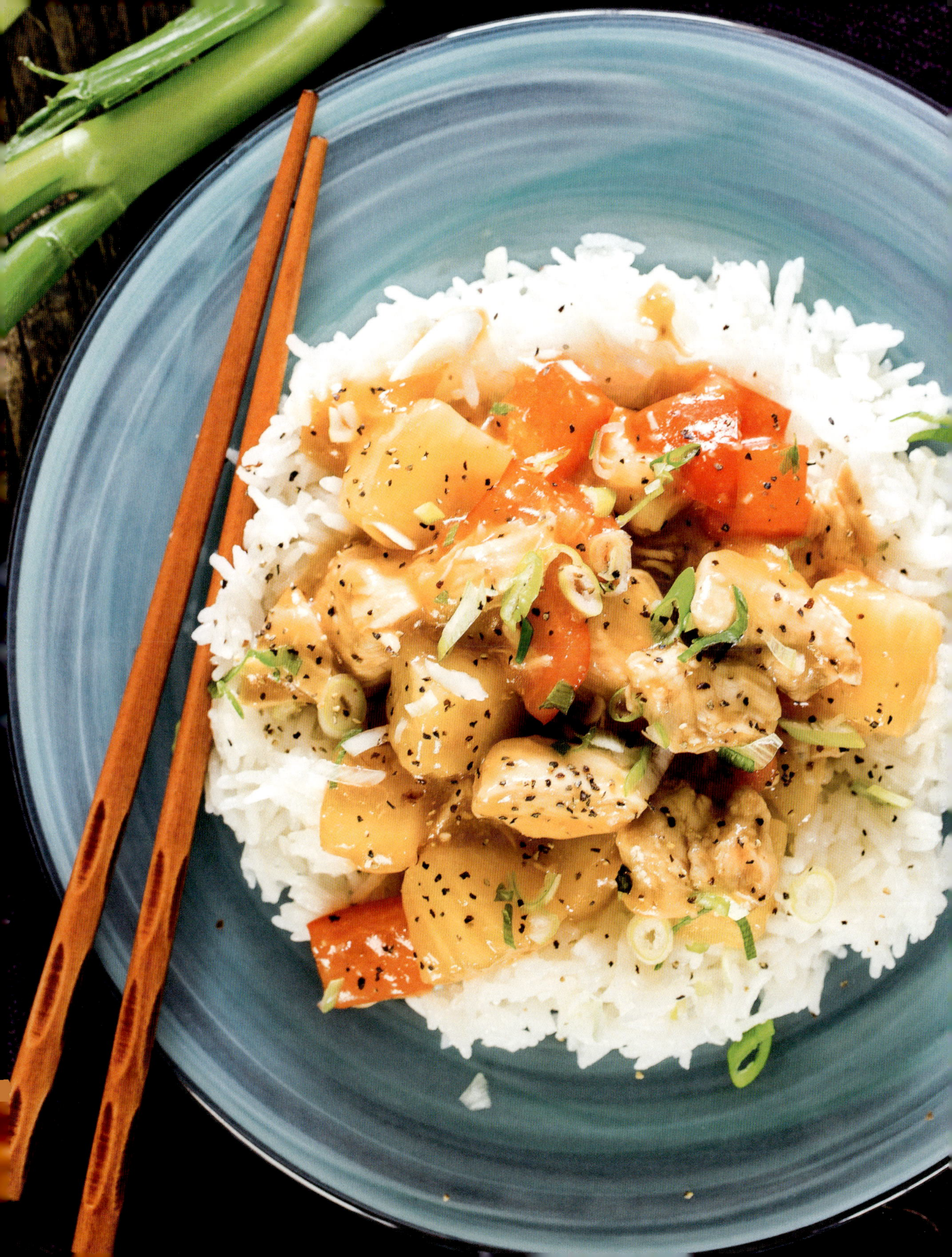

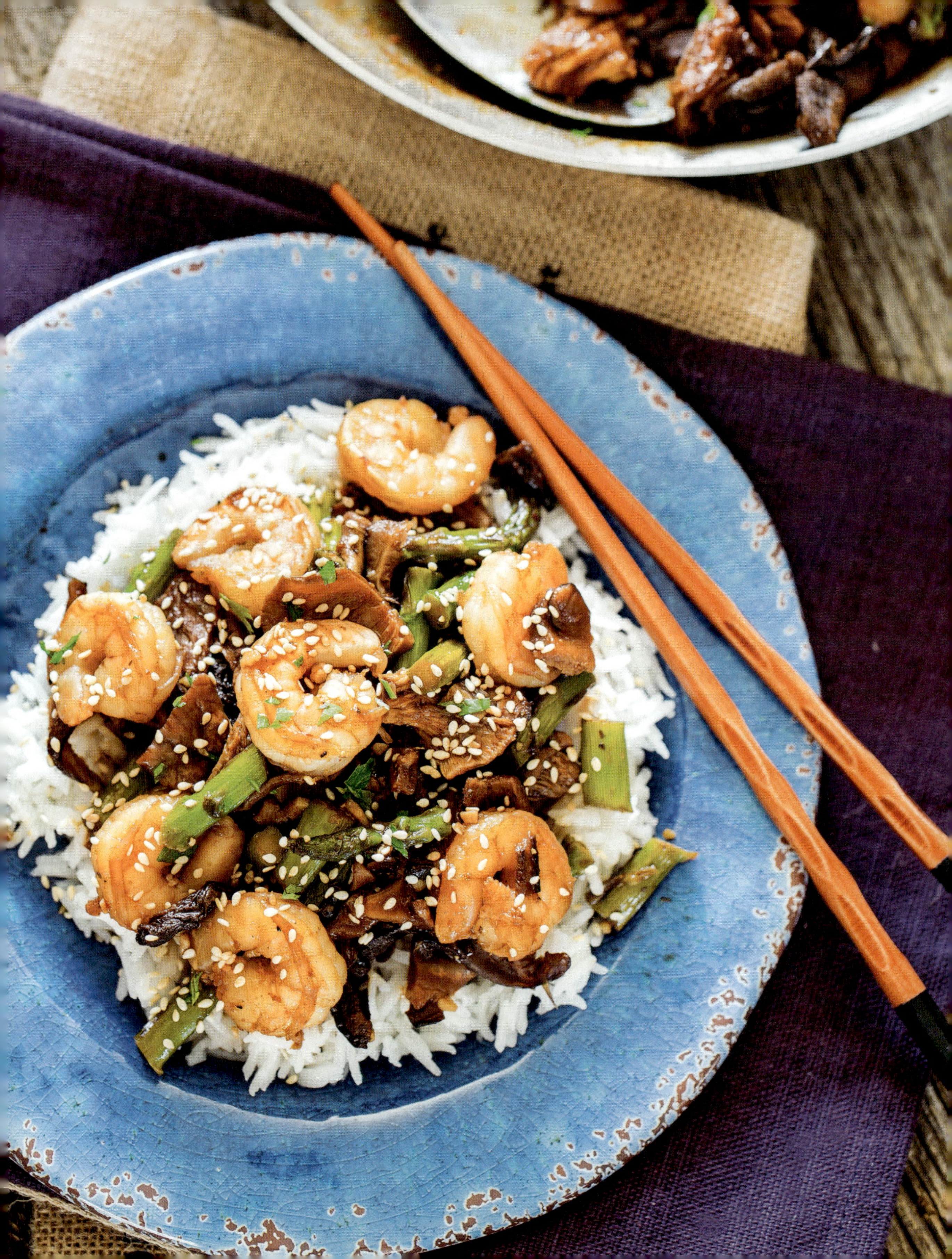

KNOBLAUCH-HOISIN-RIESENGARNELEN MIT PILZEN UND GRÜNEM SPARGEL

Wenn Sie im Lauf Ihres geschäftigen Tages 15 Minuten aufbringen können, sollten Sie dieses köstliche Garnelengericht mit Pilzen und grünem Spargel zubereiten. Einfacher geht's nicht!

Ich verwende für das Rezept Shiitake-Pilze, die ein kräftiges, fleischiges Aroma haben. Die Garnelen können problemlos auch durch Hähnchenfleisch ersetzt oder – wenn das Gericht vegetarisch sein soll – weggelassen werden.

VORBEREITUNGSZEIT: 5 MINUTEN / GARZEIT: 10 MINUTEN / PORTIONEN: 4

---

1 EL (15 ml) Sesamöl
500 g Riesengarnelen, entdarmt und ohne Schalen
1 EL (15 ml) Olivenöl
150 g Shiitake-Pilze, gehackt (siehe Hinweis)
350 g grüner Spargel, Enden entfernt, in 4 cm lange Stücke geschnitten
⅓ Tasse (80 ml) salzarme Sojasoße
5 Knoblauchzehen, fein gehackt
1 TL (2 g) fein gehackter frischer Ingwer
60 ml Hoisin-Soße
1 EL (15 ml) scharfe Soße
120 ml salzarmer Hühnerfond
1 EL (8 g) Sesam
gekochter Reis als Beilage

Den Wok auf hoher Stufe vorheizen. Das Sesamöl im Wok erhitzen und die Garnelen darin pro Seite 1 Minute braten. Aus dem Wok nehmen und beiseitestellen.

Das Olivenöl im Wok erhitzen. Pilze und Spargel in den Wok geben und 4 Minuten auf mittlerer bis hoher Stufe braten, bis das Gemüse weich ist.

Währenddessen Sojasoße, Knoblauch, Ingwer, Hoisin-Soße, scharfe Soße und Hühnerfond vermengen. Diese Mischung über Pilze und Spargel gießen, 2 Minuten garen.

Die Garnelen wieder in den Wok geben, alles gut verrühren.

Sesam über das Gericht streuen und sofort mit Reis servieren.

HINWEIS: Die Shiitake-Pilze in diesem Rezept können Sie auch durch beliebige andere Pilze ersetzen.

20-MINUTEN-KUNG-PAO MIT SCHWEINEFLEISCH

Hierbei handelt es sich um ein scharfes Wokgericht, das einfach und schnell aus Schweinefleisch, Erdnüssen und Gemüse zuzubereiten ist. Versehen Sie Ihr Leben mit zusätzlicher Würze, indem Sie diese Mahlzeit auf Ihren Wochenspeiseplan setzen.

Dieses Rezept nutze ich schon seit Jahren, und es ist bei mir zu Hause sehr beliebt, sodass es nie Reste gibt. Die Schärfe können Sie an Ihren Gaumen anpassen, indem Sie mehr oder weniger Sriracha-Soße verwenden.

VORBEREITUNGSZEIT: 10 MINUTEN / GARZEIT: 15 MINUTEN / PORTIONEN: 4

500 g Schweinefilet, in kleine Stücke geschnitten

Salz und frisch gemahlener schwarzer Pfeffer

1 EL (8 g) Maisstärke

1 EL (15 ml) Olivenöl

1 rote Paprikaschote, entkernt und klein geschnitten

1 Stange Sellerie, klein geschnitten

3 Frühlingszwiebeln, gehackt

FÜR DIE KUNG-PAO-SOSSE

5 Knoblauchzehen, fein gehackt

1 EL (6 g) fein gehackter frischer Ingwer

1 EL (15 ml) Sriracha-Soße (siehe Hinweis)

1 EL (15 ml) dunkle Sojasoße

2 EL (30 ml) salzarme Sojasoße

1 EL (15 ml) Reisessig

1 EL (8 g) Maisstärke

1 EL (15 g) brauner Zucker

60 ml salzarmer Hühnerfond

75 g geröstete Erdnüsse

gekochter Reis oder Nudeln als Beilage

Das Schweinefleisch mit Salz und Pfeffer würzen, dann mit Maisstärke bestäuben und schwenken, damit alle Stücke gleichmäßig von Maisstärke bedeckt sind.

Den Wok auf hoher Stufe vorheizen. Das Olivenöl im vorgeheizten Wok erhitzen. Das Schweinefleisch in den Wok füllen und 4 bis 5 Minuten auf mittlerer bis hoher Stufe braten, bis es goldbraun zu werden beginnt. Dabei umrühren und die einzelnen Fleischstücke voneinander trennen. Paprikaschote und Sellerie hinzufügen und 3 weitere Minuten braten.

Währenddessen die Zutaten für die Kung-Pao-Soße vermengen und die Mischung über die Fleisch- und Gemüsestücke geben. Weitere 3 Minuten garen, bis die Soße eindickt.

Erdnüsse hinzufügen und alles im Wok verrühren.

Mit Frühlingszwiebeln garnieren und sofort mit Reis oder Nudeln servieren.

HINWEIS: Sriracha-Soße ist eine scharfe Soße, die aus Chilischoten, Essig, Knoblauch, Zucker und Salz hergestellt wird. Wenn Sie keine Sriracha-Soße haben, können Sie stattdessen Ihre bevorzugte scharfe Soße verwenden.

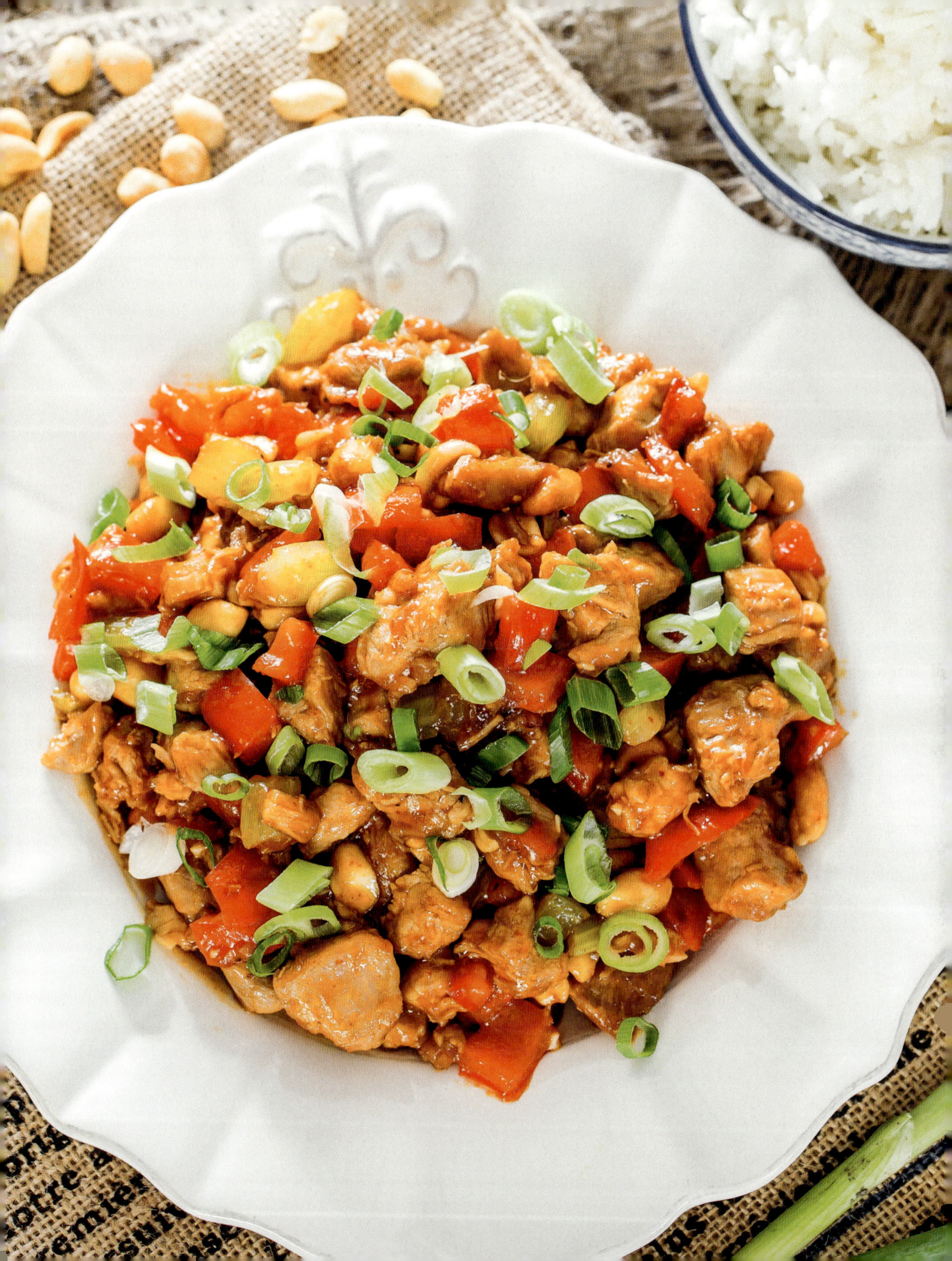

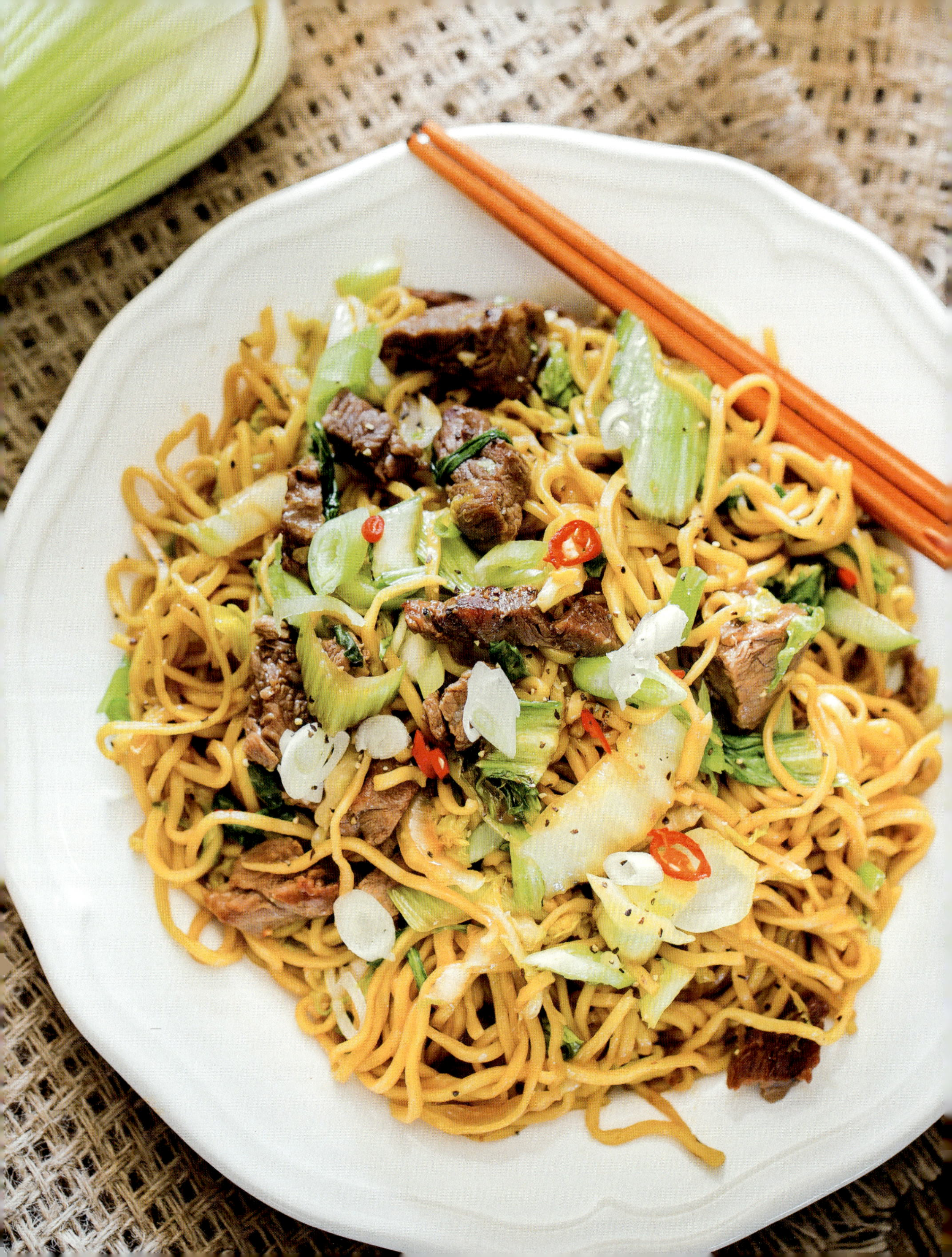

CHOW MEIN MIT RINDFLEISCH UND GEMÜSE

Dies ist ein klassisches Lieblingsgericht mit Chow-Mein-Nudeln, geraspeltem Chinakohl, Pak Choi und Flanksteak. Es erfordert sehr wenig Vorbereitung und ist im Handumdrehen fertig. Das Flanksteak kann durch Hähnchenfleisch ersetzt oder – wenn das Gericht vegetarisch sein soll – weggelassen werden. Vergessen Sie Ihren Asia-Imbiss: In nur 25 Minuten können Sie dieses unglaublich leckere Gericht für Ihre Familie und Freunde zubereiten.

VORBEREITUNGSZEIT: 10 MINUTEN / GARZEIT: 15 MINUTEN / PORTIONEN: 4 BIS 6

- 350 g vorgegarte Chow-Mein-Nudeln (siehe Hinweis)
- 1 EL (15 ml) Olivenöl
- 500 g Flanksteak, in kleine Stücke geschnitten
- 3 EL (45 ml) Sesamöl
- 4 Knoblauchzehen, fein gehackt
- 1 TL (2 g) fein gehackter frischer Ingwer
- 150 g klein geschnittener Chinakohl
- 150 g gehackter junger Pak Choi
- 60 ml Sojasoße
- 2 EL (30 ml) Austernsoße
- Salz und frisch gemahlener schwarzer Pfeffer
- 2 Frühlingszwiebeln, gehackt
- 1 rote Chilischote, entkernt und gehackt

Die vorgegarten Chow-Mein-Nudeln mit 1 Liter Wasser im Wok zum Kochen bringen. Die Nudeln aus dem Wok holen, gut abtropfen lassen und das Wasser weggießen.

Das Olivenöl im Wok auf hoher Stufe erhitzen, dann die Flanksteak-Stücke darin 5 Minuten braten, bis das Fleisch gar ist.

Sesamöl, Knoblauch und Ingwer hinzufügen und umrühren.

Klein geschnittenen Chinakohl und Pak Choi hinzufügen, dann 2 bis 3 Minuten braten, bis das Gemüse beginnt, in sich zusammenzufallen.

Die Nudeln hinzufügen und weitere 2 Minuten garen, bis die Nudeln heiß und gut mit Fleisch und Gemüse verrührt sind.

Sojasoße und Austernsoße zu der Mischung geben, umrühren. Abschmecken und gegebenenfalls mit Salz und schwarzem Pfeffer nachwürzen.

Das Gericht auf einem Servierteller anrichten und mit Frühlingszwiebeln und Chilischote garnieren. Sofort servieren.

HINWEIS: Vorgegarte Chow-Mein-Nudeln sind in der Asia-Abteilung Ihres Lebensmittelmarkts erhältlich. Stattdessen können Sie aber auch ungegarte Chow-Mein-Nudeln nehmen und nach Packungsanweisung kochen. In diesem Rezept werden vorgegarte Chow-Mein-Nudeln verwendet, um die Zubereitungszeit zu verkürzen.

KUNG PAO MIT HÄHNCHEN

Mit Reis oder Nudeln serviert, ergibt dieses Rezept ein wunderbares Hauptgericht. Die zarten Stücke Hähnchenbrust kontrastieren mit der knackigen Konsistenz der Erdnüsse, während rote und grüne Paprikaschoten Aroma und Farbe beisteuern. »Schnell und einfach« – besser könnte man die Zubereitung dieses Gerichts gar nicht charakterisieren, denn es ist in weniger als 30 Minuten fertig.

VORBEREITUNGSZEIT: 10 MINUTEN / GARZEIT: 15 MINUTEN / PORTIONEN: 4

Salz und frisch gemahlener schwarzer Pfeffer
1 TL (5 ml) dunkle Sojasoße
1 TL (3 g) Maisstärke
1 TL (5 ml) trockener Sherry
500 g Hähnchenkeulen ohne Haut und Knochen, in mundgerechte Stücke geschnitten
1 EL (15 ml) Olivenöl

FÜR DAS WOKGERICHT
1 EL (15 ml) Sesamöl
1 EL (15 ml) dunkle Sojasoße
1 EL (15 ml) trockener Sherry
2 EL (30 ml) Erdnussöl
1 TL (3 g) Maisstärke
1 EL (15 g) brauner Zucker
3 Knoblauchzehen, fein gehackt
1 EL (6 g) fein gehackter frischer Ingwer
½ TL Chiliflocken
1 Stange Sellerie, klein geschnitten
1 rote Paprikaschote, entkernt und klein geschnitten
1 grüne Paprikaschote, entkernt und klein geschnitten
75 g geröstete Erdnüsse
2 Frühlingszwiebeln, gehackt
gekochter Reis oder Nudeln als Beilage

Salz, Pfeffer, dunkle Sojasoße, Maisstärke und Sherry in einer großen Schüssel vermengen. Hähnchenstücke hinzufügen und gut durchrühren, damit das Fleisch gleichmäßig von der Mischung benetzt wird.

Einen Wok oder eine große Pfanne auf hoher Stufe erhitzen. Im vorgeheizten Wok oder in der vorgeheizten Pfanne das Olivenöl erhitzen. Die Hähnchenstücke darin auf mittlerer Stufe 5 bis 8 Minuten braten, bis das Fleisch gar ist und beginnt, goldbraun zu werden. Das Hähnchenfleisch mit einem Schaumlöffel aus dem Wok nehmen und beiseitestellen.

Zur Fertigstellung des Wokgerichts Sesamöl, dunkle Sojasoße, Sherry, Erdnussöl, Maisstärke, braunen Zucker, Knoblauch, Ingwer und Chiliflocken in den Wok geben und gut umrühren. 1 Minute garen, bis die Soße durch die Maisstärke ein wenig andickt.

Sellerie und Paprika hinzufügen und 3 Minuten garen, bis das Gemüse beginnt, weich zu werden. Das Hähnchenfleisch wieder in den Wok geben und die Erdnüsse unterrühren. Alles gut mischen.

Mit Frühlingszwiebeln garnieren und sofort mit Reis oder Nudeln servieren.

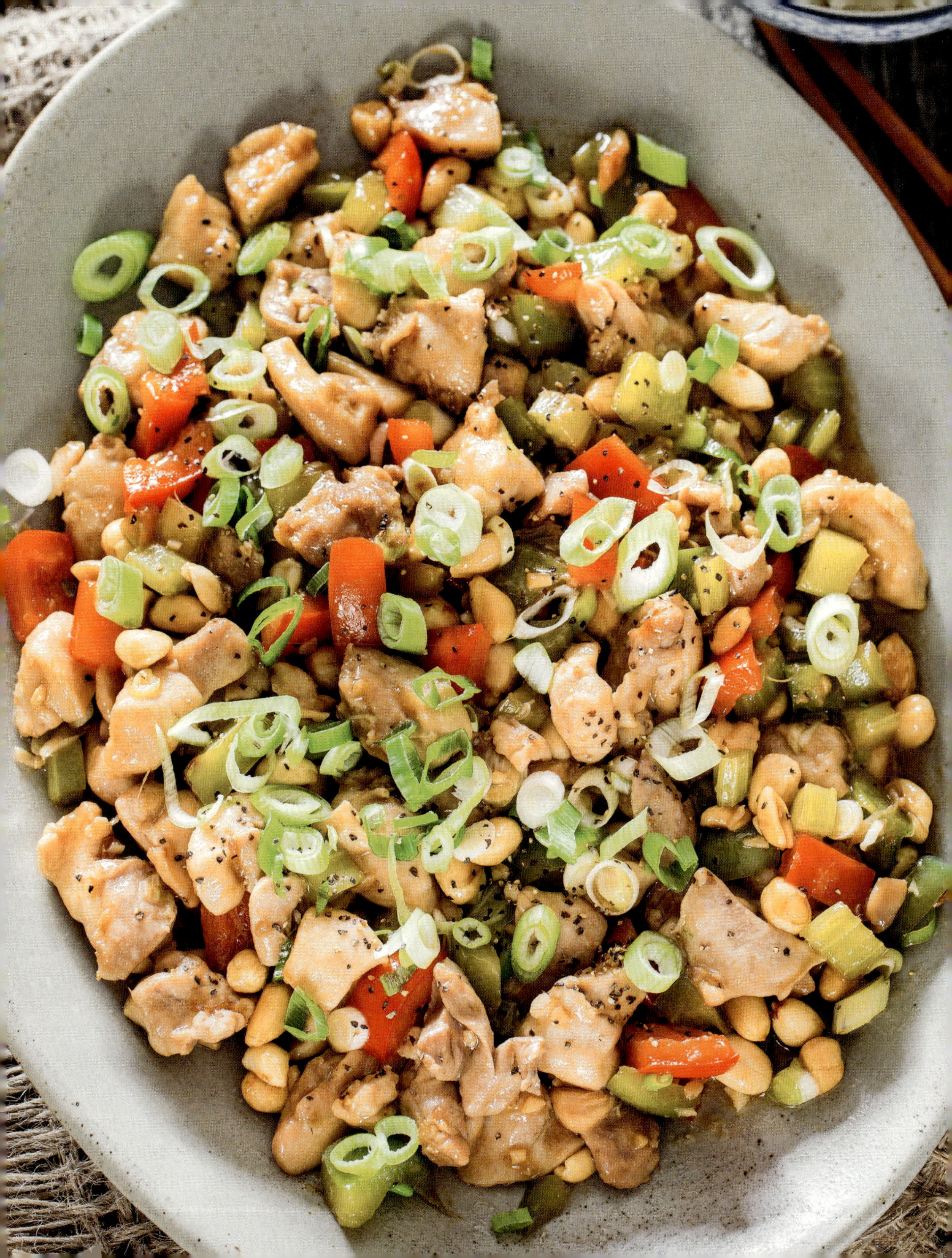

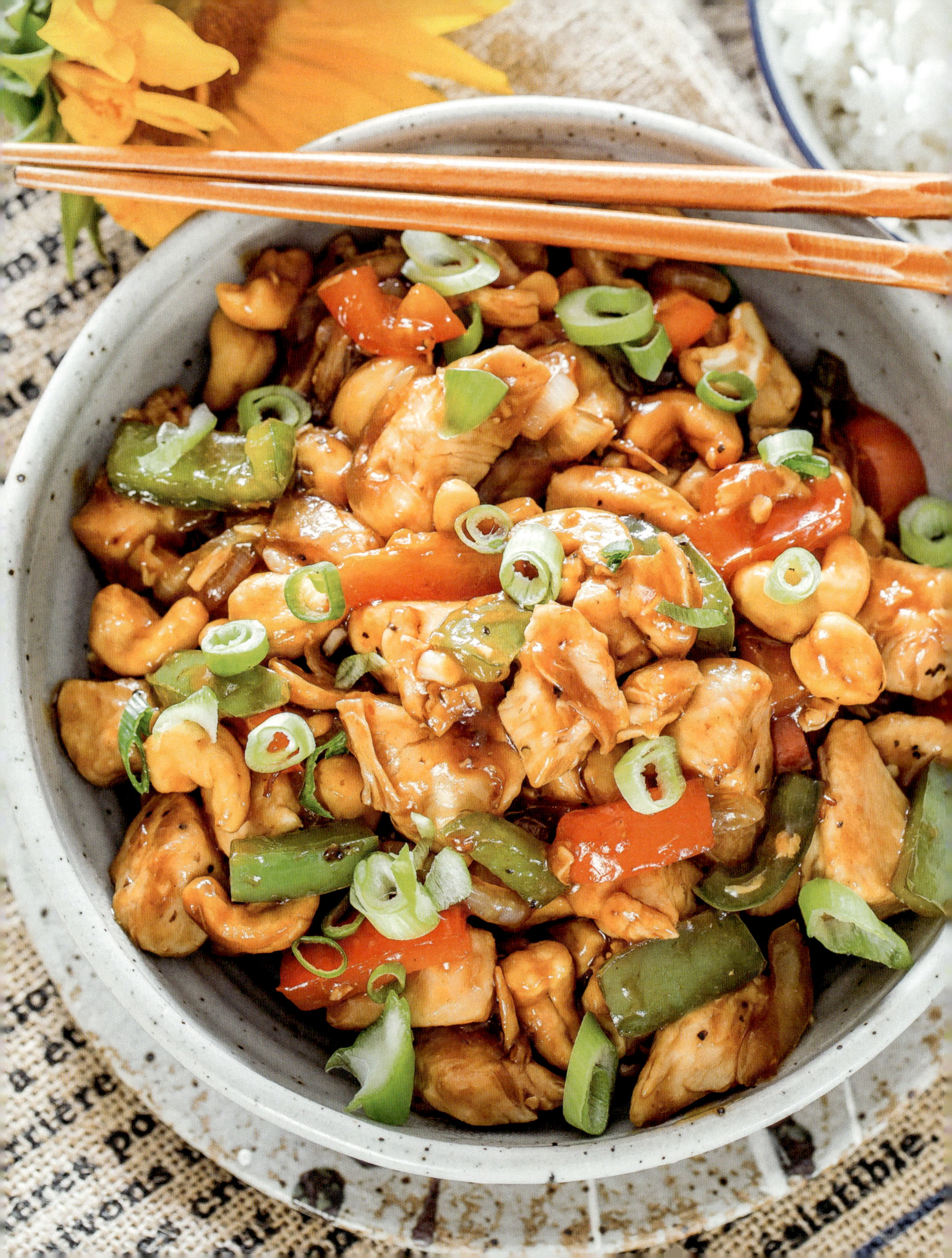

FETTARMES 30-MINUTEN-CASHEW-HÄHNCHEN

Jawohl! In weniger als 30 Minuten können Sie ein köstliches Hähnchen-Cashew-Gericht auf den Tisch bringen. Schneiden Sie Hähnchenbrust und Paprikaschoten klein und legen Sie los. Cashew-Hähnchen-Gerichte sind sehr beliebt, und meine Version ist außerdem fettärmer, da nur 15 ml Olivenöl verwendet werden. Doch es gibt eine Menge leckerer Zutaten, und wenn Sie Cashew-Hähnchen-Gerichte mögen, werden Sie von diesem Rezept begeistert sein.

VORBEREITUNGSZEIT: 10 MINUTEN / GARZEIT: 15 MINUTEN / PORTIONEN: 4

---

500 g Hähnchenbrust, in 2,5 cm lange Stücke geschnitten

Salz und frisch gemahlener schwarzer Pfeffer

¼ TL Chiliflocken

1 EL (15 ml) Olivenöl

1 EL (15 ml) Sesamöl

2 EL (30 ml) Austernsoße

60 ml salzarme Sojasoße

60 ml Hühnerfond

1 EL (8 g) Maisstärke

3 Knoblauchzehen, fein gehackt

2 EL (30 ml) Reisessig

1 grüne Paprikaschote, entkernt und klein geschnitten

1 rote Paprikaschote, entkernt und klein geschnitten

1 Zwiebel, in Scheiben geschnitten

70 g geröstete Cashewkerne

Frühlingszwiebeln, gehackt

gekochter Reis oder Nudeln als Beilage

Das Hähnchenfleisch mit Salz, schwarzem Pfeffer und Chiliflocken würzen.

Einen Wok oder eine große Pfanne auf hoher Stufe erhitzen. Das Olivenöl in den vorgeheizten Wok oder die vorgeheizte Pfanne geben. Das Hähnchenfleisch darin 8 Minuten braten, bis die Stücke gar sind und beginnen, goldbraun zu werden.

Währenddessen Sesamöl, Austernsoße, Sojasoße, Hühnerfond, Maisstärke, Knoblauch und Reisessig vermengen.

Paprikaschoten und Zwiebeln hinzufügen und 3 Minuten braten, bis die Zwiebeln weich und glasig werden.

Die vorbereitete Soße über das Hähnchen geben und 3 weitere Minuten garen, bis die Soße einzudicken beginnt.

Cashewkerne und Frühlingszwiebeln hinzufügen und gut umrühren. Sofort mit Reis oder Nudeln servieren.

SCHARFES HÄHNCHEN MIT ZUDELN

Dieses Hähnchengericht ist für alle jene gedacht, die scharfe Speisen mögen. Es ist süß, pikant und hat es in sich! Wenn Sie es mit Zucchini-Nudeln, also Zudeln, servieren, ist es nicht nur unglaublich lecker, sondern auch sehr gesund. Und das Beste ist, dass Sie lediglich 20 Minuten benötigen, um dieses geniale Mahl zuzubereiten. Wer behauptet, dass gesundes Essen langweilig schmecken muss?

VORBEREITUNGSZEIT: 10 MINUTEN / GARZEIT: 10 MINUTEN / PORTIONEN: 4

---

1 EL (15 ml) Sesamöl

2 EL (30 ml) Sriracha-Soße (siehe Hinweis)

3 Knoblauchzehen, fein gehackt

60 ml salzarme Sojasoße

1 EL (15 g) brauner Zucker

1 EL (8 g) Maisstärke

1 EL (15 ml) Olivenöl

500 g Hähnchenbrust ohne Haut und Knochen, in Würfel mit 2,5 cm Seitenlänge geschnitten

2 mittelgroße Zucchini, mit dem Spiralschneider in schmale Streifen geschnitten oder geraspelt (siehe Hinweis)

½ TL Chiliflocken

Salz und frisch gemahlener schwarzer Pfeffer

2 Frühlingszwiebeln, gehackt

In einer kleinen Schale Sesamöl, Sriracha-Soße, Knoblauch, Sojasoße, braunen Zucker und Maisstärke vermengen und beiseitestellen.

In einem Wok oder einer großen Pfanne das Olivenöl auf mittlerer bis hoher Stufe erhitzen. Darin das Hähnchen von beiden Seiten anbraten. Die Soße hineingeben und umrühren, damit das Hähnchenfleisch gleichmäßig benetzt wird. Etwa 5 Minuten erhitzen, bis die Soße ein wenig eingedickt ist.

Die Zudeln hinzufügen und untermischen. Gegebenenfalls mit Salz und schwarzem Pfeffer abschmecken, mit den Chiliflocken würzen und mit Frühlingszwiebeln garnieren.

HINWEIS: Sriracha-Soße ist eine scharfe Soße, die aus Chilischoten, Essig, Knoblauch, Zucker und Salz hergestellt wird. Wenn Sie keine Sriracha-Soße haben, können Sie stattdessen Ihre bevorzugte scharfe Soße verwenden.

Wenn Sie keinen Spiralschneider haben, um die Zudeln herzustellen, können Sie die Zucchini stattdessen auf einer Gemüsereibe raspeln.

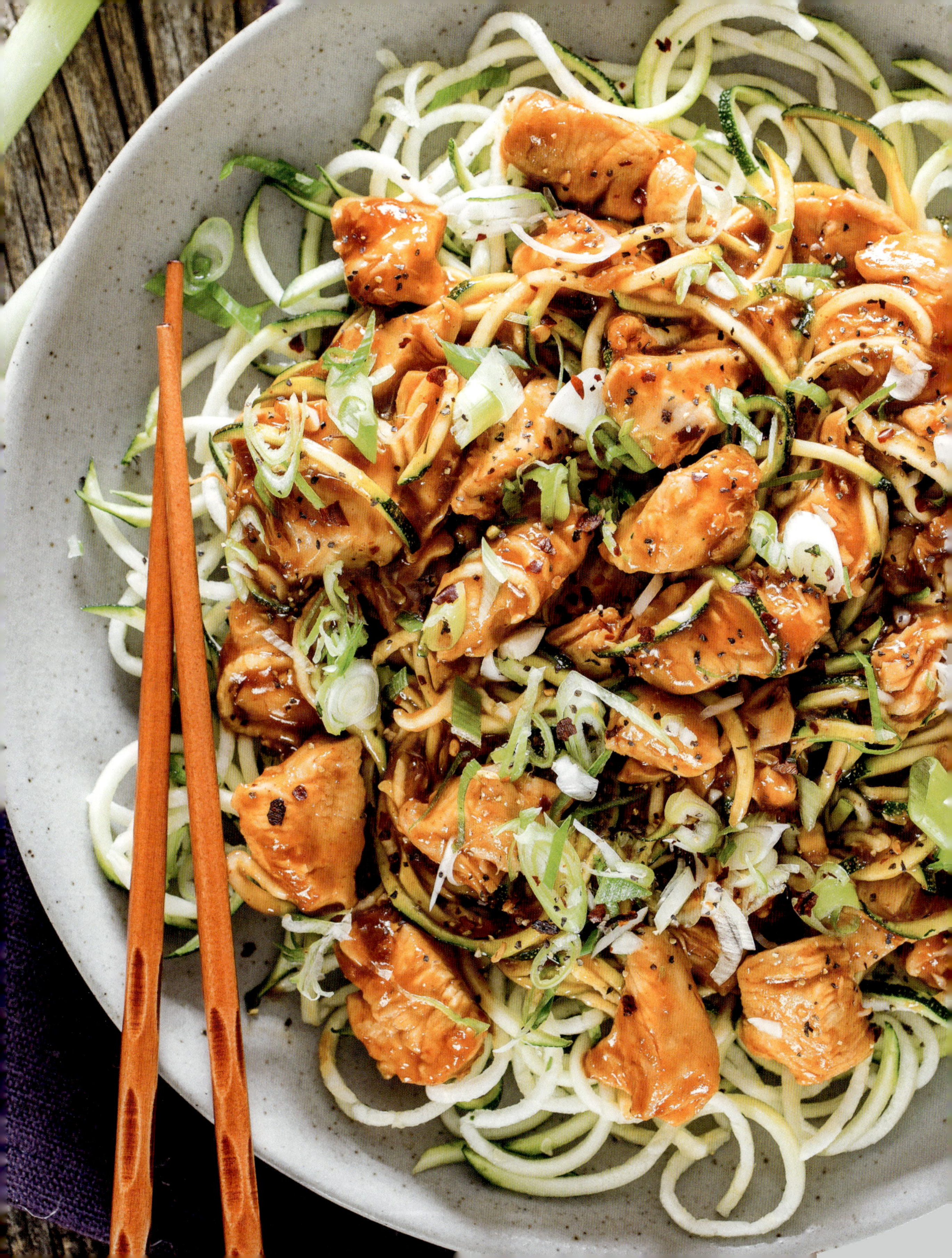

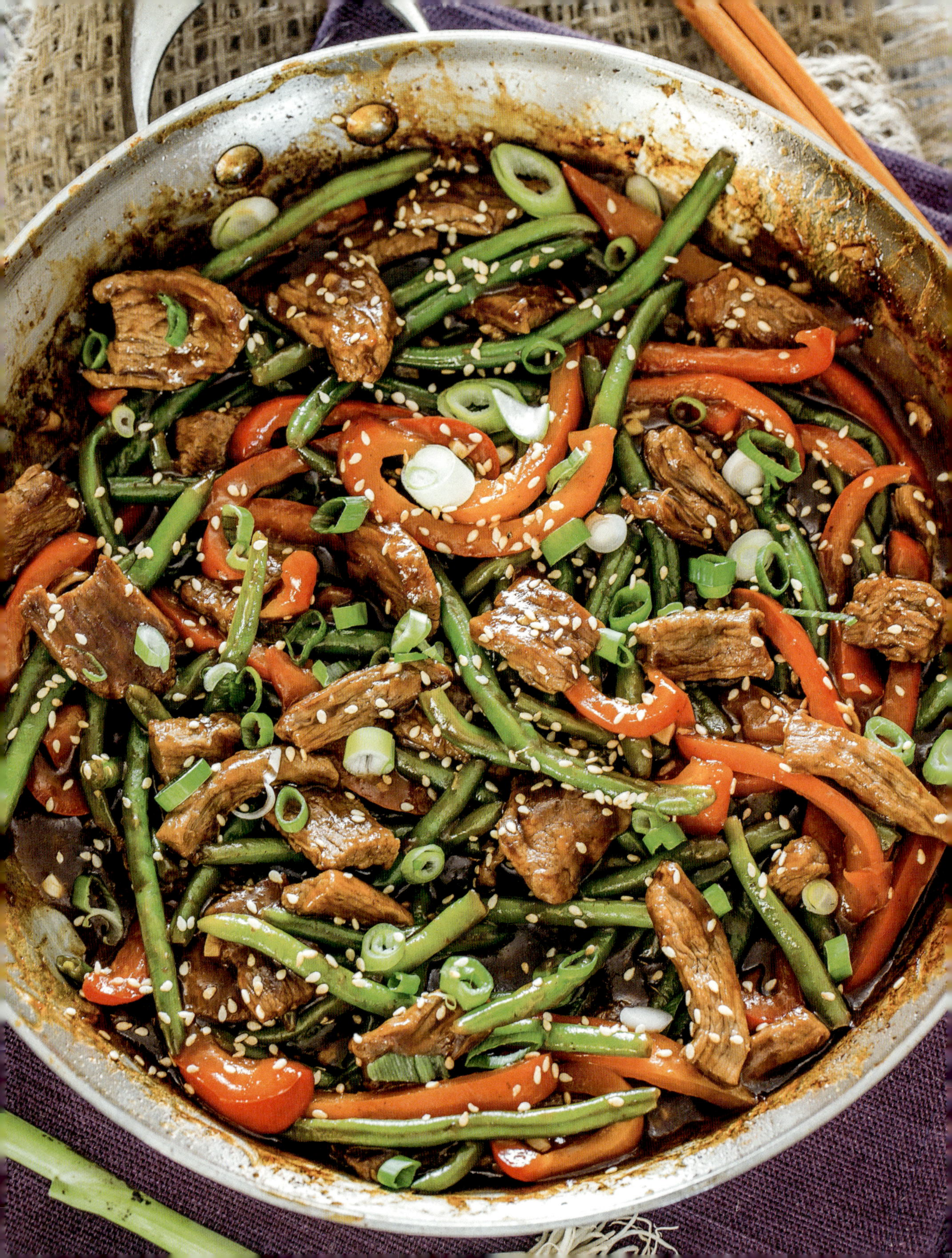

WOK-STEAK MIT PAPRIKASCHOTEN UND GRÜNEN BOHNEN

Es muss nicht immer ein Kampf sein, an Abenden unter der Woche eine Mahlzeit auf den Tisch zu bringen. Mit ein bisschen Vorbereitung und Organisation kann Ihr Abendessen im Handumdrehen fertig sein. Deshalb liebe ich dieses Gericht. Es erfordert nur wenig Vorbereitung, die darin besteht, das Flanksteak und die Paprikaschote zu schneiden. Das ist das Wunderbare an One-Pot-Gerichten: Sie sind schnell, überzeugend und sehr aromatisch.

VORBEREITUNGSZEIT: 5 MINUTEN / GARZEIT: 15 MINUTEN / PORTIONEN: 4

---

1 EL (15 ml) Olivenöl

350 g Flanksteak, dünn gegen die Faser geschnitten

1 EL (15 ml) Sesamöl

1 EL (15 g) brauner Zucker

60 ml salzarme Sojasoße

3 Knoblauchzehen, fein gehackt

1 EL (6 g) fein gehackter frischer Ingwer

1 EL (8 g) Maisstärke

60 ml Hühnerfond

1 EL (15 ml) scharfe Soße

1 rote Paprikaschote, entkernt und in lange dünne Streifen geschnitten

250 g frische grüne Bohnen

Salz und frisch gemahlener schwarzer Pfeffer

2 Frühlingszwiebeln, gehackt

gekochter Reis als Beilage

Das Olivenöl auf mittlerer bis hoher Stufe in einem Wok erhitzen.

Die Steakstücke im Wok 5 Minuten braten, bis sie gar sind.

Währenddessen in einer Schüssel Sesamöl, braunen Zucker, Sojasoße, Knoblauch, Ingwer, Maisstärke, Hühnerfond und scharfe Soße vermengen und beiseitestellen.

Paprika und grüne Bohnen in den Wok füllen, alles gut umrühren und weitere 5 Minuten braten.

Die vorbereitete Soße über Steak und Gemüse geben und weitere 3 Minuten erhitzen, bis die Soße ein wenig eindickt. Gegebenenfalls mit Salz und schwarzem Pfeffer würzen.

Mit Frühlingszwiebeln garnieren und mit Reis servieren.

15-MINUTEN-BRATREIS MIT GEMÜSE

Gebratener Reis ist eine der einfachsten Mahlzeiten überhaupt, und er ist ausgesprochen vielseitig. Hier habe ich mich für ein vegetarisches Reisgericht entschieden, für das Sie wirklich jedes beliebige Gemüse verwenden können – doch am gängigsten sind Paprikaschoten, Karotten und Erbsen. Ein schnelles und einfaches Gericht, das lecker schmeckt und in 15 Minuten fertig ist.

VORBEREITUNGSZEIT: 5 MINUTEN / GARZEIT: 10 MINUTEN / PORTIONEN: 4

---

1 EL (15 ml) Olivenöl
1 kleine Zwiebel, gehackt
1 Paprikaschote, entkernt und klein geschnitten
1 Karotte, gehackt
2 große Eier, verquirlt
100 g tiefgefrorene Erbsen
600 g gegarter Langkornreis
60 ml salzarme Sojasoße
1 EL (15 ml) dunkle Sojasoße
Sesam zum Servieren
scharfe Soße zum Servieren (optional)

In einem Wok das Olivenöl auf mittlerer bis hoher Stufe erhitzen. Zwiebeln, Paprikaschoten und Karotten hinzufügen und etwa 5 Minuten braten, bis die Zwiebeln weich werden.

Das Gemüse an die Seite des Woks schieben und die verquirlten Eier hineingießen. Wenn die Eier zu stocken beginnen, mit einem Holzlöffel umrühren, ungefähr 1 Minute (oder länger) anheben und zusammenklappen, bis nichts Flüssiges mehr zu sehen ist.

Tiefgefrorene Erbsen hinzufügen und gut unterrühren. 2 Minuten erhitzen, bis die Erbsen nicht mehr gefroren und durchgewärmt sind.

Den gekochten Reis in den Wok füllen, Sojasoße und dunkle Sojasoße über den Reis gießen. Alles gut verrühren und weitere 3 Minuten erhitzen.

Vor dem Servieren mit Sesam und, sofern gewünscht, mit scharfer Soße garnieren.

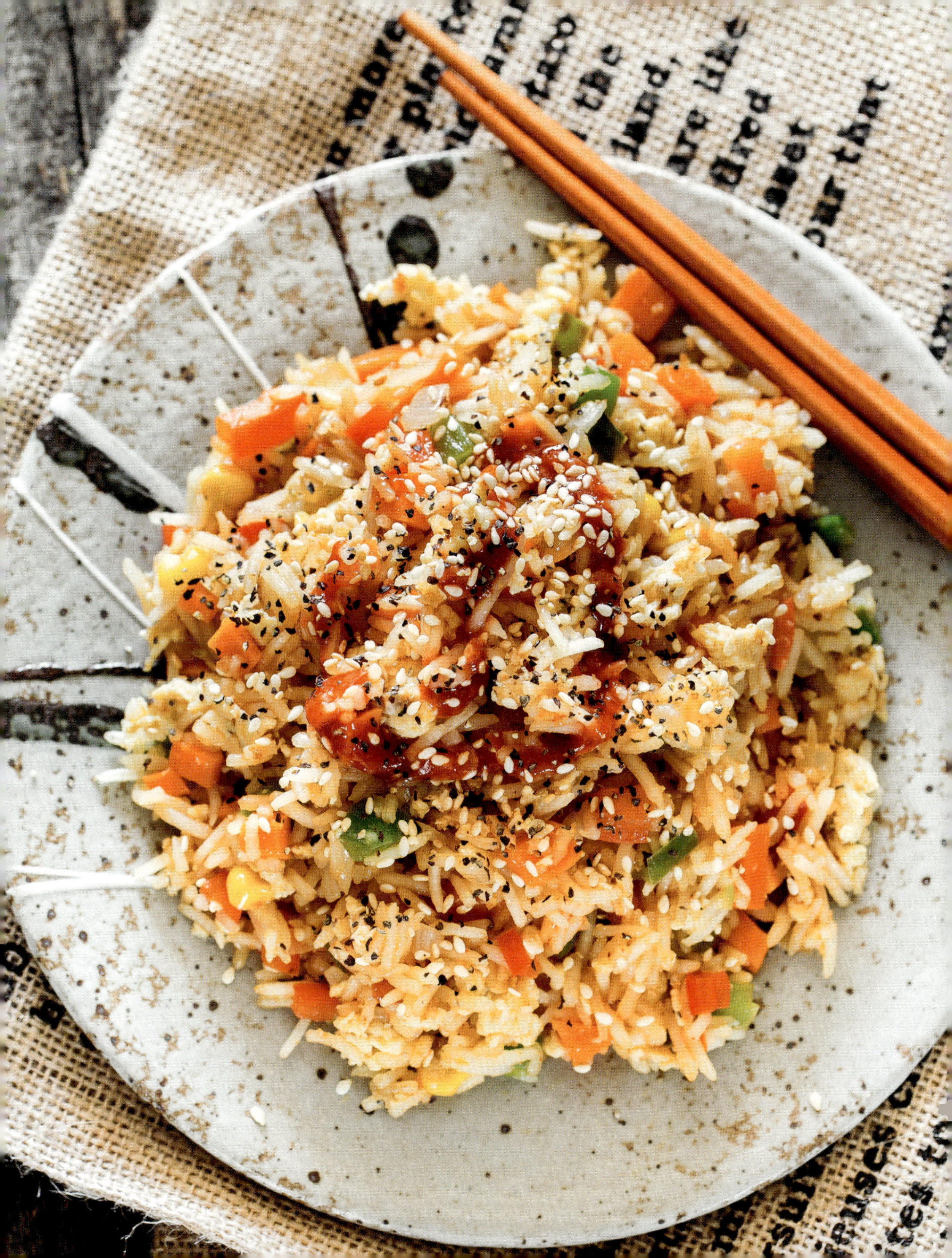

DANKSAGUNG

Zuallererst bedanke ich mich bei den Lesern meines Blogs, ohne die nichts von alledem möglich gewesen wäre: Danke, dass ihr meinen Blog Tag für Tag lest, dass ihr mir Rückmeldungen gebt, mich ermutigt und an mich glaubt.

Ich bedanke mich bei meinem Mann, Remo, der mein allergrößter Fan ist, mir hilft und mich unterstützt, nicht nur bei diesem Projekt, sondern immer. Danke, dass du meine Wutanfälle aushältst und mein Fels in der Brandung bist, wenn ich dich brauche.

Ein Dank geht auch an das Team von Page Street Publishing, das mir geholfen hat, dieses Buch zu realisieren. Ein besonderer Dank gilt meiner hervorragenden Lektorin, Marissa Giambelluca: Danke für den Glauben daran, dass ich das schaffen werde. Ich bin froh, euch alle kennengelernt zu haben.

Ich bedanke mich bei meinen Eltern und meiner Schwester für all eure Unterstützung, eure Liebe und dafür, dass ihr nie an mir zweifelt.

Zu guter Letzt ein Dank an die Person, die dieses Buch liest.

ÜBER DIE AUTORIN

Joanna Cismaru beschäftigt sich hauptberuflich mit der Entwicklung von Rezepten, dem Bloggen und Fotografieren für ihren beliebten Food-Blog Jo Cooks. Vor ihrer Blogger-Karriere arbeitete sie 15 Jahre im IT-Bereich in sehr stressigen Jobs. Zum Ausgleich begann sie zu bloggen und entdeckte dabei ihre Liebe zum Kochen. Obwohl sie schon immer gern gekocht und früher ihrer Mutter in der Küche geholfen hat, kochte sie zu Hause zunächst nicht oft, träumte aber insgeheim davon, ausgefallene und raffinierte Mahlzeiten zuzubereiten.

Auf ihrem Blog gab Joanna viele Familienrezepte preis und erkannte, dass sie eine Leidenschaft fürs Kochen und Backen hat. Da sie nach wie vor einer Vollzeitbeschäftigung nachging, suchte Joanna immer nach einfachen und schnellen Gerichten, die aber trotzdem lecker und aromatisch sein sollten. Sie schob ihre Unsicherheit beiseite und experimentierte tagein, tagaus in ihrer Küche – und im Handumdrehen war aus ihrer Leidenschaft eine hauptberufliche Beschäftigung entstanden, dank der sie ihren Traum leben konnte.

Joanna ist ein wunderbares Beispiel für die Binsenweisheit, dass man mit genügend Leidenschaft und Durchhaltevermögen seine Träume umsetzen kann.

Sie lebt mit ihrem Mann Remo in Calgary (Alberta, Kanada). Die Internetadresse für Joannas Blog lautet: www.jocooks.com.

REZEPTVERZEICHNIS

15-Minuten-Bratreis mit Gemüse, 180–181

15-Minuten-Kalbsschnitzel mit grünem Spargel, 58–59

20-Minuten-Koteletts und Shiitake in weißer Soße, 50–51

20-Minuten-Kung-Pao mit Schweinefleisch, 168–169

Adobo-Schweinekoteletts, 70–71

Apfel-Brokkoli-Salat mit Rosinen und Käse, 108–109

Arme Ritter aus dem Ofen, 102–103

Auflauf mit Grillhähnchen und griechischen Nudeln, 90–91

Beeren-Quinoa-Haferbrei zum Frühstück, 52–53

Birnen-Grünkohl-Salat mit Ziegenkäse, 122–123

Brathähnchen-Feigen-Salat, 118–119

Brathähnchen mit cremiger Knoblauch-Wein-Soße, 38–39

Brokkoli-Udon-Wokgericht mit Rindfleisch, 160–161

Chow Mein mit Rindfleisch und Gemüse, 170–171

Einfache Wurst-Bohnen-Suppe, 154–155

Einfacher 11-Minuten-Ingwer-Knoblauch-Brokkolini, 72–73

Einfacher Auflauf mit Käse-Piroggen, 88–89

Einfacher Fünf-Zutaten-Krautsalat, 110–111

Einfacher Käse-Blumenkohl-Brokkoli-Auflauf, 94–95

Einfacher mexikanischer Hähnchen-Couscous-Auflauf mit Käse, 98–99

Einfacher und schneller Spargel-Hähnchen-Reistopf, 128–129

Einfaches Speck-Cheddar-Omelett mit Apfel, 64–65

Erdbeer-Hähnchen-Pizza mit Crema di Balsamico, 12–13

Fettarmes 30-Minuten-Cashew-Hähnchen, 174–175

Fiesta-Hühnersuppe mit Tortilla-Chips, 156–157

Gebackener Rosenkohl mit Cranberrys und luftgetrocknetem Schinken, 18–19

Gebratene Jakobsmuscheln mit Butter-Weißwein-Soße, 44–45

Gebratener Tilapia in Thai-Kokos-Soße, 42–43

Gebratener Tilapia mit Zitronen-Butter-Soße, 40–41

Geniale Hamburger aus dem Topf, 138–139

Griechisches Hähnchen mit Feta-Nudeln, 148–149

Grüner Spargel, Pilze und Steak in Schwarze-Bohnen-Soße, 162–163

Guinness-Krabben-Suppe mit Cheddar, 144–145

Hähnchen-Garnelen-Paella, 60–61

Hähnchen-Ossobuco, 56–57

Hähnchen-Tomatillo-Salat, 106–107

Hähnchen-Tortilla-Auflauf »Santa Fe«, 96–97

Harissa-Hähnchen mit Couscous, 150–151

Honig-Senf-Lachs mit Brokkoli aus dem Ofen, 14–15

Indischer Pilaw mit Kichererbsen, 48–49

Italienisches Hähnchen mit Linguine, 34–35

Knoblauch-Hoisin-Riesengarnelen mit Pilzen und grünem Spargel, 166–167

Köstliche Puten-Pilz-Pfanne mit Asiago-Käse, 74–75

Köstlicher Apple Crumble mit Zimt, 80–81

Kreolische 15-Minuten-Garnelen aus dem Ofen, 16–17

Kung Pao mit Hähnchen, 172–173

Lachs mit Pistazienkruste und Ofengemüse, 24–25

Maisbrot mit Käse und getrockneten Tomaten, 78–79

Mangold-Kichererbsen-Quinoa, 130–131

Marokkanischer Hähnchen-Couscous, 134–135

Mediterrane Hähnchen-Pesto-Pizza, 20–21

Mediterraner Zudel-Salat, 114–115

Nudel-Jambalaya mit Wurst und Hähnchen, 62–63

Paprikaschoten und ihre Füllung als Auflauf, 84–85

Parmesan-Butternut-Kürbis und Paprikaschoten aus dem Ofen, 26–27

Parmesan-Erbsen-Risotto aus griechischen Nudeln, 46–47

Pizza »The Big Easy«, 22–23

Pizza mit gebratenen Zwiebeln, Schinken und Ziegenkäse, 10–11

Quinoa-Pilaw mit Pute und Pilzen, 132–133

Rauchig-scharfer Bohneneintopf mit Speck, 142–143

Rosenkohlsalat mit Cranberrys und Pecorino, 112–113

Rucola-Melonen-Salat mit Räucherlachs, 124–215

Scharfe Käse-Shakshuka für Faule, 68–69

Scharfes Hähnchen mit Zudeln, 176–177

Schinken-Käse-Creme im Brotrand, 120–211

Schnelle Bohnen-Nudeln, 152–153

Schneller Hähnchen-Wurst-Eintopf, 146–147

Schneller Pizza-Tortellini-Auflauf, 76–77

Schneller und einfacher Hähnchen-Enchilada-Auflauf mit grünem Chili, 100–101

Schnelles Ananas-Hähnchen, 164–165

Schnelles und einfaches Weißwein-Pilz-Risotto, 36–37

Schweinekoteletts mit cremiger Kräuter-Senf-Soße, 66–67

Spaghetti alla carbonara mit einfachem Basilikum-Rucola-Pesto, 30–31

Thai-Hähnchensalat mit würzigem Erdnussdressing, 116–117

Tomaten-Zucchini-Auflauf mit Knoblauch und Parmesan, 92–93

Ungarisches Schweinegulasch, 140–141

Unkomplizierte Bier-Cheddar-Suppe, 136–137

Wok-Steak mit Paprikaschoten und grünen Bohnen, 178–179

Wurst-Spinat-Reis mit Pilzen, 86–87

Würziger Garnelen-Hähnchen-Gumbo, 32–33

REGISTER

A

Äpfel
- Apfel-Brokkoli-Salat mit Rosinen und Käse, 108–109
- Einfaches Speck-Cheddar-Omelett mit Apfel, 64–65
- Köstlicher Apple Crumble mit Zimt, 80–81

Arborio-Reis
- Schnelles und einfaches Weißwein-Pilz-Risotto, 36–37

Asia-Gerichte. *Siehe auch in Inhaltsverzeichnis unter Wokgerichte*
- Gebratener Tilapia in Thai-Kokos-Soße, 42–43
- Thai-Hähnchensalat mit würzigem Erdnussdressing, 116–117

Aufläufe, 82–83
- Arme Ritter aus dem Ofen, 102–103
- Auflauf mit Grillhähnchen und griechischen Nudeln, 90–91
- Einfacher Auflauf mit Käse-Piroggen, 88–89
- Einfacher Käse-Blumenkohl-Brokkoli-Auflauf, 94–95
- Einfacher mexikanischer Hähnchen-Couscous-Auflauf mit Käse, 98–99
- Hähnchen-Tortilla-Auflauf »Santa Fe«, 96–97
- Paprikaschoten und ihre Füllung als Auflauf, 84–85
- Schneller und einfacher Hähnchen-Enchilada-Auflauf mit grünem Chili, 100–101
- Tomaten-Zucchini-Auflauf mit Knoblauch und Parmesan, 92–93
- Wurst-Spinat-Reis mit Pilzen, 86–87

B

Basilikum-Pesto. *Siehe Pesto*

Beeren
- Beeren-Quinoa-Haferbrei zum Frühstück, 52–53
- Erdbeer-Hähnchen-Pizza mit Crema di Balsamico, 12–13
- Gebackener Rosenkohl mit Cranberrys und luftgetrocknetem Schinken, 18–19
- Rosenkohlsalat mit Cranberrys und Pecorino, 112–113

Beilagen
- Einfacher 11-Minuten-Ingwer-Knoblauch-Brokkolini, 72–73
- Einfacher Käse-Blumenkohl-Brokkoli-Auflauf, 94–95
- Gebackener Rosenkohl mit Cranberrys und luftgetrocknetem Schinken, 18–19
- Mangold-Kichererbsen-Quinoa, 130–131
- Parmesan-Butternut-Kürbis und Paprikaschoten aus dem Ofen, 26–27
- Parmesan-Erbsen-Risotto aus griechischen Nudeln, 46–47
- Tomaten-Zucchini-Auflauf mit Knoblauch und Parmesan, 92–93

Bier
- Guinness-Krabben-Suppe mit Cheddar, 144–145
- Unkomplizierte Bier-Cheddar-Suppe, 136–137

Bohnen
- Einfache Wurst-Bohnen-Suppe, 154–155
- Indischer Pilaw mit Kichererbsen, 48–49
- Hähnchen-Tortilla-Auflauf »Santa Fe«, 96–97
- Mangold-Kichererbsen-Quinoa, 130–131
- Rauchig-scharfer Bohneneintopf mit Speck, 142–143
- Schnelle Bohnen-Nudeln, 152–153
- Grüner Spargel, Pilze und Steak in Schwarze-Bohnen-Soße, 162–163

Brot
- Arme Ritter aus dem Ofen, 102–103
- Maisbrot mit Käse und getrockneten Tomaten, 78–79
- Schinken-Käse-Creme im Brotrand, 120–121

Brokkoli
- Apfel-Brokkoli-Salat mit Rosinen und Käse, 108–109

- Brokkoli-Udon-Wokgericht mit Rindfleisch, 160–161
- Einfacher Käse-Blumenkohl-Brokkoli-Auflauf, 94–95
- Honig-Senf-Lachs mit Brokkoli aus dem Ofen, 14–15

Brokkolini
- Einfacher 11-Minuten-Ingwer-Knoblauch-Brokkolini, 72–73

Butternut-Kürbis
- Parmesan-Butternut-Kürbis und Paprikaschoten aus dem Ofen, 26–27

C

Cantaloupe-Melone
- Rucola-Melonen-Salat mit Räucherlachs, 124–125

Cheddar
- Einfaches Speck-Cheddar-Omelett mit Apfel, 64–65
- Guinness-Krabben-Suppe mit Cheddar, 144–145
- Unkomplizierte Bier-Cheddar-Suppe, 136–37

Couscous
- Einfacher mexikanischer Hähnchen-Couscous-Auflauf mit Käse, 98–99
- Harissa-Hähnchen mit Couscous, 150–151
- Marokkanischer Hähnchen-Couscous, 134–135

Cranberrys
- Gebackener Rosenkohl mit Cranberrys und luftgetrocknetem Schinken, 18–19
- Rosenkohlsalat mit Cranberrys und Pecorino, 112–113

Crumble
- Köstlicher Apple Crumble mit Zimt, 80–81

D

Dip
- Schinken-Käse-Creme im Brotrand, 120–121

E

Eier
- Einfaches Speck-Cheddar-Omelett mit Apfel, 64–65
- Scharfe Käse-Shakshuka für Faule, 68–69

Enchiladas
- Schneller und einfacher Hähnchen-Enchilada-Auflauf mit grünem Chili, 100–101

Erbsen
- 15-Minuten-Bratreis mit Gemüse, 180–181
- Parmesan-Erbsen-Risotto aus griechischen Nudeln, 46–47

Erdnussbutter
- Thai-Hähnchensalat mit würzigem Erdnussdressing, 116–117

F

Feta
- Griechisches Hähnchen mit Feta-Nudeln, 148–149

Fisch
- Gebratener Tilapia in Thai-Kokos-Soße, 42–43
- Gebratener Tilapia mit Zitronen-Butter-Soße, 40–41
- Honig-Senf-Lachs mit Brokkoli aus dem Ofen, 14–15
- Lachs mit Pistazienkruste und Ofengemüse, 24–25
- Rucola-Melonen-Salat mit Räucherlachs, 124–125

Frühstück
- Arme Ritter aus dem Ofen, 102–103
- Beeren-Quinoa-Haferbrei zum Frühstück, 52–53
- Einfaches Speck-Cheddar-Omelett mit Apfel, 64–65

G

Garnelen
- Hähnchen-Garnelen-Paella, 60–61
- Knoblauch-Hoisin-Riesengarnelen mit Pilzen und grünem Spargel, 166–167
- Kreolische 15-Minuten-Garnelen aus dem Ofen, 16–17
- Pizza »The Big Easy«, 22–23
- Würziger Garnelen-Hähnchen-Gumbo, 32–33

Gemüse. *Siehe auch einzelne Gemüsesorten*
- 15-Minuten-Bratreis mit Gemüse, 180–181
- Chow Mein mit Rindfleisch und Gemüse, 170–171
- Lachs mit Pistazienkruste und Ofengemüse, 24–25

Griechische Nudeln
- Parmesan-Erbsen-Risotto aus griechischen Nudeln, 46–47
- Auflauf mit Grillhähnchen und griechischen Nudeln, 90–91

Grünkohl
- Birnen-Grünkohl-Salat mit Ziegenkäse, 122–123

Grüne Bohnen
- Wok-Steak mit Paprikaschoten und grünen Bohnen, 178–179

Grüne Chilischoten
- Schneller und einfacher Hähnchen-Enchilada-Auflauf mit grünem Chili, 100–101

H

Hähnchen
- Auflauf mit Grillhähnchen und griechischen Nudeln, 90–91
- Brathähnchen mit cremiger Knoblauch-Wein-Soße, 38–39
- Brathähnchen-Feigen-Salat, 118–119
- Einfacher mexikanischer Hähnchen-Couscous-Auflauf mit Käse, 98–99
- Einfacher und schneller Spargel-Hähnchen-Reistopf, 128–129
- Erdbeer-Hähnchen-Pizza mit Crema di Balsamico, 12–13
- Fettarmes 30-Minuten-Cashew-Hähnchen, 174–175
- Fiesta-Hühnersuppe mit Tortilla-Chips, 156–157
- Griechisches Hähnchen mit Feta-Nudeln, 148–149
- Hähnchen-Garnelen-Paella, 60–61
- Hähnchen-Ossobuco, 56–57
- Hähnchen-Tomatillo-Salat, 106–107
- Hähnchen-Tortilla-Auflauf »Santa Fe«, 96–97
- Harissa-Hähnchen mit Couscous, 150–151
- Italienisches Hähnchen mit Linguine, 34–35
- Kung Pao mit Hähnchen, 172–73
- Marokkanischer Hähnchen-Couscous, 134–135
- Mediterrane Hähnchen-Pesto-Pizza, 20–21
- Nudel-Jambalaya mit Wurst und Hähnchen, 62–63
- Scharfes Hähnchen mit Zudeln, 176–177
- Schneller Hähnchen-Wurst-Eintopf, 146–47
- Schneller und einfacher Hähnchen-Enchilada-Auflauf mit grünem Chili, 100–101
- Schnelles Ananas-Hähnchen, 164–165
- Thai-Hähnchensalat mit würzigem Erdnussdressing, 116–117
- Würziger Garnelen-Hähnchen-Gumbo, 32–33

Hafer
- Beeren-Quinoa-Haferbrei zum Frühstück, 52–53

Hoisin-Soße
- Knoblauch-Hoisin-Riesengarnelen mit Pilzen und Spargel, 166–167

I

Ingwer
- Einfacher 11-Minuten-Ingwer-Knoblauch-Brokkolini, 72–73

Italienische Gerichte. *Siehe auch Pizza*
- Einfache Wurst-Bohnen-Suppe, 154–155
- Hähnchen-Ossobuco, 56–57
- Italienisches Hähnchen mit Linguine, 34–35
- Paprikaschoten und ihre Füllung als Auflauf, 84–85
- Parmesan-Erbsen-Risotto aus griechischen Nudeln, 46–47
- Schnelle Bohnen-Nudeln, 152–153
- Spaghetti alla carbonara mit einfachem Basilikum-Rucola-Pesto, 30–31

J

Jakobsmuscheln
- Gebratene Jakobsmuscheln mit Butter-Weißwein-Soße, 44–45

K

Karotten
- 15-Minuten-Bratreis mit Gemüse, 180–181
- Einfache Wurst-Bohnen-Suppe, 154–155
- Geniale Hamburger aus dem Topf, 138–139
- Hähnchen-Ossobuco, 56–57
- Marokkanischer Hähnchen-Couscous, 134–135
- Schnelle Bohnen-Nudeln, 152–53

Käse
- Apfel-Brokkoli-Salat mit Rosinen und Käse, 108–109
- Einfaches Speck-Cheddar-Omelett mit Apfel, 64–65
- Einfacher Käse-Blumenkohl-Brokkoli-Auflauf, 94–95

- Einfacher mexikanischer Hähnchen-Couscous-Auflauf mit Käse, 98–99
- Einfacher Auflauf mit Käse-Piroggen, 88–89
- Tomaten-Zucchini-Auflauf mit Knoblauch und Parmesan, 92–93
- Griechisches Hähnchen mit Feta-Nudeln, 148–149
- Guinness-Krabben-Suppe mit Cheddar, 144–145
- Schinken-Käse-Creme im Brotrand, 120–121
- Scharfe Käse-Shakshuka für Faule, 68–69
- Unkomplizierte Bier-Cheddar-Suppe, 136–137
- Parmesan-Erbsen-Risotto aus griechischen Nudeln, 46–47
- Birnen-Grünkohl-Salat mit Ziegenkäse, 122–123
- Parmesan-Butternusskürbis und Paprikaschoten aus dem Ofen, 26–27
- Hähnchen-Tortilla-Auflauf »Santa Fe«, 96–97
- Köstliche Puten-Pilz-Pfanne mit Asiago-Käse, 74–75
- Rosenkohlsalat mit Cranberrys und Pecorino, 112–113
- Maisbrot mit Käse und getrockneten Tomaten, 78–79
- Pizza mit gebratenen Zwiebeln, Schinken und Ziegenkäse, 10–11

Kartoffeln
- Einfacher Auflauf mit Käse-Piroggen, 88–89
- Ungarisches Schweinegulasch, 140–141

Kichererbsen
- Indischer Pilaw mit Kichererbsen, 48–49
- Mangold-Kichererbsen-Quinoa, 130–131

Knoblauch
- Brathähnchen mit cremiger Knoblauch-Wein-Soße, 38–39
- Einfacher 11-Minuten-Ingwer-Knoblauch-Brokkolini, 72–73
- Knoblauch-Hoisin-Riesengarnelen mit Pilzen und Spargel, 166–167
- Tomaten-Zucchini-Auflauf mit Knoblauch und Parmesan, 92–93

Kohl
- Chow Mein mit Rindfleisch und Gemüse, 170–171
- Einfacher Fünf-Zutaten-Krautsalat, 110–111

Kokosmilch
- Gebratener Tilapia in Thai-Kokos-Soße, 42–43

Kürbis
- Parmesan-Butternut-Kürbis und Paprikaschoten aus dem Ofen, 26–27

L

Lachs
- Honig-Senf-Lachs mit Brokkoli aus dem Ofen, 14–15
- Lachs mit Pistazienkruste und Ofengemüse, 24–25
- Rucola-Melonen-Salat mit Räucherlachs, 124–125

Luftgetrockneter Schinken
- Gebackener Rosenkohl mit Cranberrys und luftgetrocknetem Schinken, 18–19
- Pizza mit gebratenen Zwiebeln, Schinken und Ziegenkäse, 10–11

M

Mais
- Hähnchen-Tortilla-Auflauf »Santa Fe«, 96–97

Makkaroni
- Geniale Hamburger aus dem Topf, 138–139

Meeresfrüchte
- Gebratene Jakobsmuscheln mit Butter-Weißwein-Soße, 44–45
- Guinness-Krabben-Suppe mit Cheddar, 144–145

Mexikanische Gerichte
- Einfacher mexikanischer Hähnchen-Couscous-Auflauf mit Käse, 98–99
- Fiesta-Hühnersuppe mit Tortilla-Chips, 156–157
- Schneller und einfacher Hähnchen-Enchilada-Auflauf mit grünem Chili, 100–101

N

Nudeln. *Siehe auch unter den einzelnen Nudelsorten sowie Zudeln*
- Brokkoli-Udon-Wokgericht mit Rindfleisch, 160–161
- Chow Mein mit Rindfleisch und Gemüse, 170–171

Nüsse
- Fettarmes 30-Minuten-Cashew-Hähnchen, 174–175

O

Omelett
- Einfaches Speck-Cheddar-Omelett mit Apfel, 64–65

P

Paella
- Hähnchen-Garnelen-Paella, 60–61

Pak Choi
- Chow Mein mit Rindfleisch und Gemüse, 170–171

Paprikaschoten
- 15-Minuten-Bratreis mit Gemüse, 180–181
- Fettarmes 30-Minuten-Cashew-Hähnchen, 174–175
- Lachs mit Pistazienkruste und Ofengemüse, 24–25
- Paprikaschoten und ihre Füllung als Auflauf, 84–85
- Parmesan-Butternut-Kürbis und Paprikaschoten aus dem Ofen, 26–27
- Wok-Steak mit Paprikaschoten und grünen Bohnen, 178–179

Parmesan
- Parmesan-Butternusskürbis und Paprikaschoten aus dem Ofen, 26–27
- Parmesan-Erbsen-Risotto aus griechischen Nudeln, 46–47
- Scharfe Käse-Shakshuka für Faule, 68–69
- Tomaten-Zucchini-Auflauf mit Knoblauch und Parmesan, 92–93

Pasta. *Siehe auch Nudeln*
- Auflauf mit Grillhähnchen und griechischen Nudeln, 90–91
- Geniale Hamburger aus dem Topf, 138–139
- Griechisches Hähnchen mit Feta-Nudeln, 148–149
- Italienisches Hähnchen mit Linguine, 34–35
- Nudel-Jambalaya mit Wurst und Hähnchen, 62–63
- Parmesan-Erbsen-Risotto aus griechischen Nudeln, 46–47
- Schnelle Bohnen-Nudeln, 152–153
- Schneller Pizza-Tortellini-Auflauf, 76–77
- Spaghetti alla carbonara mit einfachem Basilikum-Rucola-Pesto, 30–31

Pecorino-Käse
- Rosenkohlsalat mit Cranberrys und Pecorino, 112–113

Penne
- Nudel-Jambalaya mit Wurst und Hähnchen, 62–63

Pesto
- Mediterrane Hähnchen-Pesto-Pizza, 20–21
- Pizza »The Big Easy«, 22–23
- Spaghetti alla carbonara mit einfachem Basilikum-Rucola-Pesto, 30–31

Pilze
- 20-Minuten-Koteletts und Shiitake in weißer Soße, 50–51
- Knoblauch-Hoisin-Riesengarnelen mit Pilzen und grünem Spargel, 166–167
- Köstliche Puten-Pilz-Pfanne mit Asiago-Käse, 74–75
- Quinoa-Pilaw mit Pute und Pilzen, 132–133
- Schnelles und einfaches Weißwein-Pilz-Risotto, 36–37
- Grüner Spargel, Pilze und Steak in Schwarze-Bohnen-Soße, 162–163
- Wurst-Spinat-Reis mit Pilzen, 86–87

Pizza
- Erdbeer-Hähnchen-Pizza mit Crema di Balsamico, 12–13
- Mediterrane Hähnchen-Pesto-Pizza, 20–21
- Pizza »The Big Easy«, 22–23
- Pizza mit gebratenen Zwiebeln, Schinken und Ziegenkäse, 10–11
- Schneller Pizza-Tortellini-Auflauf, 76–77

Pute
- Köstliche Puten-Pilz-Pfanne mit Asiago-Käse, 74–75
- Quinoa-Pilaw mit Pute und Pilzen, 132–133

Q

Quinoa
- Beeren-Quinoa-Haferbrei zum Frühstück, 52–53
- Mangold-Kichererbsen-Quinoa, 130–131
- Quinoa-Pilaw mit Pute und Pilzen, 132–133

R

Reis
- 15-Minuten-Bratreis mit Gemüse, 180–181
- Einfacher und schneller Spargel-Hähnchen-Reistopf, 128–129

- Hähnchen-Garnelen-Paella, 60–61
- Indischer Pilaw mit Kichererbsen, 48–49
- Schnelles und einfaches Weißwein-Pilz-Risotto, 36–37
- Wurst-Spinat-Reis mit Pilzen, 86–87

Rindfleisch
- Brokkoli-Udon-Wokgericht mit Rindfleisch, 160–161
- Chow Mein mit Rindfleisch und Gemüse, 170–171
- Geniale Hamburger aus dem Topf, 138–139
- Paprikaschoten und ihre Füllung als Auflauf, 84–85
- Grüner Spargel, Pilze und Steak in Schwarze-Bohnen-Soße, 162–163
- Wok-Steak mit Paprikaschoten und grünen Bohnen, 178–179

Risotto
- Parmesan-Erbsen-Risotto aus griechischen Nudeln, 46–47
- Schnelles und einfaches Weißwein-Pilz-Risotto, 36–37

Rosenkohl
- Gebackener Rosenkohl mit Cranberrys und luftgetrocknetem Schinken, 18–19
- Rosenkohlsalat mit Cranberrys und Pecorino, 112–13

Rucola
- Rucola-Melonen-Salat mit Räucherlachs, 124–125
- Spaghetti alla carbonara mit einfachem Basilikum-Rucola-Pesto, 30–31

S

Salate
- Apfel-Brokkoli-Salat mit Rosinen und Käse, 108–109
- Birnen-Grünkohl-Salat mit Ziegenkäse, 122–123
- Brathähnchen-Feigen-Salat, 118–119
- Hähnchen-Tomatillo-Salat, 106–107
- Mediterraner Zudel-Salat, 114–115
- Rosenkohlsalat mit Cranberrys und Pecorino, 112–113
- Rucola-Melonen-Salat mit Räucherlachs, 124–125
- Thai-Hähnchensalat mit würzigem Erdnussdressing, 116–117

Schweinefleisch. *Siehe auch Speck, luftgetrockneter Schinken, Wurst*
- 20-Minuten-Koteletts und Shiitake in weißer Soße, 50–51
- 20-Minuten-Kung-Pao mit Schweinefleisch, 168–169
- Adobo-Schweinekoteletts, 70–71
- Paprikaschoten und ihre Füllung als Auflauf, 84–85
- Schinken-Käse-Creme im Brotrand, 120–121
- Schweinekoteletts mit cremiger Kräuter-Senf-Soße, 66–67
- Ungarisches Schweinegulasch, 140–141

Senf
- Honig-Senf-Lachs mit Brokkoli aus dem Ofen, 14–15
- Schweinekoteletts mit cremiger Kräuter-Senf-Soße, 66–67

Spaghetti
- Spaghetti alla carbonara mit einfachem Basilikum-Rucola-Pesto, 30–31

Spargel, grüner
- 15-Minuten-Kalbsschnitzel mit grünem Spargel, 58–59
- Einfacher und schneller Spargel-Hähnchen-Reistopf, 128–129
- Knoblauch-Hoisin-Riesengarnelen mit Pilzen und grünem Spargel, 166–167
- Grüner Spargel, Pilze und Steak in Schwarze-Bohnen-Soße, 162–63

Speck
- Einfaches Speck-Cheddar-Omelett mit Apfel
- Rauchig-scharfer Bohneneintopf mit Speck
- Spaghetti alla carbonara mit einfachem Basilikum-Rucola-Pesto

Spinat
- Wurst-Spinat-Reis mit Pilzen, 86–87

Sriracha-Soße
- 20-Minuten-Kung-Pao mit Schweinefleisch, 168–169
- Gebratener Tilapia in Thai-Kokos-Soße, 42–43
- Geniale Hamburger aus dem Topf, 138–139
- Scharfe Käse-Shakshuka für Faule, 68–69
- Scharfes Hähnchen mit Zudeln, 176–177

Suppen
- Einfache Wurst-Bohnen-Suppe, 154–155
- Fiesta-Hühnersuppe mit Tortilla-Chips, 156–157
- Guinness-Krabben-Suppe mit Cheddar, 144–145
- Schnelle Bohnen-Nudeln, 152–153
- Unkomplizierte Bier-Cheddar-Suppe, 136–137

Südstaaten-Gerichte
- Hähnchen-Tomatillo-Salat, 106–107
- Hähnchen-Tortilla-Auflauf »Santa Fe«, 96–97

T

Tilapia
- Gebratener Tilapia in Thai-Kokos-Soße, 42–43
- Gebratener Tilapia mit Zitronen-Butter-Soße, 40–41

Tomaten
- Lachs mit Pistazienkruste und Ofengemüse, 24–25
- Maisbrot mit Käse und getrockneten Tomaten, 78–79
- Tomaten-Zucchini-Auflauf mit Knoblauch und Parmesan, 92–93

Tortillas oder Tortilla-Chips
- Fiesta-Hühnersuppe mit Tortilla-Chips, 156–157
- Hähnchen-Tortilla-Auflauf »Santa Fe«, 96–97
- Schneller und einfacher Hähnchen-Enchilada-Auflauf mit grünem Chili, 100–101

U

Ungarisches Schweinegulasch, 140–141

Udon-Nudeln
- Brokkoli-Udon-Wokgericht mit Rindfleisch, 160–161

W

Wein
- Brathähnchen mit cremiger Knoblauch-Wein-Soße, 38–39
- Gebratene Jakobsmuscheln mit Butter-Weißwein-Soße, 44–45
- Schnelles und einfaches Weißwein-Pilz-Risotto, 36–37

Würzige Tomatensoße
- Scharfe Käse-Shakshuka für Faule, 68–69

Wurst
- Einfache Wurst-Bohnen-Suppe, 154–155
- Nudel-Jambalaya mit Wurst und Hähnchen, 62–63
- Pizza »The Big Easy«, 22–23
- Schneller Hähnchen-Wurst-Eintopf, 146–147
- Wurst-Spinat-Reis mit Pilzen, 86–87
- Würziger Garnelen-Hähnchen-Gumbo, 32–33

Z

Ziegenkäse
- Birnen-Grünkohl-Salat mit Ziegenkäse, 122–123
- Pizza mit gebratenen Zwiebeln, Schinken und Ziegenkäse, 10–11

Zitronen
- 15-Minuten-Kalbsschnitzel mit grünem Spargel, 58–59
- Gebratener Tilapia mit Zitronen-Butter-Soße, 40–41

Zucchini
- Auflauf mit Grillhähnchen und griechischen Nudeln, 90–91
- Mediterraner Zudel-Salat, 114–115
- Scharfes Hähnchen mit Zudeln, 176–177
- Tomaten-Zucchini-Auflauf mit Knoblauch und Parmesan, 92–93

Zudeln
- Mediterraner Zudel-Salat, 114–115
- Scharfes Hähnchen mit Zudeln, 176–177

Zwiebeln
- Pizza mit gebratenen Zwiebeln, Schinken und Ziegenkäse, 10–11
- Lachs mit Pistazienkruste und Ofengemüse, 24–25